PROMESAS
DE LA BIBLIA
PARA LA VIDA

Un manual indispensable para
las necesidades de hoy

BroadStreet
●●●● ESPAÑOL

Publicado por BroadStreet Publishing® Group, LLC
Savage, Minnesota, USA
BroadStreetPublishing.com

PROMESAS DE LA BIBLIA PARA LA VIDA

978-1-4245-5973-2 (piel)
978-1-4245-5974-9 (e-book)

Compilado por Jeremy Bouma at www.jeremybouma.com
El diseño por Chris Garborg at www.garborgdesign.com
Adaptación al idioma español: *Grupo Nivel Uno, Inc., gruponiveluno.com*

Impreso en China

19 20 21 22 23   6 5 4 3 2 1

TEMAS

La Palabra de Dios declara: "El cielo y la tierra pasarán, pero mis palabras jamás pasarán" (Mateo 24:35, NVI). Qué maravillosa promesa, una de las muchas que Dios ha hablado a su vida. ¿Sabía que hay cientos de provisiones de Dios garantizadas para cada una de sus necesidades?

Estas promesas no cambian, desde la compasión a la confianza, la provisión a la protección y el perdón a la libertad. Son para todas las personas y para todos los tiempos. Ellas reflejan el carácter de Dios y su propósito decisivo. Considere esto al explorar este manual. Permita que guíe su vida.

¿Para quiénes son las promesas de Dios y cuáles de ellas siguen vigentes? Las promesas generales son para todas las personas del pueblo de Dios. Muchas de estas promesas de la Biblia son generales. Sin embargo, algunas de ellas son específicas para ciertos individuos o grupos de personas, principalmente para los hijos de Israel. Para ayudar a discernir cómo aplicar los cientos de promesas garantizadas que se hallan en la Palabra de Dios:

1. **Analice el contexto.** A menudo, las promesas son parte de una historia más grande. Use las referencias de su Biblia para determinar los antecedentes de ellas.

2. **Busque el "si".** Algunas de las promesas de Dios son condicionales, lo que significa que "si" usted hace algo, "entonces" Dios hará algo. Muchas de las promesas de Dios nos ayudan a rendirnos a su voluntad.

3. **Examine el carácter de Dios.** Ya se trate de una promesa general o de una específica, el carácter de Dios, es evidente. Conocer eso le ayudará a discernir en qué manera es relevante y aplicable a su propia vida la garantía personal de Dios.

Esto que sostiene en sus manos, es el mejor manual para cada una de sus necesidades, porque le garantiza las promesas que Dios nos ha dado en su Palabra. Contiene más de 2,100 promesas organizadas, alfabéticamente, en 144 temas importantísimos Puede usar este libro de varias maneras. Veamos algunas sugerencias:

• *Pase al tema que describe su situación actual* si necesita estímulo o está buscando un recordatorio de quién es Dios y qué le ha prometido. Diga la verdad sobre sus circunstancias.

• *Comience con el tema que le interese* e investigue sus antecedentes para aprender más sobre las garantías de Dios y su carácter.

• *Abra el libro al azar* para ver cómo se aplican las promesas de Dios a usted en el momento. Dios a menudo resalta las Escrituras mientras las leemos.

• *Lea un verso o dos de diferentes temas.* Ore y escuche. Este libro solo incluye las Escrituras porque la Palabra de Dios es lo suficientemente poderosa como para hablarle a usted.

• *Use una sección como un diario* para escribir lo que le interese. Escriba sus pensamientos mientras reflexiona sobre cómo se aplican las promesas de Dios a su vida.

Esté preparado para que Dios se revele a sí mismo a través de las promesas de este libro. Espere sentir su amor incondicional. Permítase ser desafiado, corregido y cambiado. Cada una de las promesas de Dios tiene que ver con su carácter y su propósito divino. Puede apoyarse en sus promesas puesto que es extremadamente fiel, demasiado bondadoso, rápido para mostrar compasión y lento para enojarse. Además, las Escrituras son su defensa segura para cualquier ocasión.

¡Las promesas de Dios nunca perderán su poder ni dejarán de cumplir su propósito en la vida de usted!

Dios contestó:

—Yo estaré contigo. Y esta es la señal para ti de que yo soy quien te envía: cuando hayas sacado de Egipto al pueblo, adorarán a Dios en este mismo monte.

ÉXODO 3:12 NTV

Aunque mi padre y mi madre me abandonen,
    el Señor me recibirá en sus brazos.

SALMOS 27:10 NVI

El Señor no rechazará a su pueblo;
    no dejará a su herencia en el abandono.

SALMOS 94:14 NVI

Pues el Señor no abandona
    a nadie para siempre.

LAMENTACIONES 3:31 NTV

Somos perseguidos pero nunca abandonados por Dios. Somos derribados, pero no destruidos.

2 CORINTIOS 4:9 NTV

Si acaso se preguntan: "¿Qué comeremos en el séptimo año si no plantamos ni cosechamos nuestros productos?", déjenme decirles que en el sexto año les enviaré una bendición tan grande que la tierra producirá como para tres años.

LEVÍTICO 25:20-21 NVI

¡Qué hermosas son tus carpas, oh Jacob;
    qué bellos son tus hogares, oh Israel!
Se extienden ante mí como arboledas de palmeras,
    como jardines por la ribera.
Son como altos árboles plantados por el Señor,
    como cedros junto a las aguas.
Agua fluirá de sus cántaros;
    su descendencia tendrá toda la que necesite.
Su rey será más grande que Agag;
    su reino será exaltado.

NÚMEROS 24:5-7 NTV

El Señor tu Dios te hará entrar en la tierra que les juró a tus antepasados Abraham, Isaac y Jacob. Es una tierra con ciudades grandes y prósperas que tú no edificaste, con casas llenas de toda clase de bienes que tú no acumulaste, con cisternas que no cavaste, y con viñas y olivares que no plantaste. Cuando comas de ellas y te sacies.

DEUTERONOMIO 6:10-11 NVI

Porque el Señor tu Dios te conduce a una tierra buena: tierra de arroyos y de fuentes de agua, con manantiales que fluyen en los valles y en las colinas; tierra de trigo y de cebada; de viñas, higueras y granados; de miel y de olivares; tierra donde no escaseará el pan y donde nada te faltará; tierra donde las rocas son de hierro y de cuyas colinas sacarás cobre.

DEUTERONOMIO 8:7-9 NVI

En cambio, la tierra que van a poseer es tierra de montañas y de valles, regada por la lluvia del cielo. El Señor su Dios es quien la cuida; los ojos del Señor su Dios están sobre ella todo el año, de principio a fin.

DEUTERONOMIO 11:11–12 NVI

El Señor bendecirá tus graneros, y todo el trabajo de tus manos. El Señor tu Dios te bendecirá en la tierra que te ha dado.

DEUTERONOMIO 28:8 NVI

El Señor te concederá abundancia de bienes: multiplicará tus hijos, tu ganado y tus cosechas en la tierra que a tus antepasados juró que te daría.

DEUTERONOMIO 28:11 NVI

El Señor enviará lluvias en el tiempo oportuno desde su inagotable tesoro en los cielos y bendecirá todo tu trabajo. Tú prestarás a muchas naciones pero jamás tendrás necesidad de pedirles prestado. Si escuchas los mandatos del Señor tu Dios que te entrego hoy y los obedeces cuidadosamente, el Señor te pondrá a la cabeza y no en la cola, y siempre estarás en la cima, nunca por debajo.

DEUTERONOMIO 28:12–13 NTV

Se sacian de la abundancia de tu casa,
    y les das a beber del río de tus delicias.

SALMOS 36:8 LBLA

Cuidas la tierra y la riegas,
    la enriqueces y la haces fértil.
El río de Dios tiene agua en abundancia;
    proporciona una exuberante cosecha de grano,
porque así ordenaste que fuera.

SALMOS 65:9 NTV

Honra al Señor con tus bienes
y con las primicias de todos tus frutos;
entonces tus graneros se llenarán con abundancia
y tus lagares rebosarán de mosto.

PROVERBIOS 3:9–10 LBLA

El que labra su tierra tendrá abundante comida,
    pero el que sueña despierto es un imprudente.
        PROVERBIOS 12:11 NVI

El justo come hasta quedar saciado,
    pero el malvado se queda con hambre.
        PROVERBIOS 13:25 NVI

Así es, habrá abundancia de flores,
    de cantos y de alegría.
Los desiertos se pondrán tan verdes como los montes del Líbano,
    tan bellos como el monte Carmelo o la llanura de Sarón.
Allí el Señor manifestará su gloria,
    el esplendor de nuestro Dios.
        ISAÍAS 35:2 NTV

En esos días, la gente habitará en las casas que construya
    y comerá del fruto de sus propios viñedos.
        ISAÍAS 65:21 NTV

Esto dice el Señor:
Yo le daré a Jerusalén un río de paz y de prosperidad.
    Las riquezas de las naciones fluirán hacia ella.
Sus hijos se alimentarán de sus pechos,
    serán llevados en sus brazos y sostenidos en sus piernas.
        ISAÍAS 66:12 NTV

"Colmaré de abundancia a los sacerdotes,
    y saciaré con mis bienes a mi pueblo", afirma el Señor.
        JEREMÍAS 31:14 NVI

El grano volverá a amontonarse en los campos de trillar
    y los lagares desbordarán de vino nuevo y aceite de oliva.
        JOEL 2:24 NTV

Unidos a Cristo ustedes se han llenado de toda riqueza, tanto en palabra como en conocimiento.

1 CORINTIOS 1:5 NVI

Pues es Dios quien provee la semilla al agricultor y luego el pan para comer. De la misma manera, él proveerá y aumentará los recursos de ustedes y luego producirá una gran cosecha de generosidad en ustedes.

2 CORINTIOS 9:10 NTV

Toda la alabanza sea para Dios, el Padre de nuestro Señor Jesucristo, quien nos ha bendecido con toda clase de bendiciones espirituales en los lugares celestiales, porque estamos unidos a Cristo.

EFESIOS 1:3 NTV

El Señor es amigo de los que le temen;
a ellos les enseña su pacto.

SALMOS 25:14 NTV

Por un breve instante te abandoné,
pero con gran compasión te recibiré de nuevo.

ISAÍAS 54:7 NTV

Y ustedes no recibieron un espíritu que de nuevo los esclavice al miedo, sino
el Espíritu que los adopta como hijos y les permite clamar: "¡Abba! ¡Padre!"

ROMANOS 8:15 NVI

Con respecto a los gentiles, Dios dice en la profecía de Oseas:
"A los que no eran mi pueblo,
ahora los llamaré mi pueblo.
Y amaré a los que
antes no amaba".

ROMANOS 9:25 NTV

Ahora ya no eres un esclavo sino un hijo de Dios, y como eres su hijo, Dios te
ha hecho su heredero.

GÁLATAS 4:7 NTV

Pues todos los que son guiados por el Espíritu de Dios son hijos de Dios.
ROMANOS 8:14 NTV

El Espíritu mismo le asegura a nuestro espíritu que somos hijos de Dios.
Y, si somos hijos, somos herederos; herederos de Dios y coherederos con Cristo,
pues, si ahora sufrimos con él, también tendremos parte con él en su gloria.
ROMANOS 8:16-17 NVI

En otras palabras, los hijos de Dios no son los descendientes naturales;
más bien, se considera descendencia de Abraham a los hijos de la promesa.
ROMANOS 9:8 NVI

Y seré para vosotros por Padre,
Y vosotros me seréis hijos e hijas, dice el Señor Todopoderoso.
2 CORINTIOS 6:18 RVR1960

Pero, cuando se cumplió el plazo, Dios envió a su Hijo, nacido de una mujer,
nacido bajo la ley, para rescatar a los que estaban bajo la ley, a fin de que
fuéramos adoptados como hijos.
GÁLATAS 4:4-5 NVI

Dios decidió de antemano adoptarnos como miembros de su familia al
acercarnos a sí mismo por medio de Jesucristo. Eso es precisamente lo que él
quería hacer, y le dio gran gusto hacerlo.
EFESIOS 1:5 NTV

Cristo como hijo sobre su casa, la cual casa somos nosotros, si retenemos
firme hasta el fin la confianza y el gloriarnos en la esperanza.
HEBREOS 3:6 RVR1960

¡Fíjense qué gran amor nos ha dado el Padre, que se nos llame hijos de Dios!
¡Y lo somos! El mundo no nos conoce, precisamente porque no lo conoció a él.
1 JUAN 3:1 NVI

Firme está, oh Dios, mi corazón;
   firme está mi corazón.
   Voy a cantarte salmos.
¡Despierta, alma mía!
   ¡Despierten, arpa y lira!
   ¡Haré despertar al nuevo día!
Te alabaré, Señor, entre los pueblos,
   SALMOS 57:7-10 NVI

Y sucederá que de luna nueva en luna nueva
y de día de reposo en día de reposo,
todo mortal vendrá a postrarse delante de mí —dice el Señor.
   ISAÍAS 66:23 LBLA

Ahora esto dice el Señor:
Canten con alegría por Israel.
   ¡Griten por la mejor de las naciones!
Griten de alabanza y alegría:
"¡Salva a tu pueblo, oh Señor, el remanente de Israel!".
   JEREMÍAS 31:7 NTV

En los últimos días, el monte de la casa del Señor
   será el más alto de todos,
   el lugar más importante de la tierra.
Se levantará por encima de las demás colinas
   y gente del mundo entero acudirá allí para adorar.
   MIQUEAS 4:1 NTV

Pero se acerca la hora, y ha llegado ya, en que los verdaderos adoradores
rendirán culto al Padre en espíritu y en verdad, por que así quiere el Padre que
sean los que le adoren. Dios es espíritu, y quienes lo adoran deben hacerlo en
espíritu y en verdad.
   JUAN 4:23-24 NVI

Por lo tanto, hermanos, tomando en cuenta la misericordia de Dios, les ruego que cada uno de ustedes, en adoración espiritual, ofrezca su cuerpo como sacrificio vivo, santo y agradable a Dios.

ROMANOS 12:1 NVI

Pues Dios no es Dios de desorden sino de paz, como en todas las reuniones del pueblo santo de Dios.

1 CORINTIOS 14:33 NTV

"Grandes y maravillosas son tus obras,
   oh Señor Dios, el Todopoderoso.
Justos y verdaderos son tus caminos,
   oh Rey de las naciones.
¿Quién no te temerá, Señor,
   y glorificará tu nombre?
   Pues solo tú eres santo.
Todas las naciones vendrán y adorarán delante de ti,
   porque tus obras de justicia han sido reveladas".

APOCALIPSIS 15:3-4 NTV

¡Que den gracias al Señor por su gran amor,
   por sus maravillas en favor de los hombres!
¡Él apaga la sed del sediento,
   y sacia con lo mejor al hambriento!
   SALMOS 107:8-9 NVI

¿No ves que desprecias las riquezas de la bondad de Dios, de su
tolerancia y de su paciencia, al no reconocer que su bondad quiere llevarte al
arrepentimiento?
   ROMANOS 2:4 NVI

Mientras continuó mi visión esa noche, vi a alguien parecido a un hijo de
hombre descender con las nubes del cielo. Se acercó al Anciano y lo llevaron
ante su presencia. Se le dio autoridad, honra y soberanía sobre todas las
naciones del mundo, para que lo obedecieran los de toda raza, nación y lengua.
Su gobierno es eterno, no tendrá fin. Su reino jamás será destruido.
   DANIEL 7:13-14 NTV

Ya no los llamo siervos, porque el siervo no está al tanto de lo que hace su amo; los he llamado amigos, porque todo lo que a mi Padre le oí decir se lo he dado a conocer a ustedes.

JUAN 15:15 NVI

Pues, como nuestra amistad con Dios quedó restablecida por la muerte de su Hijo cuando todavía éramos sus enemigos, con toda seguridad seremos salvos por la vida de su Hijo.

ROMANOS 5:10 NTV

Mira que estoy a la puerta y llamo. Si alguno oye mi voz y abre la puerta, entraré, y cenaré con él, y él conmigo.

APOCALIPSIS 3:20 NVI

Nuestro Dios los ama a ustedes tanto que no hizo caso de Balaam. Al contrario, convirtió la maldición en una bendición para ustedes.

DEUTERONOMIO 23:5 TLA

"El Señor es lento para enojarse y está lleno de amor inagotable y perdona toda clase de pecado y rebelión; pero no absuelve al culpable. Él extiende los pecados de los padres sobre sus hijos; toda la familia se ve afectada, hasta los hijos de la tercera y la cuarta generación".

NÚMEROS 14:18-19 NVI

Yo seré su padre, y él será mi hijo. Así que, cuando haga lo malo, lo castigaré con varas y azotes, como lo haría un padre. Sin embargo, no le negaré mi amor, como se lo negué a Saúl, a quien abandoné para abrirte paso.

2 SAMUEL 7:14-15 NVI

"Señor, Dios de Israel, no hay Dios como tú arriba en el cielo ni abajo en la tierra, pues tú cumples tu pacto de amor con quienes te sirven y te siguen de todo corazón".

1 REYES 8:23 NVI

¡Alaben al Señor porque él es bueno,
   y su gran amor perdura para siempre!

1 CRÓNICAS 16:34 NVI

Pues el rey confía en el Señor;
   el amor inagotable del Altísimo cuidará que no tropiece.

SALMOS 21:7 NTV

Muchas son las calamidades de los malvados,
   pero el gran amor del Señor
   envuelve a los que en él confían.

SALMOS 32:10 NVI

Tu amor inagotable, oh Señor, es tan inmenso como los cielos;
   tu fidelidad sobrepasa las nubes.

SALMOS 36:5 NTV

Tu amor inagotable es mejor que la vida misma,
   ¡cuánto te alabo!

SALMOS 63:3 NTV

Porque el Señor es bueno y su gran amor es eterno;
   su fidelidad permanece para siempre.

SALMOS 100:5 NVI

Pero el amor del Señor es eterno
   y siempre está con los que le temen;
su justicia está con los hijos de sus hijos.

SALMOS 103:17 NVI

¡Den gracias al Señor, porque él es bueno!
   Su fiel amor perdura para siempre.

SALMOS 107:1 NTV

Te alabaré, Señor, entre los pueblos;
   te cantaré salmos entre las naciones.
Pues tu amor es tan grande que rebasa los cielos;
   ¡tu verdad llega hasta el firmamento!

SALMOS 108:3-4 NVI

Den gracias al Señor, porque él es bueno;
   su gran amor perdura para siempre.

SALMOS 118:1 NVI

Me llevó a la sala del banquete,
   y sobre mí enarboló su bandera de amor.

CANTAR DE LOS CANTARES 2:4 NVI

Grábame como un sello sobre tu corazón;
llévame como una marca sobre tu brazo.
Fuerte es el amor, como la muerte,
y tenaz la pasión, como el sepulcro.
Como llama divina
es el fuego ardiente del amor.

CANTAR DE LOS CANTARES 8:6 NVI

A cambio de ti entregaré hombres;
¡a cambio de tu vida entregaré pueblos!
Porque te amo y eres ante mis ojos
precioso y digno de honra.

ISAÍAS 43:4 NVI

Porque los montes serán quitados y las colinas temblarán,
pero mi misericordia no se apartará de ti,
y el pacto de mi paz no será quebrantado
—dice el Señor, que tiene compasión de ti.

ISAÍAS 54:10 LBLA

Hace tiempo el Señor le dijo a Israel:
"Yo te he amado, pueblo mío, con un amor eterno.
Con amor inagotable te acerqué a mí".

JEREMÍAS 31:3 NTV

El Señor dice:
"Entonces yo los sanaré de su falta de fe;
mi amor no tendrá límites,
porque mi enojo habrá desaparecido para siempre".

OSEAS 14:4 NTV

"Este mandamiento nuevo les doy: que se amen los unos a los otros.
Así como yo los he amado, también ustedes deben amarse los unos a los
otros. De este modo todos sabrán que son mis discípulos, si se aman los
unos a los otros".

JUAN 13:34-35 NVI

"¿Quién es el que me ama? El que hace suyos mis mandamientos y los obedece. Y al que me ama, mi Padre lo amará, y yo también lo amaré y me manifestaré a él".

JUAN 14:21 NVI

Así como el Padre me ha amado a mí, también yo los he amado a ustedes. Permanezcan en mi amor. Si obedecen mis mandamientos, permanecerán en mi amor, así como yo he obedecido los mandamientos de mi Padre y permanezco en su amor.

JUAN 15:9-10 NVI

Yo en ellos y tú en mí. Permite que alcancen la perfección en la unidad, y así el mundo reconozca que tú me enviaste y que los has amado a ellos tal como me has amado a mí.

JUAN 17:23 NVI

Difícilmente habrá quien muera por un justo, aunque tal vez haya quien se atreva a morir por una persona buena. Pero Dios demuestra su amor por nosotros en esto: en que cuando todavía éramos pecadores, Cristo murió por nosotros.

ROMANOS 5:7-8 NVI

¿Quién podrá separarnos del amor de Jesucristo? Nada ni nadie. Ni los problemas, ni los sufrimientos, ni las dificultades. Tampoco podrán hacerlo el hambre ni el frío, ni los peligros ni la muerte. Como dice la Biblia:
"Por causa tuya nos matan;
¡por ti nos tratan siempre
como a ovejas para el matadero!"

ROMANOS 8:35-36 TLA

Pues estoy convencido de que ni la muerte ni la vida, ni los ángeles ni los demonios, ni lo presente ni lo por venir, ni los poderes, ni lo alto ni lo profundo, ni cosa alguna en toda la creación podrá apartarnos del amor que Dios nos ha manifestado en Cristo Jesús nuestro Señor.

ROMANOS 8:38-39 NVI

El amor no perjudica al prójimo. Así que el amor es el cumplimiento de la ley.
ROMANOS 13:10 NVI

El amor jamás se extingue.
1 CORINTIOS 13:8 NVI

Tres cosas durarán para siempre: la fe, la esperanza y el amor; y la mayor de las tres es el amor.
1 CORINTIOS 13:13 NTV

Entonces Cristo habitará en el corazón de ustedes a medida que confíen en él. Echarán raíces profundas en el amor de Dios, y ellas los mantendrán fuertes. Espero que puedan comprender, como corresponde a todo el pueblo de Dios, cuán ancho, cuán largo, cuán alto y cuán profundo es su amor. Es mi deseo que experimenten el amor de Cristo, aun cuando es demasiado grande para comprenderlo todo. Entonces serán completos con toda la plenitud de la vida y el poder que proviene de Dios.
EFESIOS 3:17-19 NTV

Sobre todo, ámense mucho unos a otros, porque el amor borra los pecados.
1 PEDRO 4:8 TLA

El que afirma: "Lo conozco", pero no obedece sus mandamientos, es un mentiroso y no tiene la verdad. En cambio, el amor de Dios se manifiesta plenamente en la vida del que obedece su palabra. De este modo sabemos que estamos unidos a él.
1 JUAN 2:4-5 NVI

No amen al mundo ni nada de lo que hay en él. Si alguien ama al mundo, no tiene el amor del Padre.
1 JUAN 2:15 NVI

Conocemos lo que es el amor verdadero, porque Jesús entregó su vida por nosotros. De manera que nosotros también tenemos que dar la vida por nuestros hermanos.
1 JUAN 3:16 NTV

Dios mostró cuánto nos ama al enviar a su único Hijo al mundo, para que tengamos vida eterna por medio de él. En esto consiste el amor verdadero: no en que nosotros hayamos amado a Dios, sino en que él nos amó a nosotros y envió a su Hijo como sacrificio para quitar nuestros pecados.

1 JUAN 4:9-10 NTV

Nadie ha visto nunca a Dios; pero, si nos amamos unos a otros, Dios vive en nosotros y también su amor estará en nosotros.

1 JUAN 4:12 TLA

El S<small>EÑOR</small> Todopoderoso está con nosotros;
nuestro refugio es el Dios de Jacob.

SALMOS 46:11 NVI

Así que no se preocupen diciendo: "¿Qué comeremos?" o "¿Qué bebremos?" o "¿Con qué nos vestiremos?" Los paganos andan tras todas estas cosas, pero el Padre celestial sabe que ustedes las necesitan.

MATEO 6:31-32 NVI

Después Jesús les dijo a sus discípulos:
"No se pasen la vida preocupados por lo que van a comer o beber, o por la ropa que van a ponerse. La vida no consiste sólo en comer, ni el cuerpo existe sólo para que lo vistan".

LUCAS 12:22-23 TLA

Depositen en él toda ansiedad, porque él cuida de ustedes.

1 PEDRO 5:7 NVI

"Sean fuertes y valientes, pues Dios peleará por ustedes; no tengan miedo de esos países, porque Dios no los abandonará".

DEUTERONOMIO 31:6 TLA

Más vale lo poco de un justo
    que lo mucho de innumerables malvados;
porque el brazo de los impíos será quebrado,
    pero el Señor sostendrá a los justos.

SALMOS 37:16-17 NVI

El Señor afirma los pasos del hombre
    cuando le agrada su modo de vivir;
podrá tropezar, pero no caerá,
    porque el Señor lo sostiene de la mano.

SALMOS 37:23-24 NVI

Encomienda al Señor tus afanes,
    y él te sostendrá;
no permitirá que el justo caiga
    y quede abatido para siempre.

SALMOS 55:22 NVI

Estabas apenado y te humillaste ante el Señor al oír lo que yo pronuncié contra esta ciudad y sus habitantes, que esta tierra sería maldita y quedaría desolada. Rasgaste tu ropa en señal de desesperación y lloraste delante de mí, arrepentido. Ciertamente te escuché, dice el Señor.

2 REYES 22:19 NTV

Cuando el Señor vio el cambio de actitud en ellos, le dio este mensaje a Semaías: "Puesto que el pueblo se ha humillado, no lo destruiré completamente y pronto le daré cierto alivio. No usaré a Sisac para derramar mi enojo sobre Jerusalén".

2 CRÓNICAS 12:7 NTV

Pero, si le entregas tu corazón
    y hacia él extiendes las manos,
si te apartas del pecado que has cometido
    y en tu morada no das cabida al mal,
entonces podrás llevar la frente en alto
    y mantenerte firme y libre de temor.

JOB 11:13-15 NVI

Cuando él ore a Dios,
    será aceptado
y Dios lo recibirá con alegría
    y lo restaurará a una relación correcta.

JOB 33:26 NTV

Cercano está el Señor a los quebrantados de corazón,
y salva a los abatidos de espíritu.

SALMOS 34:18 LBLA

El sacrificio que sí deseas es un espíritu quebrantado;
    tú no rechazarás un corazón arrepentido y quebrantado, oh Dios.

SALMOS 51:17 NTV

Respondan a mis represiones,
    y yo les abriré mi corazón;
    les daré a conocer mis pensamientos.
    PROVERBIOS 1:23 NVI

Porque así dice el Señor omnipotente, el Santo de Israel:
En el arrepentimiento y la calma está su salvación,
    en la serenidad y la confianza está su fuerza,
    ¡pero ustedes no lo quieren reconocer!
    ISAÍAS 30:15 NVI

"Vuelvan a mí, hijos descarriados —dice el Señor—,
    y les sanaré el corazón extraviado".
    JEREMÍAS 3:22 NTV

Por eso, así dice el Señor:
"Si te arrepientes,
    yo te restauraré y podrás servirme.
Si evitas hablar en vano,
    y hablas lo que en verdad vale,
    tú serás mi portavoz.
Que ellos se vuelvan hacia ti,
    pero tú no te vuelvas hacia ellos".
    JEREMÍAS 15:19 NVI

Yo no quiero la muerte de nadie. ¡Conviértanse, y vivirán! Lo afirma el Señor
omnipotente.
    EZEQUIEL 18:32 NVI

Diles: "Tan cierto como que yo vivo —afirma el Señor omnipotente—, que no
me alegro con la muerte del malvado, sino con que se convierta de su mala
conducta y viva. ¡Conviértete, pueblo de Israel; conviértete de tu conducta
perversa! ¿Por qué habrás de morir?"
    EZEQUIEL 33:11 NVI

Por lo tanto, dile al pueblo: El Señor de los Ejércitos Celestiales dice: "Regresen a mí y yo me volveré a ustedes, dice el Señor de los Ejércitos Celestiales".

ZACARÍAS 1:3 NTV

Desde la época de sus antepasados se han apartado de mis preceptos y no los han guardado. Vuélvanse a mí, y yo me volveré a ustedes —dice el Señor Todopoderoso—.

MALAQUÍAS 3:7 NVI

Desde entonces comenzó Jesús a predicar: "Arrepiéntanse, porque el reino de los cielos está cerca".

MATEO 4:17 NVI

"O supongamos que una mujer tiene diez monedas de plata y pierde una. ¿No encenderá una lámpara y barrerá toda la casa y buscará con cuidado hasta que la encuentre? Y, cuando la encuentre, llamará a sus amigos y vecinos y les dirá: '¡Alégrense conmigo porque encontré mi moneda perdida!'. De la misma manera, hay alegría en presencia de los ángeles de Dios cuando un solo pecador se arrepiente".

LUCAS 15:8-10 NTV

Porque la tristeza que es según Dios produce arrepentimiento para salvación, de que no hay que arrepentirse; pero la tristeza del mundo produce muerte.

2 CORINTIOS 7:10 RVR1960

Así que recuerda lo que has recibido y oído; obedécelo y arrepiéntete. Si no te mantienes despierto, cuando menos lo esperes caeré sobre ti como un ladrón.

APOCALIPSIS 3:3 NVI

Una persona sin control propio
es como una ciudad con las murallas destruidas.

PROVERBIOS 25:28 NTV

En vista de todo esto, esfuércense al máximo por responder a las promesas de Dios complementando su fe con una abundante provisión de excelencia moral; la excelencia moral, con conocimiento; el conocimiento, con control propio; el control propio, con perseverancia; la perseverancia, con sumisión a Dios; la sumisión a Dios, con afecto fraternal, y el afecto fraternal, con amor por todos.

Cuanto más crezcan de esta manera, más productivos y útiles serán en el conocimiento de nuestro Señor Jesucristo

2 PEDRO 1:5-8 NTV

Levantaré un profeta como tú de entre sus hermanos israelitas. Pondré mis palabras en su boca, y él dirá al pueblo todo lo que yo le ordene. Yo mismo trataré con cualquiera que no preste atención a los mensajes que el profeta proclame en mi nombre.

DEUTERONOMIO 18:18-19 NTV

El Señor le dijo a Moisés:

—Toma a Josué hijo de Nun, que es un hombre de gran espíritu. Pon tus manos sobre él, y haz que se presente ante el sacerdote Eleazar y ante toda la comunidad. En presencia de ellos le entregarás el mando. Lo investirás con algunas de tus atribuciones, para que toda la comunidad israelita le obedezca. Se presentará ante el sacerdote Eleazar, quien mediante el urim consultará al Señor. Cuando Josué ordene ir a la guerra, la comunidad entera saldrá con él y, cuando le ordene volver, volverá.

NÚMEROS 27:18-21 NVI

Todos los israelitas se reunieron con David en Hebrón y le dijeron: "Su Majestad y nosotros somos de la misma sangre. Ya desde antes, cuando Saúl era rey, usted dirigía a Israel en sus campañas. Además, el Señor su Dios le dijo a Su Majestad: 'Tú guiarás a mi pueblo Israel y lo gobernarás'".

1 CRÓNICAS 11:1-2 NVI

Cuando Dios oyó al niño sollozar, el ángel de Dios llamó a Agar desde el cielo y le dijo: "¿Qué te pasa, Agar? No temas, pues Dios ha escuchado los sollozos del niño. Levántate y tómalo de la mano, que yo haré de él una gran nación".

GÉNESIS 21:17-18 NVI

El Señor mismo peleará por ustedes. Solo quédense tranquilos.

ÉXODO 14:14 NTV

Oh Señor, entre los dioses, ¿quién es como tú:
    glorioso en santidad,
imponente en esplendor,
    autor de grandes maravillas?

ÉXODO 15:11 NTV

Y hablaba el Señor con Moisés cara a cara, como quien habla con un amigo. Después de eso, Moisés regresaba al campamento; pero Josué, su joven asistente, nunca se apartaba de la Tienda de reunión.

ÉXODO 33:17 NVI

"El Señor su Dios marcha al frente y peleará por ustedes, como vieron que lo hizo en Egipto y en el desierto. Por todo el camino que han recorrido, hasta llegar a este lugar, ustedes han visto cómo el Señor su Dios los ha guiado, como lo hace un padre con su hijo".

DEUTERONOMIO 1:30-31 NVI

Moisés siguió diciendo: Entonces el Señor dijo: "¡Pónganse en marcha! Crucen el valle del Arnón. Miren, les voy a entregar al amorreo Sehón, rey de Hesbón, y también a su tierra. Atáquenlo y comiencen a apoderarse de su territorio. A partir de hoy, haré que los pueblos de toda la tierra sientan terror a causa de ustedes. Cuando oigan hablar de ustedes, temblarán de espanto y de miedo".

DEUTERONOMIO 2:24-25 NTV

Entonces el Señor me dijo: "Ahora mismo voy a entregarles a Sijón y su país. Láncense a conquistarlo, y tomen posesión de su territorio".

DEUTERONOMIO 2:31 NVI

En aquel tiempo le ordené a Josué: "Con tus propios ojos has visto todo lo que el Señor, el Dios de ustedes, ha hecho con esos dos reyes. Y lo mismo hará con todos los reinos por donde vas a pasar".

DEUTERONOMIO 3:21 NVI

Cuando el Señor tu Dios te lleve dentro de la tierra donde estás a punto de entrar y que vas a poseer, él te abrirá camino quitando de tu paso a muchas naciones: los hititas, los gergeseos, los amorreos, los cananeos, los ferezeos, los heveos y los jebuseos. Esas siete naciones son más fuertes y numerosas que tú.

DEUTERONOMIO 7:1 NTV

Pero tú, entiende bien hoy que el Señor tu Dios avanzará al frente de ti, y que los destruirá como un fuego consumidor y los someterá a tu poder. Tú los expulsarás y los aniquilarás en seguida, tal como el Señor te lo ha prometido.

DEUTERONOMIO 9:3 NVI

Si ustedes obedecen todos estos mandamientos que les doy, y aman al Señor su Dios, y siguen por todos sus caminos y le son fieles. Todo lugar donde planten el pie será de ustedes; su territorio se extenderá desde el desierto hasta el monte Líbano, y desde el río Éufrates hasta el mar Mediterráneo.

DEUTERONOMIO 11:22-24A NVI

"¡Pues el Señor su Dios va con ustedes! ¡Él peleará por ustedes contra sus enemigos y les dará la victoria!".

DEUTERONOMIO 20:4 NTV

El Señor su Dios marchará al frente de ustedes para destruir a todas las naciones que encuentren a su paso, y ustedes se apoderarán de su territorio.

DEUTERONOMIO 31:3A NVI

"No hay nadie como el Dios de Israel.
Él cabalga por el firmamento para ir en tu ayuda,
a través de los cielos, con majestuoso esplendor."
DEUTERONOMIO 33:26 NTV

Acercaos y oíd las palabras del Señor vuestro Dios. Y Josué añadió: En esto conoceréis que el Dios vivo está entre vosotros, y que ciertamente expulsará de delante de vosotros a los cananeos, a los hititas, a los heveos, a los ferezeos, a los gergeseos, a los amorreos y a los jebuseos.
JOSUÉ 3:9-10 LBLA

Y cuando las plantas de los pies de los sacerdotes que llevan el arca de Jehová, Señor de toda la tierra, se asienten en las aguas del Jordán, las aguas del Jordán se dividirán; porque las aguas que vienen de arriba se detendrán en un montón.
JOSUÉ 3:13 RVR1960

Pero el Señor le dijo a Josué: "Te he entregado Jericó, a su rey y a todos sus guerreros fuertes".
JOSUÉ 6:2 NTV

A la séptima vuelta, los sacerdotes tocaron las trompetas, y Josué le ordenó al ejército: "¡Empiecen a gritar! ¡El Señor les ha entregado la ciudad!"
JOSUÉ 6:16 NVI

Entonces el Señor le dijo a Josué: "Apunta hacia Hai con la lanza que tienes en la mano, porque te entregaré la ciudad". Así que Josué hizo lo que se le ordenó.
JOSUÉ 8:18 NTV

Josué salió de Guilgal con todo su ejército, acompañados de su comando especial. Y el Señor le dijo a Josué: "No tiembles ante ellos, pues yo te los entrego; ninguno de ellos podrá resistirte".
JOSUÉ 10:7-8 NVI

Cuando Josué era ya bastante anciano, el Señor le dijo: "Ya estás muy viejo, y todavía queda mucho territorio por conquistar. Yo mismo voy a echar de la presencia de los israelitas a todos los habitantes de Sidón y a cuantos viven en la región montañosa, desde el Líbano hasta Misrefot Mayin".

JOSUÉ 13:1, 6 NVI

Ustedes han visto todo lo que el Señor su Dios ha hecho con todas aquellas naciones a favor de ustedes, pues él peleó las batallas por ustedes.

JOSUÉ 23:3 NVI

El Señor ha expulsado a esas grandes naciones que se han enfrentado con ustedes, y hasta ahora ninguna de ellas ha podido resistirlos. Uno solo de ustedes hace huir a mil enemigos, porque el Señor pelea por ustedes, tal como lo ha prometido. Hagan, pues, todo lo que está de su parte para amar al Señor su Dios.

JOSUÉ 23:9-11 NVI

Entonces el Espíritu del Señor vendrá sobre ti con poder, y tú profetizarás con ellos y serás una nueva persona. Cuando se cumplan estas señales que has recibido, podrás hacer todo lo que esté a tu alcance, pues Dios estará contigo.

1 SAMUEL 10:6-7 NVI

"¿Qué estará pasando? —se preguntaron los filisteos—. ¿Qué es todo ese griterío en el campamento de los hebreos?". Cuando les dijeron que era porque el arca del Señor había llegado al campamento.

1 SAMUEL 14:6 NTV

David le contestó: Tú vienes contra mí con espada, lanza y jabalina, pero yo vengo a ti en el nombre del Señor Todopoderoso, el Dios de los ejércitos de Israel, a quien has desafiado. Hoy mismo el Señor te entregará en mis manos; y yo te mataré y te cortaré la cabeza. Hoy mismo echaré los cadáveres del ejército filisteo a las aves del cielo y a las fieras del campo, y todo el mundo sabrá que hay un Dios en Israel. Todos los que están aquí reconocerán que el Señor salva sin necesidad de espada ni de lanza. La batalla es del Señor, y él los entregará a ustedes en nuestras manos.

1 SAMUEL 17:45-47 NVI

David siguió teniendo éxito en todo lo que hacía porque el Señor estaba con él.
1 SAMUEL 18:14 NTV

Entonces consultó David a Jehová, diciendo: ¿Iré contra los filisteos? ¿Los entregarás en mi mano? Y Jehová respondió a David: Ve, porque ciertamente entregaré a los filisteos en tu mano.
2 SAMUEL 5:19 RVR1960

Y consultando David a Jehová, él le respondió: No subas, sino rodéalos, y vendrás a ellos enfrente de las balsameras. Y cuando oigas ruido como de marcha por las copas de las balsameras, entonces te moverás; porque Jehová saldrá delante de ti a herir el campamento de los filisteos.
2 SAMUEL 5:23-24 RVR1960

Así que David volvió a consultar a Dios, y él le contestó:
—No los ataques de frente, sino rodéalos hasta llegar a los árboles de bálsamo, y entonces atácalos por la retaguardia. Tan pronto como oigas un ruido como de pasos sobre las copas de los árboles, atácalos, pues eso quiere decir que Dios va al frente de ti para derrotar al ejército filisteo.
1 CRÓNICAS 14:14-15 NVI

Yo he estado contigo por dondequiera que has ido, y he aniquilado a todos tus enemigos. Y ahora voy a hacerte tan famoso como los más grandes de la tierra.
1 CRÓNICAS 17:8 NVI

Y ahora, oh Señor, yo soy tu siervo; haz lo que prometiste respecto a mí y a mi familia. Que sea una promesa que dure para siempre.
1 CRÓNICAS 17:23 NTV

Dios está con nosotros; él es nuestro líder. Sus sacerdotes tocan las trompetas y nos dirigen en batalla contra ustedes.
2 CRÓNICAS 13:12A NTV

"¡Oh Señor, nadie sino tú puede ayudar al débil contra el poderoso! Ayúdanos, oh Señor nuestro Dios, porque solo en ti confiamos. Es en tu nombre que hemos salido contra esta inmensa multitud. ¡Oh Señor, tú eres nuestro Dios; no dejes que simples hombres prevalezcan contra ti!"
2 CRÓNICAS 14:11 NTV

Por mucho tiempo los israelitas estuvieron sin el verdadero Dios, sin sacerdote que les enseñara y sin la ley que los instruyera; pero cada vez que estaban en dificultades y se volvían al Señor, Dios de Israel, y lo buscaban, lo encontraban.

2 CRÓNICAS 15:3-4 NTV

Los ojos del Señor recorren toda la tierra para fortalecer a los que tienen el corazón totalmente comprometido con él. ¡Qué necio has sido! ¡De ahora en adelante estarás en guerra!.

2 CRÓNICAS 16:9 NTV

"La tarea es grande y extensa, y nosotros estamos muy esparcidos en la muralla, distantes los unos de los otros. Por eso, al oír el toque de alarma, cerremos filas. ¡Nuestro Dios peleará por nosotros!"

NEHEMÍAS 4:19-20 NVI

Si se tratara de mí, yo apelaría a Dios;
    ante él expondría mi caso.
Él realiza maravillas insondables,
    portentos que no pueden contarse.

JOB 5:8-9 NVI

Sin embargo, mira, Dios no rechazará a una persona íntegra,
    tampoco dará una mano a los malvados.

JOB 8:20 NTV

Ahora mismo tengo en los cielos un testigo;
    en lo alto se encuentra mi abogado.

JOB 16:19 NVI

Tú mismo has visto su irritante maldad;
    ¡la has visto, y les darás su merecido!
A ti se acogen los indefensos;
    tú eres la ayuda de los huérfanos.

SALMOS 10:14 DHH

Los ojos del Señor están sobre los justos,
y sus oídos, atentos a sus oraciones.
SALMOS 34:15 NVI

Oh pueblo mío, confía en Dios en todo momento;
dile lo que hay en tu corazón,
porque él es nuestro refugio.
SALMOS 62:8 NTV

Yo soy pobre y estoy necesitado;
¡ven pronto a mí, oh Dios!
Tú eres mi socorro y mi libertador;
¡no te demores, Señor!
SALMOS 70:5 NVI

Rescatará a los pobres cuando a él clamen;
ayudará a los oprimidos, que no tienen quién los defienda.
SALMOS 72:12 NTV

Aunque caigan mil a tu lado
y diez mil a tu diestra,
a ti no se acercará.
SALMOS 91:7 LBLA

En las manos te llevarán,
Para que tu pie no tropiece en piedra.
SALMOS 91:12 RVR1960

Con la ayuda de Dios, haremos cosas poderosas,
pues él pisoteará a nuestros enemigos.
SALMOS 108:13 NTV

¡Oh Israel, confía en el Señor!
Él es tu ayudador y tu escudo.
SALMOS 115:9 NTV

El Señor está conmigo, él es mi ayuda;
    ¡ya veré por los suelos a los que me odian!
        SALMOS 118:7 NVI

Levanto la vista hacia las montañas,
    ¿viene de allí mi ayuda?
¡Mi ayuda viene del Señor,
    quien hizo el cielo y la tierra!
        SALMOS 121:1-2 NTV

Nuestra ayuda está en el nombre del Señor,
    creador del cielo y de la tierra.
        SALMOS 124:8 NVI

Aunque pase yo por grandes angustias,
    tú me darás vida;
contra el furor de mis enemigos extenderás la mano:
    ¡tu mano derecha me pondrá a salvo!
        SALMOS 138:7 NVI

Si me elevara sobre las alas del alba,
    o me estableciera en los extremos del mar,
aun allí tu mano me guiaría,
    ¡me sostendría tu mano derecha!
        SALMOS 139:9-10 NVI

El Señor ayuda a los caídos
    y levanta a los que están agobiados por sus cargas.
        SALMOS 145:14 NTV

Cumple los deseos de quienes le temen;
    atiende a su clamor y los salva.
        SALMOS 145:19 NVI

El Señor sostiene a los pobres,
    pero hace morder el polvo a los impíos.
        SALMOS 147:6 NVI

Busca su voluntad en todo lo que hagas,
   y él te mostrará cuál camino tomar.
   PROVERBIOS 3:6 NTV

Te fortaleceré, ciertamente te ayudaré,
sí, te sostendré con la diestra de mi justicia.
   ISAÍAS 41:10B LBLA

Aunque busques a tus enemigos,
   no los encontrarás.
Los que te hacen la guerra serán como nada,
   como si no existieran.
Porque yo soy el SEÑOR, tu Dios,
   que sostiene tu mano derecha;
yo soy quien te dice:
   "No temas, yo te ayudaré".
   ISAÍAS 41:12-13 NVI

Mi justicia no está lejana;
   mi salvación ya no tarda.
   ¡Estoy por traerlas!
Concederé salvación a Sión,
   y mi esplendor a Israel.
   ISAÍAS 46:13 NVI

Esto dice el SEÑOR:
"En el momento preciso te responderé;
   en el día de salvación te ayudaré.
Te protegeré y te daré a las naciones
   para que seas mi pacto con ellas.
Por medio de ti restableceré la tierra de Israel
   y la devolveré a su propio pueblo".
   ISAÍAS 49:8 NTV

Por cuanto el Señor omnipotente me ayuda,
   no seré humillado.
Por eso endurecí mi rostro como el pedernal,
   y sé que no seré avergonzado.

   ISAÍAS 50:7 NVI

¡El Señor omnipotente es quien me ayuda!
   ¿Quién me condenará?
Todos ellos se gastarán;
   como a la ropa, la polilla se los comerá.

   ISAÍAS 50:9 NVI

Y serán sus hijos como antes,
su congregación delante de mí será confirmada,
y castigaré a todos sus opresores.

   JEREMÍAS 30:20 LBLA

Tú, Jacob, siervo mío, no temas,
   porque yo estoy contigo —afirma el Señor—.
Aunque aniquile a todas las naciones
   por las que te he dispersado,
   a ti no te aniquilaré.
Te corregiré con justicia, pero no te dejaré sin castigo.

   JEREMÍAS 46:28 NVI

Expulsaré a esos ejércitos que vienen del norte.
   Los enviaré a tierra árida y desolada.
Los que van a la vanguardia serán arrojados al mar Muerto,
   y los de la retaguardia al Mediterráneo.
El hedor de sus cuerpos en descomposición se elevará sobre la tierra.

   JOEL 2:20 NTV

¡Miren a las naciones!
   ¡Contémplenlas y quédense asombrados!
Estoy por hacer en estos días cosas tan sorprendentes
   que no las creerán aunque alguien se las explique.

   HABACUC 1:5 NVI

SEÑOR, he sabido de tu fama;
tus obras, SEÑOR, me dejan pasmado.
Realízalas de nuevo en nuestros días,
dalas a conocer en nuestro tiempo;
en tu ira, ten presente tu misericordia.

HABACUC 3:2 NVI

Pues ahora, ¡ánimo, Zorobabel! —afirma el SEÑOR—. ¡Ánimo, Josué hijo de
Josadac! ¡Tú eres el sumo sacerdote! ¡Ánimo, pueblo de esta tierra! —afirma el
SEÑOR—.

HAGEO 2:4 NVI

Porque así dice el SEÑOR Todopoderoso, cuya gloria me envió contra las
naciones que los saquearon a ustedes:

La nación que toca a mi pueblo,
me toca la niña de los ojos.
Yo agitaré mi mano contra esa nación,
y sus propios esclavos la saquearán.
Así sabrán que me ha enviado el SEÑOR Todopoderoso.

ZACARÍAS 2:8-9 NTV

"¡Miren! Yo envío a mi mensajero y él preparará el camino delante de mí.
Entonces el SEÑOR al que ustedes buscan vendrá de repente a su templo. El
mensajero del pacto a quien buscan con tanto entusiasmo, sin duda vendrá",
dice el SEÑOR de los Ejércitos Celestiales.

MALAQUÍAS 3:1 NTV

Sus predicaciones harán volver el corazón de los padres hacia sus hijos y el
corazón de los hijos hacia sus padres.

MALAQUÍAS 4:6 NTV

Hizo proezas con su brazo;
desbarató las intrigas de los soberbios.
De sus tronos derrocó a los poderosos,
mientras que ha exaltado a los humildes.

LUCAS 1:51-52 NVI

¿Y no hará Dios justicia a sus escogidos, que claman a El día y noche?
¿Se tardará mucho en responderles? Os digo que pronto les hará justicia. No
obstante, cuando el Hijo del Hombre venga, ¿hallará fe en la tierra?

LUCAS 18:7-8 LBLA

Además, el Espíritu Santo nos ayuda en nuestra debilidad. Por ejemplo,
nosotros no sabemos qué quiere Dios que le pidamos en oración, pero el
Espíritu Santo ora por nosotros con gemidos que no pueden expresarse con
palabras.

ROMANOS 8:26 NTV

El Dios de paz pronto aplastará a Satanás bajo los pies de ustedes. Que la
gracia de nuestro Señor Jesús sea con ustedes.

ROMANOS 16:20 NTV

Pues Dios dice:
"En el momento preciso, te oí.
    En el día de salvación te ayudé".

2 CORINTIOS 6:2 NTV

Y Dios les brindará descanso a ustedes que están siendo perseguidos y
también a nosotros cuando el Señor Jesús aparezca desde el cielo. Él vendrá
con sus ángeles poderosos, en llamas de fuego, y traerá juicio sobre los que
no conocen a Dios y sobre los que se niegan a obedecer la Buena Noticia de
nuestro Señor Jesús.

2 TESALONICENSES 1:7-8 NTV

Así que acerquémonos confiadamente al trono de la gracia para recibir
misericordia y hallar la gracia que nos ayude en el momento que más la
necesitemos.

HEBREOS 4:16 NVI

El Dios único, Salvador nuestro, tiene poder para cuidar de que ustedes no
caigan, y para presentarlos sin mancha y llenos de alegría ante su gloriosa
presencia. A él sea la gloria, la grandeza, el poder y la autoridad, por nuestro
Señor Jesucristo, antes, ahora y siempre. Amén.

JUDAS 24-25 DHH

Con tus descendientes formaré una gran nación. Voy a bendecirte y hacerte famoso, y serás de bendición para otros. Bendeciré a los que te bendigan, y maldeciré a los que te maldigan. ¡Gracias a ti, bendeciré a todas las naciones del mundo!

GÉNESIS 12:2-3 TLA

Ciertamente te bendeciré. Multiplicaré tu descendencia hasta que sea incontable, como las estrellas del cielo y la arena a la orilla del mar. Tus descendientes conquistarán las ciudades de sus enemigos; y mediante tu descendencia, todas las naciones de la tierra serán bendecidas. Todo eso, porque me has obedecido.

GÉNESIS 22:17-18 NTV

Por causa de José, el SEÑOR bendijo la casa del egipcio Potifar a partir del momento en que puso a José a cargo de su casa y de todos sus bienes. La bendición del SEÑOR se extendió sobre todo lo que tenía el egipcio, tanto en la casa como en el campo.

GÉNESIS 39:5 NVI

Luego bendijo a José con las siguientes palabras:

"Que el Dios delante del cual caminaron
    mi abuelo Abraham y mi padre Isaac
—el Dios que ha sido mi pastor
    toda mi vida, hasta el día de hoy,
el Ángel que me ha salvado de todo mal—
    bendiga a estos muchachos.
Que ellos preserven mi nombre
    y el nombre de Abraham y de Isaac.
Y que su descendencia se multiplique en gran manera
    por toda la tierra".

GÉNESIS 48:15-16 NTV

Háganme un altar de tierra y ofrézcanme sus sacrificios: sus ofrendas quemadas y ofrendas de paz, sus ovejas y cabras y su ganado. Constrúyanme un altar donde yo determine que recuerden mi nombre, y allí me presentaré ante ustedes y los bendeciré.

ÉXODO 20:24 NTV

Que el Señor te bendiga
    y te proteja.
Que el Señor sonría sobre ti
    y sea compasivo contigo.

NÚMEROS 6:24–25 NTV

El Señor su Dios los ha hecho tan numerosos que hoy son ustedes tantos como las estrellas del cielo. ¡Que el Señor, el Dios de sus antepasados, los multiplique mil veces más, y los bendiga tal como lo prometió!

DEUTERONOMIO 1:10–11 NVI

El Señor y Dios de ustedes los ha bendecido en todo lo que han hecho; durante estos cuarenta años ha estado con ustedes y los ha cuidado en su marcha por este inmenso desierto, sin que nada les haya faltado.

DEUTERONOMIO 2:7 DHH

Y te amará, te bendecirá y te multiplicará, y bendecirá el fruto de tu vientre y el fruto de tu tierra, tu grano, tu mosto, tu aceite, la cría de tus vacas, y los rebaños de tus ovejas, en la tierra que juró a tus padres que te daría.

DEUTERONOMIO 7:13 RVR1960

Bendito serás más que todos los pueblos; no habrá varón ni hembra estéril en ti, ni en tu ganado.

DEUTERONOMIO 7:14 LBLA

Hoy les doy a elegir entre la bendición y la maldición: bendición, si obedecen los mandamientos que yo, el Señor su Dios, hoy les mando obedecer; maldición, si desobedecen los mandamientos del Señor su Dios y se apartan del camino que hoy les mando seguir, y se van tras dioses extraños que jamás han conocido.

DEUTERONOMIO 11:26–28 NVI

Y no habrá menesteroso entre vosotros, ya que el Señor de cierto te bendecirá en la tierra que el Señor tu Dios te da por heredad para poseerla.

DEUTERONOMIO 15:4 LBLA

Pues el Señor tu Dios te bendecirá como te ha prometido, y tú prestarás a muchas naciones, pero tú no tomarás prestado; y tendrás dominio sobre muchas naciones, pero ellas no tendrán dominio sobre ti.

DEUTERONOMIO 15:6 LBLA

Tres veces al año todos tus varones se presentarán ante el Señor tu Dios, en el lugar que él elija, para celebrar las fiestas de los Panes sin levadura, de las Semanas y de las Enramadas. Nadie se presentará ante el Señor con las manos vacías.

DEUTERONOMIO 16:15 NVI

Bendito serás tú en la ciudad, y bendito tú en el campo.

DEUTERONOMIO 28:3 RVR1960

Tus hijos y tus cosechas
    serán benditos.
Las crías de tus rebaños y manadas
    serán benditas.

DEUTERONOMIO 28:4 NTV

Benditas serán tu canasta y tu artesa de amasar.

DEUTERONOMIO 28:5 RVR1960

Bendito *serás* cuando entres, y bendito *serás* cuando salgas.

DEUTERONOMIO 28:6 LBLA

¡Ahora escucha! En este día, te doy a elegir entre la vida y la muerte, entre la prosperidad y la calamidad. Pues hoy te ordeno que ames al Señor tu Dios y cumplas sus mandatos, decretos y ordenanzas andando en sus caminos. Si lo haces, vivirás y te multiplicarás, y el Señor tu Dios te bendecirá a ti y también a la tierra donde estás a punto de entrar y que vas a poseer.

DEUTERONOMIO 30:15–16 NTV

¡Cuán dichoso es el hombre a quien Dios corrige!
No menosprecies la disciplina del Todopoderoso.
Porque él hiere, pero venda la herida;
golpea, pero trae alivio.

JOB 5:17-18 NVI

Dichoso el hombre
que no sigue el consejo de los malvados,
ni se detiene en la senda de los pecadores
ni cultiva la amistad de los blasfemos,
sino que en la ley del Señor se deleita,
y día y noche medita en ella.

SALMOS 1:1-2 NVI

Porque tú, oh Señor, bendices al justo,
como *con* un escudo lo rodeas de tu favor.

SALMOS 5:12 LBLA

Me preparas un banquete
en presencia de mis enemigos.
Me honras ungiendo mi cabeza con aceite.
Mi copa se desborda de bendiciones.

SALMOS 23:5 NTV

Quien es así recibe bendiciones del Señor;
Dios su Salvador le hará justicia.

SALMOS 24:5 NVI

Porque los benditos de él heredarán la tierra;
Y los malditos de él serán destruidos.

SALMOS 37:22 RVR1960

Dichoso el que pone su confianza en el Señor
y no recurre a los idólatras
ni a los que adoran dioses falsos.

SALMOS 40:4 NVI

Dichoso el que piensa en el débil;
el Señor lo librará en el día de la desgracia.

SALMOS 41:1 NVI

¡Aleluya!
Cuán bienaventurado es el hombre que teme al Señor,
que mucho se deleita en sus mandamientos.

SALMOS 112:1 LBLA

Bendecirá a los que temen al Señor,
tanto a los grandes como a los humildes.

SALMOS 115:13 NTV

Él refuerza los cerrojos de tus puertas
y bendice a los que en ti habitan.

SALMOS 147:13 NVI

Bienaventurado el hombre que halla la sabiduría,
Y que obtiene la inteligencia;

PROVERBIOS 3:13 RVR1960

La maldición del Señor cae sobre la casa del malvado;
su bendición, sobre el hogar de los justos.

PROVERBIOS 3:33 NVI

La bendición del Señor enriquece a una persona
y él no añade ninguna tristeza.

PROVERBIOS 10:22 NTV

El que es generoso prospera;
el que reanima será reanimado.

PROVERBIOS 11:25 NVI

El hombre bueno recibe el favor del Señor,
pero el intrigante recibe su condena.

PROVERBIOS 12:2 NVI

¡Dichoso el que siempre teme al Señor!
Pero el obstinado caerá en la desgracia.

PROVERBIOS 28:14 NVI

Haré que ellas y los alrededores de mi colina sean una fuente de bendición.
Haré caer lluvias de bendición en el tiempo oportuno.

EZEQUIEL 34:26 NVI

Les respondió Jesús:
—Vayan y cuéntenle a Juan lo que están viendo y oyendo: Los ciegos ven,
los cojos andan, los que tienen lepra son sanados, los sordos oyen, los muertos
resucitan y a los pobres se les anuncian las buenas nuevas. Dichoso el que no
tropieza por causa mía.

MATEO 11:4-6 NVI

—Dichoso tú, Simón, hijo de Jonás —le dijo Jesús—, porque eso no te lo reveló
ningún mortal, sino mi Padre que está en el cielo.

MATEO 16:17 NVI

Porque Dios ha puesto sus ojos en mí, su humilde esclava,
y desde ahora siempre me llamarán dichosa;
porque el Todopoderoso ha hecho en mí grandes cosas.
¡Santo es su nombre!

LUCAS 1:48-49 DHH

Entonces les respondió a los enviados:
—Vayan y cuéntenle a Juan lo que han visto y oído: Los ciegos ven, los cojos
andan, los que tienen lepra son sanados, los sordos oyen, los muertos resucitan
y a los pobres se les anuncian las buenas nuevas. Dichoso el que no tropieza
por causa mía.

LUCAS 7:22-23 NVI

Ciertamente les aseguro que ningún siervo es más que su amo, y ningún
mensajero es más que el que lo envió. ¿Entienden esto? Dichosos serán si lo
ponen en práctica.

JUAN 13:16-17 NVI

Finalmente, sed todos de un mismo sentir, compasivos, amándoos fraternalmente, misericordiosos, amigables; no devolviendo mal por mal, ni maldición por maldición, sino por el contrario, bendiciendo, sabiendo que fuisteis llamados para que heredaseis bendición.

1 PEDRO 3:8-9 RVR1960

Dichoso el que lee y dichosos los que escuchan las palabras de este mensaje profético y hacen caso de lo que aquí está escrito, porque el tiempo de su cumplimiento está cerca.

APOCALIPSIS 1:3 NVI

"Miren, ¡yo vendré como un ladrón, cuando nadie lo espere! Benditos son todos los que me esperan y tienen su ropa lista para no tener que andar desnudos y avergonzados".

APOCALIPSIS 16:15 NTV

Y el ángel me dijo: Escribe: Bienaventurados los que son llamados a la cena de las bodas del Cordero. Y me dijo: Estas son palabras verdaderas de Dios.

APOCALIPSIS 19:9 RVR1960

"Pues tú eres Dios, oh Señor Soberano; tus palabras son verdad, y le has prometido estas cosas buenas a tu siervo. Ahora que te complazca bendecir la casa de tu siervo para que permanezca para siempre delante de ti. Has hablado, y cuando concedes una bendición a tu siervo, oh Señor Soberano, ¡es una bendición eterna!".

2 SAMUEL 7:28-29 NTV

Todos daban gracias al Señor, y a una le cantaban esta alabanza: "Dios es bueno; su gran amor por Israel perdura para siempre".

ESDRAS 3:11 NVI

La bondad y el amor me seguirán
    todos los días de mi vida;
y en la casa del Señor
    habitaré para siempre.

SALMOS 23:6 NVI

Cuán grande es tu bondad,
    que atesoras para los que te temen,
y que a la vista de la gente derramas
    sobre los que en ti se refugian.

SALMOS 31:19 NVI

En verdad Dios es bueno con Israel,
    con los de corazón puro.

SALMOS 73:1 NTV

El Señor mismo nos dará bienestar,
    y nuestra tierra rendirá su fruto.

SALMOS 85:12 NVI

Les va bien a los que prestan dinero con generosidad
y manejan sus negocios equitativamente.
SALMOS 112:5 NTV

¡Ya puedes, alma mía, estar tranquila,
que el Señor ha sido bueno contigo!
SALMOS 116:7 NVI

Cuando una vez más la tierra se llene de gente —dice el Señor—, ya no
desearán más "los viejos tiempos" cuando poseían el arca del pacto del Señor.
No extrañarán aquellos días, ni siquiera los recordarán y no habrá necesidad de
reconstruir el arca.
JEREMÍAS 3:16 NTV

"Y *la ciudad* será para mí un nombre de gozo, de alabanza y de gloria ante
todas las naciones de la tierra, que oirán de todo el bien que yo le hago, y
temerán y temblarán a causa de todo el bien y de toda la paz que yo le doy."
JEREMÍAS 33:9 LBLA

¡El mensaje de la cruz es una ridiculez para los que van rumbo a la destrucción! Pero nosotros, que vamos en camino a la salvación, sabemos que es el poder mismo de Dios.

1 CORINTIOS 1:18 NTV

Porque cada vez que comen este pan y beben de esta copa, proclaman la muerte del Señor hasta que él venga.

1 CORINTIOS 11:26 NVI

Ahora, hermanos, quiero recordarles el evangelio que les prediqué, el mismo que recibieron y en el cual se mantienen firmes. Mediante este evangelio son salvos, si se aferran a la palabra que les prediqué. De otro modo, habrán creído en vano.

1 CORINTIOS 15:1-2 NVI

Pues Dios estaba en Cristo reconciliando al mundo consigo mismo, no tomando más en cuenta el pecado de la gente. Y nos dio a nosotros este maravilloso mensaje de reconciliación.

2 CORINTIOS 5:19 NTV

En cambio, los que confían en el Señor encontrarán nuevas fuerzas;
volarán alto, como con alas de águila.
Correrán y no se cansarán;
caminarán y no desmayarán.
ISAÍAS 40:31 NTV

Allí habitarán juntos Judá y todas sus ciudades, los agricultores y los pastores de rebaños. Daré de beber a los sedientos y saciaré a los que estén agotados.
JEREMÍAS 31:24-25 NVI

Venid a mí todos los que estáis trabajados y cargados, y yo os haré descansar.
MATEO 11:28 RVR1960

CASTIGO

Esa misma noche pasaré por todo Egipto y heriré de muerte a todos los primogénitos, tanto de personas como de animales, y ejecutaré mi sentencia contra todos los dioses de Egipto. Yo soy el Señor. La sangre servirá para señalar las casas donde ustedes se encuentren, pues al verla pasaré de largo. Así, cuando hiera yo de muerte a los egipcios, no los tocará a ustedes ninguna plaga destructora.

ÉXODO 12:12-13 NVI

No hagas mal uso del nombre del Señor tu Dios. El Señor no te dejará sin castigo si usas mal su nombre.

ÉXODO 20:7 NTV

No sea que la tierra os vomite por haberla contaminado, como vomitó a la nación que la habitó antes de vosotros.

LEVÍTICO 18:28 RVR1960

El Señor le dijo a Moisés: "Da las siguientes instrucciones al pueblo de Israel. Estas son aplicables tanto para los israelitas de nacimiento como para los extranjeros que viven en Israel: si alguno de ellos ofrece a sus hijos en sacrificio a Moloc, será ejecutado. Los miembros de la comunidad lo matarán a pedradas. Me pondré en contra de esa persona y la eliminaré de la comunidad, porque al ofrecer a sus hijos a Moloc contaminó mi santuario y deshonró mi santo nombre".

LEVÍTICO 20:1-3 NTV

También me pondré en contra de quien acuda a la nigromancia y a los espiritistas, y por seguirlos se prostituya. Lo eliminaré de su pueblo.

LEVÍTICO 20:6 NVI

Pero si ustedes no cumplen mis leyes, sino que me desobedecen y no cumplen mi pacto, yo los castigaré duramente, y ésa será su ruina. Les enviaré enfermedades de las que no podrán sanar, y una fiebre que los dejará ciegos y sin fuerzas. Yo me apartaré de ustedes para que sus enemigos los destruyan, y ellos se comerán lo que ustedes planten. Bastará con que ustedes oigan hablar de un ataque enemigo para que salgan huyendo.

LEVÍTICO 26:14-17 TLA

"Puesto que sus hombres exploraron la tierra durante cuarenta días, ustedes andarán vagando en el desierto por cuarenta años —un año por cada día— y así sufrirán las consecuencias de sus pecados. Entonces sabrán lo que es tenerme como enemigo. ¡Yo, el Señor, he hablado! Sin falta, haré todas estas cosas a cada miembro de la comunidad que conspiró contra mí. ¡Serán destruidos en este desierto, y aquí morirán!."

NÚMEROS 14:34-35 NTV

Entonces el Señor dijo a Aarón: Tú y tus hijos, y tu casa paterna contigo, llevaréis la culpa en relación con el santuario; y tú y tus hijos contigo llevaréis la culpa en relación con vuestro sacerdocio. Mas también a tus hermanos, la tribu de Leví, la tribu de tu padre, haz que se acerquen para que se junten contigo y te sirvan, mientras que tú y tus hijos contigo estéis delante de la tienda del testimonio. Y atenderán a lo que tú ordenes y a las obligaciones de toda la tienda, pero no se acercarán a los utensilios del santuario y del altar, para que no mueran, tanto ellos como vosotros. Y ellos se juntarán contigo, y atenderán a las obligaciones de la tienda de reunión, para todo el servicio de la tienda; pero ningún extraño se acercará a vosotros.

NÚMEROS 18:1-4 LBLA

Y los hijos de Israel no se acercarán más a la tienda de reunión, no sea que carguen con un pecado y mueran. Sólo los levitas servirán en el ministerio de la tienda de reunión, y ellos cargarán con la iniquidad del pueblo; será estatuto perpetuo por todas vuestras generaciones, y entre los hijos de Israel no tendrán heredad.

NÚMEROS 18:22-23 LBLA

Sin embargo, por culpa de ustedes el Señor se enojó conmigo y juró que yo no cruzaría el Jordán ni entraría en la buena tierra que el Señor su Dios les da en posesión.

DEUTERONOMIO 4:21 NVI

Nadie entre los tuyos deberá sacrificar a su hijo o hija en el fuego; ni practicar adivinación, brujería o hechicería; ni hacer conjuros, servir de médium espiritista o consultar a los muertos. Cualquiera que practique estas costumbres se hará abominable al Señor, y por causa de ellas el Señor tu Dios expulsará de tu presencia a esas naciones.

DEUTERONOMIO 18:10-12 NVI

"Maldito sea quien altere los límites de la propiedad de su prójimo".
    Y todo el pueblo dirá: "¡Amén!"

DEUTERONOMIO 27:17 NVI

"Maldito sea quien desvíe de su camino a un ciego".
    Y todo el pueblo dirá: "¡Amén!"

DEUTERONOMIO 27:18 NVI

"Maldito todo el que tenga relaciones sexuales con un animal".
    Y todo el pueblo responderá: "¡Amén!".

DEUTERONOMIO 27:21 NTV

"Maldito todo el que ataque a su vecino en secreto".
    Y todo el pueblo responderá: "¡Amén!".

DEUTERONOMIO 27:24 NTV

"Maldito sea quien acepte soborno para matar al inocente".
    Y todo el pueblo dirá: "¡Amén!"

DEUTERONOMIO 27:25 NVI

"Maldito sea quien no practique fielmente las palabras de esta ley".
    Y todo el pueblo dirá: "¡Amén!"

DEUTERONOMIO 27:26 NVI

Pero debes saber que, si no obedeces al Señor tu Dios ni cumples fielmente todos sus mandamientos y preceptos que hoy te ordeno, vendrán sobre ti y te alcanzarán todas estas maldiciones:

Maldito serás en la ciudad,
    y maldito en el campo.
Malditas serán tu canasta
    y tu mesa de amasar.
Malditos serán el fruto de tu vientre,
    tus cosechas,
los terneritos de tus manadas
    y los corderitos de tus rebaños.
Maldito serás en el hogar,
    y maldito en el camino.

DEUTERONOMIO 28:15-19 NVI

Los israelitas han pecado y han violado la alianza que concerté con ellos. Se han apropiado del botín de guerra que debía ser destruido y lo han escondido entre sus posesiones. Por eso los israelitas no podrán hacerles frente a sus enemigos, sino que tendrán que huir de sus adversarios. Ellos mismos se acarrearon su destrucción. Y, si no destruyen ese botín que está en medio de ustedes, yo no seguiré a su lado.

JOSUÉ 7:11-12 NVI

Pero si se apartan de él y se aferran a las costumbres de los sobrevivientes de esas naciones que aún quedan entre ustedes y se unen en matrimonio con ellos, entonces tengan por seguro que el Señor su Dios ya no expulsará a esos pueblos de su tierra. En cambio, ellos serán como una red y una trampa para ustedes, como un látigo en la espalda y como zarzas con espinas en los ojos, y ustedes desaparecerán de la buena tierra que el Señor su Dios les ha dado.

JOSUÉ 23:12-13 NTV

Si ustedes lo abandonan y sirven a dioses ajenos, él se les echará encima y les traerá desastre; los destruirá completamente, a pesar de haber sido bueno con ustedes.

JOSUÉ 24:20 NVI

Por eso el Señor se enfureció contra Israel y dijo: "Puesto que esta nación ha violado el pacto que yo establecí con sus antepasados y no me ha obedecido, tampoco yo echaré de su presencia a ninguna de las naciones que Josué dejó al morir. Las usaré para poner a prueba a Israel y ver si guarda mi camino y anda por él, como lo hicieron sus antepasados".

JUECES 2:20-22 NVI

El Señor respondió:

—Cuando los egipcios, los amorreos, los amonitas, los filisteos, los sidonios, los amalecitas y los madianitas los oprimían y ustedes clamaron a mí para que los ayudara, ¿acaso no los libré de su dominio? Pero ustedes me han abandonado y han servido a otros dioses; por lo tanto, no los volveré a salvar.

JUECES 10:11-13 NVI

¡Dejen de ser tan orgullosos y altaneros!
  ¡No hablen con tanta arrogancia!
Pues el Señor es un Dios que sabe lo que han hecho;
  él juzgará sus acciones.

1 SAMUEL 2:3 NTV

El Señor destrozará a sus enemigos;
  desde el cielo lanzará truenos contra ellos.
El Señor juzgará los confines de la tierra.

1 SAMUEL 2:10 NVI

Por lo tanto —dice el Señor—, de ninguna manera permitiré que tus parientes me sirvan, aun cuando yo había prometido que toda tu familia, tanto tus antepasados como tus descendientes, me servirían siempre. Yo, el Señor, Dios de Israel, lo afirmo. Yo honro a los que me honran, y humillo a los que me desprecian. En efecto, se acerca el día en que acabaré con tu poder y con el de tu familia; ninguno de tus descendientes llegará a viejo.

1 SAMUEL 2:30-31 NVI

Entonces el Señor le dijo a Samuel:

—Estoy por hacer algo espantoso en Israel. Llevaré a cabo todas mis amenazas contra Elí y su familia, de principio a fin. Le advertí que viene juicio sobre su familia para siempre, porque sus hijos blasfeman a Dios y él no los ha disciplinado. Por eso juré que los pecados de Elí y los de sus hijos jamás serán perdonados ni por medio de sacrificios ni ofrendas.

1 SAMUEL 3:11-14 NTV

Y ellos clamaron a Jehová, y dijeron: Hemos pecado, porque hemos dejado a Jehová y hemos servido a los baales y a Astarot; líbranos, pues, ahora de mano de nuestros enemigos, y te serviremos. Entonces Jehová envió a Jerobaal, a Barac, a Jefté y a Samuel, y os libró de mano de vuestros enemigos en derredor, y habitasteis seguros. Y habiendo visto que Nahas rey de los hijos de Amón venía contra vosotros, me dijisteis: No, sino que ha de reinar sobre nosotros un rey; siendo así que Jehová vuestro Dios era vuestro rey.

2 SAMUEL 12:10-12 RVR1960

El Señor le dio el siguiente mensaje al rey Baasa mediante el profeta Jehú, hijo de Hananí: "Yo te levanté del polvo para hacerte gobernar a mi pueblo Israel, pero tú seguiste el mal ejemplo de Jeroboam. Has provocado mi enojo al hacer pecar a mi pueblo Israel. Así que ahora yo te destruiré a ti y a tu familia, tal como destruí a los descendientes de Jeroboam, hijo de Nabat".

1 REYES 16:1-3 NTV

Ahora bien, Elías, el de Tisbé de Galaad, fue a decirle a Acab: "Tan cierto como que vive el Señor, Dios de Israel, a quien yo sirvo, te juro que no habrá rocío ni lluvia en los próximos años, hasta que yo lo ordene".

1 REYES 17:1 NVI

"Por esa furia en mi contra
    y por tu arrogancia, que yo mismo oí,
te pondré mi gancho en la nariz
    y mi freno en la boca.
Te haré regresar
    por el mismo camino por donde viniste."

2 REYES 19:28 NTV

"Esto dice el Señor: 'Traeré desastre sobre esta ciudad y sobre sus habitantes. Todas las maldiciones escritas en el rollo que fue leído al rey de Judá se cumplirán, pues los de mi pueblo me han abandonado y han ofrecido sacrificios a dioses paganos. Estoy muy enojado con ellos por todo lo que han hecho. Mi enojo será derramado sobre este lugar y no se apagará'".

2 CRÓNICAS 34:24-25 NTV

Ponte a pensar: ¿Quién que sea inocente ha perecido?
    ¿Cuándo se ha destruido a la gente íntegra?
La experiencia me ha enseñado
    que los que siembran maldad cosechan desventura.

JOB 4:7-8 NVI

Así dice el Señor:
"Los delitos de Judá han llegado a su colmo;
    por tanto, no revocaré su castigo:
Porque, dejándose descarriar por sus mentiras,
    tras las cuales anduvieron sus antepasados,
rechazaron la ley del Señor
    y no obedecieron sus preceptos".

AMÓS 2:4 NVI

Pero los que por egoísmo rechazan la verdad para aferrarse a la maldad recibirán el gran castigo de Dios.

ROMANOS 2:8 NVI

Les he entregado las palabras que me diste, y ellos las aceptaron; saben con certeza que salí de ti, y han creído que tú me enviaste.

JUAN 17:8 NVI

La fe es la garantía de lo que se espera, la certeza de lo que no se ve.

HEBREOS 11:1 NVI

Así que, amados hermanos, podemos entrar con valentía en el Lugar Santísimo del cielo por causa de la sangre de Jesús. Por su muerte, Jesús abrió un nuevo camino —un camino que da vida— a través de la cortina al Lugar Santísimo.

HEBREOS 10:19-20 NTV

Vendan sus bienes y den a los pobres. Provéanse de bolsas que no se desgasten; acumulen un tesoro inagotable en el cielo, donde no hay ladrón que aceche ni polilla que destruya. Pues donde tengan ustedes su tesoro, allí estará también su corazón.

LUCAS 12:33-34 NVI

No dejen que el corazón se les llene de angustia; confíen en Dios y confíen también en mí. En el hogar de mi Padre, hay lugar más que suficiente. Si no fuera así, ¿acaso les habría dicho que voy a prepararles un lugar?

JUAN 14:1-2 NTV

De hecho, sabemos que, si esta tienda de campaña en que vivimos se deshace, tenemos de Dios un edificio, una casa eterna en el cielo, no construida por manos humanas.

2 CORINTIOS 5:1 NVI

En cambio, nosotros somos ciudadanos del cielo, de donde anhelamos recibir al Salvador, el Señor Jesucristo. Él transformará nuestro cuerpo miserable para que sea como su cuerpo glorioso, mediante el poder con que somete a sí mismo todas las cosas.

FILIPENSES 3:20-21 NVI

Cuando Cristo, nuestra vida, sea manifestado, entonces vosotros también seréis manifestados con El en gloria.

COLOSENSES 3:4 LBLA

Pero anhelaban una mejor, esto es, celestial; por lo cual Dios no se averg:uenza de llamarse Dios de ellos; porque les ha preparado una ciudad.

HEBREOS 11:16 RVR1960

Después, el S<small>EÑOR</small> Dios dijo: "No es bueno que el hombre esté solo. Haré una ayuda ideal para él".

GÉNESIS 2:18 NTV

Cuando el ángel del S<small>EÑOR</small> se le apareció a Gedeón, le dijo:
—¡El S<small>EÑOR</small> está contigo, guerrero valiente!

JUECES 6:12 NVI

El S<small>EÑOR</small> respondió:
—Tú derrotarás a los madianitas como si fueran un solo hombre, porque yo estaré contigo.

JUECES 6:16 NVI

El S<small>EÑOR</small> estará con ustedes, siempre y cuando ustedes estén con él.
Si lo buscan, él dejará que ustedes lo hallen; pero, si lo abandonan, él los abandonará.

2 CRÓNICAS 15:2 NVI

Allí tiemblan de espanto,
pues Dios está con la generación justa.

SALMOS 14:5 LBLA

Sé que el S<small>EÑOR</small> siempre está conmigo.
   No seré sacudido, porque él está aquí a mi lado.

SALMOS 16:8 NTV

El S<small>EÑOR</small> Todopoderoso está con nosotros;
   nuestro refugio es el Dios de Jacob.

SALMOS 46:7 NVI

Sin embargo, yo siempre estoy contigo;
tú me has tomado de la mano derecha.

SALMOS 73:23 LBLA

No temas, mi siervo Jacob,
porque yo estoy contigo —dice el Señor—.
Destruiré por completo a las naciones donde te envié al destierro,
pero no te destruiré a ti por completo.
Te disciplinaré, pero con justicia;
no puedo dejarte sin castigo.

JEREMÍAS 46:28 NTV

Nos hace sufrir, pero también nos compadece,
porque es muy grande su amor.
El Señor nos hiere y nos aflige,
pero no porque sea de su agrado.

LAMENTACIONES 3:32–33 NVI

Entonces sabrán que yo, el Señor su Dios, estoy con ellos, y que ellos, el pueblo de Israel, son mi pueblo. Yo, el Señor omnipotente.

EZEQUIEL 34:30 NVI

Entonces sabrán que yo estoy en medio de Israel,
que yo soy el Señor su Dios,
y no hay otro fuera de mí.
¡Nunca más será avergonzado mi pueblo!

JOEL 2:27 NVI

Enseñen a los nuevos discípulos a obedecer todos los mandatos que les he dado. Y tengan por seguro esto: que estoy con ustedes siempre, hasta el fin de los tiempos.

MATEO 28:20 NTV

Sin embargo, los que el Padre me ha dado vendrán a mí, y jamás los rechazaré.

JUAN 6:37 NTV

Respondió Jesús y le dijo: El que me ama, mi palabra guardará; y mi Padre le amará, y vendremos a él, y haremos morada con él.

JUAN 14:23 RVR1960

El Señor defenderá a su pueblo
    cuando lo vea sin fuerzas;
tendrá compasión de sus siervos
    cuando ya no haya ni esclavos ni libres.

      DEUTERONOMIO 32:36 NVI

No los abandonaste, ni siquiera cuando se hicieron un ídolo en forma de becerro y dijeron: "¡Este es tu dios que te sacó de Egipto!". Cometieron terribles blasfemias.

En tu gran misericordia no los abandonaste para que murieran en el desierto. La columna de nube todavía los guiaba de día, y la columna de fuego les mostraba el camino durante la noche.

      NEHEMÍAS 9:17-19 NTV

Mas tú, Señor, Dios misericordioso y clemente,
Lento para la ira, y grande en misericordia y verdad.

      SALMOS 86:15 RVR1960

El Señor es clemente y compasivo,
    lento para la ira y grande en amor.

      SALMOS 103:8 NVI

El Señor es bueno con todos;
    él se compadece de toda su creación.

      SALMOS 145:9 NVI

Cuando el Señor tenga compasión de Jacob, escoja de nuevo a Israel y los establezca en su propia tierra, entonces se les juntarán extranjeros que se unirán a la casa de Jacob.

      ISAÍAS 14:1 LBLA

Así dice el Señor: "En cuanto a todos los vecinos malvados que tocaron la heredad que le di a mi pueblo Israel, los arrancaré de sus tierras, y a la tribu de Judá la quitaré de en medio de ellos. Después que los haya desarraigado, volveré a tener compasión de ellos, y los haré regresar, cada uno a su heredad y a su propio país. Y, si aprenden bien los caminos de mi pueblo y, si así como enseñaron a mi pueblo a jurar por Baal, aprenden a jurar por mi nombre y dicen: 'Por la vida del Señor', entonces serán establecidos en medio de mi pueblo".

JEREMÍAS 12:14-16 NVI

Así dice el Señor:
"Restauraré las fortunas de las carpas de Jacob,
    y tendré compasión de sus moradas;
la ciudad resurgirá sobre sus ruinas,
    y el palacio se asentará en el lugar debido".

JEREMÍAS 30:18 NVI

Por eso, así dice el Señor omnipotente: Ahora voy a cambiar la suerte de Jacob. Tendré compasión de todo el pueblo de Israel, y celaré el prestigio de mi santo nombre. Cuando habiten tranquilos en su tierra, sin que nadie los perturbe, olvidarán su vergüenza y todas las infidelidades que cometieron contra mí.

EZEQUIEL 39:25-26 NVI

Así que oró al Señor de esta manera:
—¡Oh Señor! ¿No era esto lo que yo decía cuando todavía estaba en mi tierra? Por eso me anticipé a huir a Tarsis, pues bien sabía que tú eres un Dios bondadoso y compasivo, lento para la ira y lleno de amor, que cambias de parecer y no destruyes.

JONÁS 4:2 NVI

Vuelve a compadecerte de nosotros.
    Pon tu pie sobre nuestras maldades
    y arroja al fondo del mar todos nuestros pecados.

MIQUEAS 7:19 NVI

Por la entrañable misericordia de nuestro Dios,
con que la Aurora nos visitará desde lo alto,
para dar luz a los que habitan en tinieblas y en sombra de muerte,
para guiar nuestros pies en el camino de paz.

LUCAS 1:78-79 LBLA

Sean compasivos, así como su Padre es compasivo.

LUCAS 6:36 NVI

Hermanos, no hablen mal unos de otros. Si alguien habla mal de su hermano, o lo juzga, habla mal de la ley y la juzga. Y, si juzgas la ley, ya no eres cumplidor de la ley, sino su juez.

SANTIAGO 5:11 NVI

El que cree en él no es condenado, pero el que no cree ya está condenado por no haber creído en el nombre del Hijo unigénito de Dios.

JUAN 3:18 NVI

Les digo la verdad, todos los que escuchan mi mensaje y creen en Dios, quien me envió, tienen vida eterna. Nunca serán condenados por sus pecados, pues ya han pasado de la muerte a la vida.

JUAN 5:24 NTV

Entonces él se incorporó y le preguntó:
—Mujer, ¿dónde están? ¿Ya nadie te condena?
—Nadie, Señor.
—Tampoco yo te condeno. Ahora vete, y no vuelvas a pecar.

JUAN 8:10-11 NVI

El pecado de un solo hombre no puede compararse con el don de Dios, pues por un solo pecado vino la condenación; pero el don de Dios, a partir de muchos pecados, hace justos a los hombres.

ROMANOS 5:16 DHH

Por lo tanto, ya no hay condenación para los que pertenecen a Cristo Jesús.

ROMANOS 8:1 NTV

¿Puede alguien castigarlos? ¡De ninguna manera, pues Jesucristo murió por ellos! Es más, Jesucristo resucitó, y ahora está a la derecha de Dios, rogando por nosotros.

ROMANOS 8:34 LBLA

Nuestras acciones demostrarán que pertenecemos a la verdad, entonces estaremos confiados cuando estemos delante de Dios. Aun si nos sentimos culpables, Dios es superior a nuestros sentimientos y él lo sabe todo.

1 JUAN 3:19-20 NTV

Sin embargo, al fin mi pueblo confesará sus pecados y los pecados de sus antepasados por traicionarme y por ser hostiles hacia mí. Cuando yo haga que su hostilidad se vuelva contra ellos y los lleve a la tierra de sus enemigos, entonces, por fin, su obstinado corazón será humillado y pagarán por sus pecados. Entonces me acordaré de mi pacto con Jacob, de mi pacto con Isaac y de mi pacto con Abraham, y me acordaré de la tierra.

LEVÍTICO 26:40-42 NTV

Por eso los fieles te invocan
en momentos de angustia;
caudalosas aguas podrán desbordarse,
pero a ellos no los alcanzarán.

SALMOS 32:6 NVI

Cuando los justos triunfan, todo el mundo se alegra.
Cuando los perversos toman el control, todos se esconden.

PROVERBIOS 28:13 NTV

Si afirmamos que no tenemos pecado, nos engañamos a nosotros mismos y no tenemos la verdad. Si confesamos nuestros pecados, Dios, que es fiel y justo, nos los perdonará y nos limpiará de toda maldad.

1 JUAN 1:8-9 NVI

Sin embargo, el Señor les dijo a Moisés y a Aarón: "¡Puesto que no confiaron lo suficiente en mí para demostrar mi santidad a los israelitas, ustedes no los llevarán a la tierra que les doy!".

NÚMEROS 20:12 NTV

Puse en el Señor toda mi esperanza;
    él se inclinó hacia mí y escuchó mi clamor.
Me sacó de la fosa de la muerte,
    del lodo y del pantano;
puso mis pies sobre una roca,
    y me plantó en terreno firme.
Puso en mis labios un cántico nuevo,
    un himno de alabanza a nuestro Dios.
Al ver esto, muchos tuvieron miedo
    y pusieron su confianza en el Señor.

SALMOS 40:1-3 NVI

Tienen confianza y viven sin temor,
    y pueden enfrentar triunfantes a sus enemigos.

SALMOS 112:8 NTV

¡Todos los que temen al Señor, confíen en el Señor!
    Él es su ayudador y su escudo.

SALMOS 115:11 NTV

Justos son los estatutos que has ordenado,
    y muy dignos de confianza.

SALMOS 119:138 NVI

Creador del cielo y de la tierra,
    del mar y de todo cuanto hay en ellos,
    y que siempre mantiene la verdad.

SALMOS 146:6 NVI

Confíen siempre en el Señor,
porque el Señor dios es la Roca eterna.

ISAÍAS 26:4 NTV

A los ricos de este mundo, mándales que no sean arrogantes ni pongan su esperanza en las riquezas, que son tan inseguras, sino en Dios, que nos provee de todo en abundancia para que lo disfrutemos.

1 TIMOTEO 6:17 NVI

SEÑOR, tú conoces las esperanzas de los indefensos;
    ciertamente escucharás sus clamores y los consolarás.
        SALMOS 10:17 NTV

Tu vara de pastor me reconforta.
        SALMOS 23:4 NVI

El SEÑOR volverá a consolar a Israel
    y tendrá piedad de sus ruinas.
Su desierto florecerá como el Edén,
    sus lugares desolados como el huerto del SEÑOR.
Allí se encontrarán gozo y alegría;
    los cantos de gratitud llenarán el aire.
        ISAÍAS 51:3 NTV

He visto lo que hacen,
    ¡pero aun así, los sanaré
    y los guiaré!
Consolaré a los que se lamentan.
        ISAÍAS 57:18 NTV

A todos los que se lamentan en Israel
    les dará una corona de belleza en lugar de cenizas,
una gozosa bendición en lugar de luto,
    una festiva alabanza en lugar de desesperación.
Ellos, en su justicia, serán como grandes robles
    que el SEÑOR ha plantado para su propia gloria.
        ISAÍAS 61:3 NTV

Como madre que consuela a su hijo,
    así yo los consolaré a ustedes;
    en Jerusalén serán consolados.
        ISAÍAS 66:13 NVI

Entonces las jóvenes danzarán con alegría,
   y los jóvenes junto con los ancianos.
Convertiré su duelo en gozo, y los consolaré;
   transformaré su dolor en alegría.

JEREMÍAS 31:13 NVI

¿Debes hablar de esa manera, oh familia de Israel?
   ¿Tendrá paciencia el Espíritu del Señor con semejante comportamiento?
Si ustedes hicieran lo correcto,
   encontrarían consuelo en mis palabras.

MIQUEAS 2:7 NTV

Toda la alabanza sea para Dios, el Padre de nuestro Señor Jesucristo. Dios es nuestro Padre misericordioso y la fuente de todo consuelo.

2 CORINTIOS 1:3 NTV

Dichosos los humildes,
porque recibirán la tierra como herencia.

MATEO 5:5 NVI

Pero gran ganancia es la piedad acompañada de contentamiento; porque nada hemos traído a este mundo, y sin duda nada podremos sacar. Así que, teniendo sustento y abrigo, estemos contentos con esto.

1 TIMOTEO 6:6–8 RVR1960

No amen el dinero; estén contentos con lo que tienen, pues Dios ha dicho: "Nunca te fallaré.
Jamás te abandonaré".

HEBREOS 13:5 NTV

Dios, en el principio,
   creó los cielos y la tierra.
      GÉNESIS 1:1 NVI

Porque el Señor es grande,
   y digno de toda alabanza;
   ¡más temible que todos los dioses!
Nada son los dioses de los pueblos,
   pero el Señor fue quien hizo los cielos
      1 CRÓNICAS 16:25-26 NVI

¡Que tiemble ante él toda la tierra!
   Él afirmó el mundo, y este no se moverá.
      1 CRÓNICAS 16:30 NVI

Solo tú eres el Señor. Tú hiciste el firmamento, los cielos y todas las estrellas;
hiciste la tierra, los mares y todo lo que hay en ellos. Tú los preservas a todos, y
los ángeles del cielo te adoran.
      NEHEMÍAS 9:6 NTV

Los cielos cuentan la gloria de Dios,
   el firmamento proclama la obra de sus manos.
Un día transmite al otro la noticia,
   una noche a la otra comparte su saber.
      SALMOS 19:1-2 NVI

Del Señor es la tierra y todo lo que hay en ella;
el mundo y los que en él habitan.
Porque El la fundó sobre los mares,
y la asentó sobre los ríos.
      SALMOS 24:1-2 LBLA

El Señor tan solo habló
  y los cielos fueron creados.
Sopló la palabra,
  y nacieron todas las estrellas.
Asignó los límites al mar
  y encerró los océanos en enormes depósitos.
    SALMOS 33:6-7 NTV

Porque desde la creación del mundo las cualidades invisibles de Dios, es decir, su eterno poder y su naturaleza divina, se perciben claramente a través de lo que él creó, de modo que nadie tiene excusa.
    ROMANOS 1:20 NVI

Todo lo que Dios ha creado es bueno, y nada es despreciable si se recibe con acción de gracias, porque la palabra de Dios y la oración lo santifican.
    1 TIMOTEO 4:4-5 NVI

"Tú eres digno, oh Señor nuestro Dios,
  de recibir gloria y honor y poder.
Pues tú creaste todas las cosas,
  y existen porque tú las creaste según tu voluntad".
    APOCALIPSIS 4:11 NTV

Por eso dice el Señor omnipotente:
¡Yo pongo en Sión una piedra probada!,
    piedra angular y preciosa para un cimiento firme;
    el que confíe no andará desorientado.
ISAÍAS 28:16 NVI

Jesús le dijo: Si puedes creer, al que cree todo le es posible.
MARCOS 9:23 RVR1960

Jesús le gritó a la multitud: "Si confían en mí, no confían solo en mí, sino también en Dios, quien me envió. Pues, cuando me ven a mí, están viendo al que me envió. Yo he venido como una luz para brillar en este mundo de oscuridad, a fin de que todos los que pongan su confianza en mí no queden más en la oscuridad".
JUAN 12:44-46 NTV

—Porque me has visto, has creído —le dijo Jesús—; dichosos los que no han visto y sin embargo creen.
JUAN 20:29 NVI

Y él nos ordenó que predicáramos en todas partes y diéramos testimonio de que Jesús es a quien Dios designó para ser el juez de todos, de los que están vivos y de los muertos. De él dan testimonio todos los profetas cuando dicen que a todo el que cree en él se le perdonarán los pecados por medio de su nombre.
HECHOS 10:42-43 NTV

Sin embargo, al que no trabaja, sino que cree en el que justifica al malvado, se le toma en cuenta la fe como justicia.
ROMANOS 4:5 NVI

Como está escrito:

"Miren que pongo en Sión una piedra de tropiezo
   y una roca que hace caer;
pero el que confíe en él no será defraudado".

ROMANOS 9:33 NVI

Como nos dicen las Escrituras: "Todo el que confíe en él jamás será avergonzado".

ROMANOS 10:11 NTV

Ya que Dios, en su sabiduría, se aseguró de que el mundo nunca lo conociera por medio de la sabiduría humana, usó nuestra predicación "ridícula" para salvar a los que creen.

1 CORINTIOS 1:21 NTV

Estas cosas os he escrito a vosotros que creéis en el nombre del Hijo de Dios, para que sepáis que tenéis vida eterna.

1 JUAN 5:13 LBLA

—Adelántate al pueblo —le aconsejó el Señor— y llévate contigo a algunos ancianos de Israel, pero lleva también la vara con que golpeaste el Nilo. Ponte en marcha, que yo estaré esperándote junto a la roca que está en Horeb. Aséstale un golpe a la roca, y de ella brotará agua para que beba el pueblo.

ÉXODO 17:5-6 NVI

Por lo tanto, el Señor declaró: "Voy a apartar de mi presencia a Judá, como lo hice con Israel; repudiaré a Jerusalén, la ciudad que escogí, y a este templo, del cual dije: 'Ese será el lugar donde yo habite'".

2 REYES 23:27 NVI

Día a día el Señor cuida a los inocentes,
   y ellos recibirán una herencia que permanece para siempre.

SALMOS 37:18 NTV

Los justos heredarán la tierra,
   y por siempre vivirán en ella.

SALMOS 37:29 NVI

Bendito sea el Señor, que cada día lleva nuestra carga,
el Dios que es nuestra salvación.

SALMOS 68:19 LBLA

Así es, estás conmigo desde mi nacimiento;
   me has cuidado desde el vientre de mi madre.
   ¡Con razón siempre te alabo!

SALMOS 71:6 NTV

Cuida de los huérfanos y las viudas,
   pero frustra los planes de los perversos.

SALMOS 146:9B NTV

Pues el Señor es nuestro juez,
nuestro legislador y nuestro rey;
él cuidará de nosotros y nos salvará.

ISAÍAS 33:22 NTV

Yo seré su Dios durante toda su vida;
hasta que tengan canas por la edad.
Yo los hice y cuidaré de ustedes;
yo los sostendré y los salvaré.

ISAÍAS 46:4 NTV

En un estallido de enojo aparté de ti mi rostro por un poco de tiempo.
Pero con amor eterno tendré compasión de ti
—dice el Señor, tu Redentor—.

ISAÍAS 54:8 LBLA

Regresen a casa, ustedes, hijos descarriados
—dice el Señor—,
porque yo soy su amo.
Los traeré de regreso a la tierra de Israel,
uno de esta ciudad y dos de aquella familia,
de todo lugar donde estén esparcidos.
Y les daré pastores conforme a mi propio corazón,
que los guiarán con conocimiento y entendimiento.

JEREMÍAS 3:14-15 NTV

"Pero sepan que yo cuidaré
de sus huérfanos y de sus viudas;
¡pueden confiar en mí!."

JEREMÍAS 49:11 TLA

Entonces les daré un pastor, mi siervo David, que las apacentará y será su
único pastor. Yo, el Señor, seré su Dios, y mi siervo David será su príncipe. Yo, el
Señor, lo he dicho.

EZEQUIEL 34:23-24 NVI

Bueno es el Señor;
es refugio en el día de la angustia,
y protector de los que en él confían.

NAHUM 1:7 NVI

¿No se venden cinco gorriones por dos moneditas? Sin embargo, Dios no se olvida de ninguno de ellos. Así mismo sucede con ustedes: aun los cabellos de su cabeza están contados. No tengan miedo; ustedes valen más que muchos gorriones.

LUCAS 12:6–7 NVI

Miren cómo crecen los lirios. No trabajan ni cosen su ropa; sin embargo, ni Salomón con toda su gloria se vistió tan hermoso como ellos. Y, si Dios cuida de manera tan maravillosa a las flores que hoy están y mañana se echan al fuego, tengan por seguro que cuidará de ustedes. ¿Por qué tienen tan poca fe?

LUCAS 12:27–28 NTV

Que nadie peque y defraude a su hermano en este asunto, porque el Señor es el vengador en todas estas cosas, como también antes os lo dijimos y advertimos solemnemente.

1 TESALONICENSES 4:6 LBLA

Acuérdate del Señor tu Dios. Él es quien te da las fuerzas para obtener riquezas, a fin de cumplir el pacto que les confirmó a tus antepasados mediante un juramento.

DEUTERONOMIO 8:18 NTV

Ni una sola de todas las buenas promesas que el Señor le había hecho a la familia de Israel quedó sin cumplirse; todo lo que él había dicho se hizo realidad.

JOSUÉ 21:45 NTV

"Señor, Dios de Israel, no hay Dios como tú en el cielo ni en la tierra, pues tú cumples tu pacto de amor con quienes te sirven y te siguen de todo corazón. Has llevado a cabo lo que le dijiste a tu siervo David, mi padre; y este día has cumplido con tu mano lo que con tu boca prometiste."

2 CRÓNICAS 6:14-15 NVI

Tu reino es un reino eterno;
    tu dominio permanece por todas las edades.
Fiel es el Señor a su palabra
    y bondadoso en todas sus obras.

SALMOS 145:13 NVI

Llegarán días —afirma el Señor—, en que cumpliré la promesa de bendición que hice al pueblo de Israel y a la tribu de Judá.

JEREMÍAS 33:14 NVI

Él protegerá a sus fieles,
   pero los perversos desaparecerán en la oscuridad.
Nadie tendrá éxito solamente por la fuerza.

   1 SAMUEL 2:9 NTV

Tú me has dado también el escudo de tu salvación,
y tu ayuda me engrandece.

   2 SAMUEL 22:36 LBLA

Mas tú, oh Señor, eres escudo en derredor mío,
   mi gloria, y el que levanta mi cabeza.
Con mi voz clamé al Señor,
   y El me respondió desde su santo monte.

   SALMOS 3:3-4 LBLA

El Señor es mi luz y mi salvación;
   ¿a quién temeré?
El Señor es el baluarte de mi vida;
   ¿quién podrá amedrentarme?

   SALMOS 27:1 NVI

Con cada hueso de mi cuerpo lo alabaré:
   "Señor, ¿quién se compara contigo?
¿Quién otro rescata a los indefensos de las manos de los fuertes?
   ¿Quién otro protege a los indefensos y a los pobres de quienes les roban?".

   SALMOS 35:10 NTV

Con sus plumas te cubrirá
   y con sus alas te dará refugio.
   Sus fieles promesas son tu armadura y tu protección.

   SALMOS 91:4 NTV

Porque él ordenará que sus ángeles
   te cuiden en todos tus caminos.
   SALMOS 91:11 NVI

No explotes al pobre porque es pobre,
   ni oprimas en los tribunales a los necesitados;
porque el Señor defenderá su causa,
   y despojará a quienes los despojen.
   PROVERBIOS 22:22-23 NVI

Y esto dice el Señor acerca del rey de Asiria:
"Sus ejércitos no entrarán en Jerusalén;
   ni siquiera lanzarán una sola flecha contra ella.
No marcharán fuera de sus puertas con sus escudos
   ni levantarán terraplenes contra sus murallas.
El rey regresará a su propia tierra
   por el mismo camino por donde vino.
No entrará en esta ciudad —dice el Señor—.
Por mi propia honra y por amor a mi siervo David,
   defenderé esta ciudad y la protegeré".
   ISAÍAS 37:33-35 NTV

Pero el Señor está conmigo
   como un guerrero poderoso;
por eso los que me persiguen
   caerán y no podrán prevalecer,
   fracasarán y quedarán avergonzados.
Eterna será su deshonra;
   jamás será olvidada.
   JEREMÍAS 20:11 NVI

   El otro ángel dijo: Apresúrate y dile a ese joven: "¡Jerusalén algún día estará
tan llena de gente y de animales que no habrá lugar suficiente para todos!
Muchos vivirán fuera de las murallas de la ciudad. Entonces yo mismo seré un
muro de fuego protector alrededor de Jerusalén, dice el Señor. ¡Y seré la gloria
dentro de la ciudad!".
   ZACARÍAS 2:4-5 NTV

Surgirán de ellos cánticos de gratitud,
   y gritos de alegría.
Multiplicaré su descendencia, y no disminuirá;
   los honraré, y no serán menospreciados.
   JEREMÍAS 30:19 NVI

No temas, Jacob, siervo mío;
   no te asustes, Israel —afirma el Señor—.
A ti, Jacob, te libraré de ese país lejano;
   a tus descendientes los libraré del exilio.
Volverás a vivir en paz y tranquilidad,
   y ya nadie te infundirá temor.
   JEREMÍAS 30:10 NVI

Por todos lados nos presionan las dificultades, pero no nos aplastan. Estamos perplejos pero no caemos en la desesperación.
   2 CORINTIOS 4:8 NTV

Yo corrijo y disciplino a todos los que amo. Por lo tanto, sé diligente y arrepiéntete de tu indiferencia.
   APOCALIPSIS 3:19 NTV

DESCANSO

"El pueblo de Israel deberá guardar el día de descanso y conmemorarlo de generación en generación. Es una obligación del pacto para siempre. Es una señal perpetua de mi pacto con el pueblo de Israel. Pues en seis días el SEÑOR hizo los cielos y la tierra, pero en el séptimo dejó de trabajar y descansó."

ÉXODO 31:16-17 NTV

—Recuerden la orden que les dio Moisés, siervo del SEÑOR: "Dios el SEÑOR les ha dado reposo y les ha entregado esta tierra".

JOSUÉ 1:13 NVI

El SEÑOR les dio descanso en todo el territorio, cumpliendo así la promesa hecha años atrás a sus antepasados. Ninguno de sus enemigos pudo hacer frente a los israelitas, pues el SEÑOR entregó en sus manos a cada uno de los que se les oponían.

JOSUÉ 21:44 NVI

Bendito sea Jehová, que ha dado paz a su pueblo Israel, conforme a todo lo que él había dicho; ninguna palabra de todas sus promesas que expresó por Moisés su siervo, ha faltado.

1 REYES 8:56 RVR1960

Los que viven al amparo del Altísimo
encontrarán descanso a la sombra del Todopoderoso.

SALMOS 91:1 NTV

Los alivias en tiempos difíciles
hasta que se cave un pozo para capturar a los malvados.

SALMOS 94:13 NTV

Así dice el Señor:

Deténganse en los caminos y miren;
    pregunten por los senderos antiguos.
Pregunten por el buen camino,
    y no se aparten de él.
    Así hallarán el descanso anhelado.
Pero ellos dijeron:
    "No lo seguiremos".

      JEREMÍAS 6:16 NVI

En ese día —dice el Señor—, seré el Dios de todas las familias de Israel, y ellas serán mi pueblo. Esto dice el Señor:

Los que sobrevivan de la destrucción venidera
    encontrarán bendiciones aun en las tierras áridas,
    porque al pueblo de Israel le daré descanso.

      JEREMÍAS 31:1 NTV

Así dice el Señor Todopoderoso:

Israel y Judá son pueblos oprimidos;
    sus enemigos los tienen apresados,
    no los dejan en libertad.
Pero su redentor es fuerte,
    su nombre es el Señor Todopoderoso.
Con vigor defenderá su causa;
    traerá la paz a la tierra,
    pero a Babilonia, el terror.

      JEREMÍAS 50:33-34 NVI

Cuidémonos, por tanto, no sea que, aunque la promesa de entrar en su reposo sigue vigente, alguno de ustedes parezca quedarse atrás

    HEBREOS 4:1 NVI

"¡Y ahora ustedes, caterva de pecadores, vienen en lugar de sus padres para aumentar la ira del Señor contra Israel! Si ustedes se niegan a seguir al Señor, él volverá a dejar en el desierto a todo este pueblo, y ustedes serán la causa de su destrucción".

NÚMEROS 32:14-15 NVI

Cuando Dios escuchó sus quejas, se enojó, pues ustedes son gente muy mala. Por eso juró que no disfrutarían de la tierra que había prometido a sus antepasados. Y como Caleb fue el único obediente, Dios dijo que él sería el único que disfrutaría de ella. Por eso también sus descendientes recibirían toda la tierra que tocaran con la planta de sus pies.

DEUTERONOMIO 1:34-36 TLA

Si llegas a olvidar al Señor tu Dios, y sigues a otros dioses para adorarlos e inclinarte ante ellos, testifico hoy en contra tuya que ciertamente serás destruido. Si no obedeces al Señor tu Dios, te sucederá lo mismo que a las naciones que el Señor irá destruyendo a tu paso.

DEUTERONOMIO 8:19-20 NVI

El Señor enviará contra ti maldición, confusión y fracaso en toda la obra de tus manos, hasta que en un abrir y cerrar de ojos quedes arruinado y exterminado por tu mala conducta y por haberme abandonado.

DEUTERONOMIO 28:20 NVI

Si te niegas a escuchar al Señor tu Dios y a obedecer los mandatos y los decretos que él te ha dado, todas esas maldiciones te perseguirán y te alcanzarán hasta que quedes destruido. Esos horrores serán una señal de advertencia permanente para ti y tus descendientes.

DEUTERONOMIO 28:45-46 NTV

Si te niegas a obedecer todas las palabras de instrucción que están escritas en este libro y no temes el nombre glorioso e imponente del Señor tu Dios, el Señor te abrumará con plagas indescriptibles a ti y a tus hijos. Esas plagas serán intensas y sin alivio, te harán desgraciado y te dejarán terriblemente enfermo. Él te afligirá con todas las enfermedades de Egipto que tanto temías, y no tendrás alivio. El Señor te afligirá hasta destruirte con todas las enfermedades y las plagas que existen, aun con las que no se mencionan en este libro de instrucción. Aunque te multipliques tanto como las estrellas del cielo, quedarás reducido a unos cuantos, porque no quisiste escuchar al Señor tu Dios.

DEUTERONOMIO 28:58-62 NTV

Pero si tu corazón se desvía y no escuchas, sino que te dejas arrastrar y te postras ante otros dioses y los sirves, yo os declaro hoy que ciertamente pereceréis. No prolongaréis *vuestros* días en la tierra adonde tú *vas*, cruzando el Jordán para entrar en ella y poseerla.

DEUTERONOMIO 30:17-18 LBLA

Y sucederá que así como han venido sobre vosotros todas las buenas palabras que el Señor vuestro Dios os habló, de la misma manera el Señor traerá sobre vosotros toda amenaza, hasta que os haya destruido de sobre esta buena tierra que el Señor vuestro Dios os ha dado. Cuando quebrantéis el pacto que el Señor vuestro Dios os ordenó, y vayáis y sirváis a otros dioses, y os inclinéis ante ellos, entonces la ira del Señor se encenderá contra vosotros, y pereceréis prontamente de sobre esta buena tierra que El os ha dado.

JOSUÉ 23:15-16 LBLA

Mas si obstinadamente os apartareis de mí vosotros y vuestros hijos, y no guardareis mis mandamientos y mis estatutos que yo he puesto delante de vosotros, sino que fuereis y sirviereis a dioses ajenos, y los adoraréis; yo cortaré a Israel de sobre la faz de la tierra que les he entregado; y esta casa que he santificado a mi nombre, yo la echaré de delante de mí, e Israel será por proverbio y refrán a todos los pueblos.

1 REYES 9:6-7 RVR1960

"El Señor sacudirá a los israelitas como el agua sacude las cañas. Los desarraigará de esta buena tierra que les dio a sus antepasados y los dispersará más allá del río Éufrates, porque se hicieron imágenes de la diosa Aserá y provocaron así la ira del Señor. Y el Señor abandonará a Israel por los pecados que Jeroboán cometió e hizo cometer a los israelitas".

1 REYES 14:15-16 NVI

¡Israelitas, no peleen contra el Señor, Dios de sus antepasados, pues no podrán vencerlo!

2 CRÓNICAS 13:12 NVI

El Espíritu de Dios vino sobre Zacarías, hijo del sacerdote Joyadá, y este, presentándose ante el pueblo, declaró: "Así dice Dios el Señor: ¿Por qué desobedecen mis mandamientos? De ese modo no prosperarán. Como me han abandonado, yo también los abandonaré".

2 CRÓNICAS 24:20 NVI

El rostro del Señor está contra los que hacen el mal,
    para borrar de la tierra su memoria.

SALMOS 34:16 NVI

Reprendiste a los soberbios, los malditos,
Que se desvían de tus mandamientos.

SALMOS 119:21 RVR1960

¡Escucha, toda la tierra!
    Traeré desastre sobre mi pueblo.
Es el fruto de sus propias intrigas,
    porque se niegan a escucharme;
    han rechazado mi palabra.

JEREMÍAS 6:19 NTV

Moisés dijo: "El Señor su Dios hará surgir para ustedes, de entre sus propios hermanos, a un profeta como yo; presten atención a todo lo que les diga. Porque quien no le haga caso será eliminado del pueblo".

HECHOS 3:22-23 NVI

Así es, consagraré el tabernáculo y el altar, y consagraré a Aarón y a sus hijos para que me sirvan como sacerdotes. Entonces viviré en medio de los israelitas y seré su Dios

ÉXODO 29:44-45 NTV

"Yo soy el Señor su Dios que los sacó de la tierra de Egipto para ser su Dios. ¡Yo soy el Señor su Dios!".

NÚMEROS 15:41 NTV

Tengan, pues, cuidado de no olvidar el pacto que el Señor su Dios ha hecho con ustedes. No se fabriquen ídolos de ninguna figura que el Señor su Dios les haya prohibido, porque el Señor su Dios es fuego consumidor y Dios celoso.

DEUTERONOMIO 4:23-24 NVI

Pero desde allí buscarás al Señor tu Dios, y lo hallarás si lo buscas con todo tu corazón y con toda tu alma.

DEUTERONOMIO 4:29 LBLA

A ti se te ha mostrado todo esto para que sepas que el Señor es Dios, y que no hay otro fuera de él. Desde el cielo te permitió escuchar su voz, para instruirte. Y en la tierra te permitió ver su gran fuego, desde el cual te habló.

DEUTERONOMIO 4:35-36 NVI

No hagas mal uso del nombre del Señor tu Dios, pues él no dejará sin castigo al que use mal su nombre.

DEUTERONOMIO 5:11 DHH

Teme al Señor tu Dios, sírvele solamente a él, y jura solo en su nombre. No sigas a esos dioses de los pueblos que te rodean, pues el Señor tu Dios está contigo y es un Dios celoso; no vaya a ser que su ira se encienda contra ti y te borre de la faz de la tierra.

DEUTERONOMIO 6:13-15 NVI

"Maldito sea quien haga un ídolo, ya sea tallado en madera o fundido en metal, y lo ponga en un lugar secreto. Es creación de las manos de un artífice, y por lo tanto es detestable al Señor".

DEUTERONOMIO 27:15 NVI

¡No es extraño que nuestro corazón esté lleno de temor! A nadie le queda valor para pelear después de oír semejantes cosas. Pues el Señor su Dios es el Dios supremo arriba, en los cielos, y abajo, en la tierra.

JOSUÉ 2:11 NTV

Nadie es santo como el Señor;
   no hay roca como nuestro Dios.
   ¡No hay nadie como él!

1 SAMUEL 2:2 NVI

Y aquel que es la Gloria de Israel, no mentirá ni cambiará de parecer porque no es humano para que cambie de parecer.

1 SAMUEL 15:29 NVT

¡Qué grande eres, Señor omnipotente! Nosotros mismos hemos aprendido que no hay nadie como tú, y que aparte de ti no hay Dios.

2 SAMUEL 7:22 NVI

Y regresó al hombre de Dios con toda su compañía, y fue y se puso delante de él, y dijo: He aquí, ahora conozco que no hay Dios en toda la tierra, sino en Israel. Te ruego, pues, que recibas ahora un presente de tu siervo.

2 REYES 5:15 NTV

Señor, nosotros mismos hemos aprendido que no hay nadie como tú, y que aparte de ti no hay Dios.

1 CRÓNICAS 17:20 NVI

Para que tu nombre permanezca y sea exaltado por siempre, y para que todos digan: "¡El Señor Todopoderoso es el Dios de Israel!" Entonces la dinastía de tu siervo David quedará establecida en tu presencia.

1 CRÓNICAS 17:24 NVI

Y tú, Salomón, hijo mío, aprende a conocer íntimamente al Dios de tus antepasados. Adóralo y sírvelo de todo corazón y con una mente dispuesta. Pues el Señor ve cada corazón y conoce todo plan y pensamiento. Si lo buscas, lo encontrarás; pero si te apartas de él, te rechazará para siempre.

1 CRÓNICAS 28:9 NTV

Aunque sé muy bien que esto es cierto,
    ¿cómo puede un mortal justificarse ante Dios?
Si uno quisiera disputar con él,
    de mil cosas no podría responderle una sola.
Profunda es su sabiduría, vasto su poder.
    ¿Quién puede desafiarlo y salir bien librado?

JOB 9:2-4 NVI

Yo sé que mi Redentor vive,
y al final se levantará sobre el polvo.
Y después de deshecha mi piel,
aun en mi carne veré a Dios;
al cual yo mismo contemplaré,
y a quien mis ojos verán y no los de otro.
¡Desfallece mi corazón dentro de mí!

JOB 19:25-27 LBLA

Ciertamente, Dios no obrará perversamente,
y el Todopoderoso o pervertirá el juicio.

JOB 34:12 LBLA

Dios es poderoso, ¡pero no desprecia a nadie!
    Él es poderoso tanto en fuerza como en entendimiento.

JOB 36:5 NTV

El Todopoderoso no está a nuestro alcance;
    excelso es su poder.
Grandes son su justicia y rectitud;
    ¡a nadie oprime!

JOB 37:23 NVI

Pero el Señor está en su santo templo;
   el Señor aún gobierna desde el cielo.
Observa de cerca a cada uno
   y examina a cada persona sobre la tierra.
   SALMOS 11:4 NVI

Montando sobre un querubín, surcó los cielos
   y se remontó sobre las alas del viento.
   SALMOS 18:30 NVI

Pues la palabra del Señor es verdadera
   y podemos confiar en todo lo que él hace.
   SALMOS 33:4 NTV

Dios es el rey de toda la tierra;
   por eso, cántenle un salmo solemne.
Dios reina sobre las naciones;
   Dios está sentado en su santo trono.
Los nobles de los pueblos se reúnen
   con el pueblo del Dios de Abraham.
   SALMOS 47:7-9 NVI

¡No hay dios comparable a ti, Señor!
¡No hay nada que iguale a tus obras!
Porque sólo tú eres Dios;
   ¡tú eres grande y haces maravillas!
   SALMOS 86:8, 10 DHH

Los ojos del Señor están en todo lugar,
   vigilando tanto a los malos como a los buenos.
   PROVERBIOS 15:3 NTV

También sé que todo lo que Dios hace es definitivo. No se le puede agregar ni
quitar nada. El propósito de Dios es que el ser humano le tema.
   ECLESIASTÉS 3:14 NTV

Mi amado es mío, y yo soy suya;
   él apacienta su rebaño entre azucenas.

CANTAR DE LOS CANTARES 2:16 NVI

Yo soy de mi amado, y mi amado es mío;
   él apacienta su rebaño entre azucenas.

CANTAR DE LOS CANTARES 6:3 NVI

Yo soy de mi amado,
   y él me busca con pasión.

CANTAR DE LOS CANTARES 7:10 NVI

Porque el que te hizo es tu esposo;
   su nombre es el Señor Todopoderoso.
Tu Redentor es el Santo de Israel;
   ¡Dios de toda la tierra es su nombre!

ISAÍAS 54:5 NVI

Yo soy su Dios y que ustedes son mis ovejas, las ovejas de mi prado.

EZEQUIEL 34:31 NVI

Por eso yo, Nabucodonosor, alabo, exalto y glorifico al Rey del cielo, porque siempre procede con rectitud y justicia, y es capaz de humillar a los soberbios.

DANIEL 4:37 NVI

"¡Oh, si conociéramos al Señor!
   Esforcémonos por conocerlo.
Él nos responderá, tan cierto como viene el amanecer
   o llegan las lluvias a comienzos de la primavera".

OSEAS 6:3 NTV

Pues el Señor es quien formó las montañas,
   agita los vientos y da a conocer sus pensamientos a la humanidad.
Él convierte la luz del amanecer en oscuridad
   y marcha sobre las alturas de la tierra.
   ¡El Señor Dios de los Ejércitos Celestiales es su nombre!

AMÓS 4:13 NTV

Porque así como las aguas cubren los mares,
   así también se llenará la tierra
   del conocimiento de la gloria del Señor.
   HABACUC 2:14 NVI

"Yo soy el Señor y no cambio".
   MALAQUÍAS 3:6 NTV

El Dios que hizo el mundo y todas las cosas que hay en él, es Señor del cielo
y de la tierra. No vive en templos hechos por los hombres, ni necesita que nadie
haga nada por él, pues él es quien nos da a todos la vida, el aire y las demás
cosas.
   HECHOS 17:24-25 DHH

Pero para nosotros:
Hay un Dios, el Padre,
   por quien todas las cosas fueron creadas
   y para quien vivimos;
y hay un Señor, Jesucristo,
   por medio de quien todas las cosas fueron creadas
   y por medio de quien vivimos.
   1 CORINTIOS 8:6 NTV

Pues él quiere que todos sean salvos y lleguen a conocer la verdad.
   1 TIMOTEO 2:4 NVI

Acérquense a Dios, y él se acercará a ustedes. ¡Pecadores, límpiense las
manos! ¡Ustedes los inconstantes, purifiquen su corazón!
   SANTIAGO 4:8 NVI

Nosotros sabemos cuánto nos ama Dios y hemos puesto nuestra confianza
en su amor. Dios es amor, y todos los que viven en amor viven en Dios y Dios
vive en ellos.
   1 JUAN 4:16 NTV

DISCIPLINA

Hijo mío, no rechaces la disciplina del Señor
    ni aborrezcas su represión,
porque el Señor a quien ama reprende,
    como un padre al hijo en quien se deleita.

      PROVERBIOS 3:11–12 LBLA

Lo que soportan es para su disciplina, pues Dios los está tratando como a hijos. ¿Qué hijo hay a quien el padre no disciplina? Si a ustedes se les deja sin la disciplina que todos reciben, entonces son bastardos y no hijos legítimos. Después de todo, aunque nuestros padres humanos nos disciplinaban, los respetábamos. ¿No hemos de someternos, con mayor razón, al Padre de los espíritus, para que vivamos?

      HEBREOS 12:7–9 NVI

Pues nuestros padres terrenales nos disciplinaron durante algunos años e hicieron lo mejor que pudieron, pero la disciplina de Dios siempre es buena para nosotros, a fin de que participemos de su santidad. Ninguna disciplina resulta agradable a la hora de recibirla. Al contrario, ¡es dolorosa! Pero después, produce la apacible cosecha de una vida recta para los que han sido entrenados por ella.

      HEBREOS 12:10–11 NTV

Yo corrijo y disciplino a todos los que amo. Por lo tanto, sé diligente y arrepiéntete de tu indiferencia.

      APOCALIPSIS 3:19 NTV

"Vengan, síganme —les dijo Jesús—, y los haré pescadores de hombres".

MATEO 4:19 NVI

El que se aferre a su propia vida, la perderá, y el que renuncie a su propia vida por mi causa, la encontrará.

MATEO 10:39 NVI

Luego Jesús dijo a sus discípulos: Si alguno de ustedes quiere ser mi seguidor, tiene que abandonar su manera egoísta de vivir, tomar su cruz y seguirme.

MATEO 16:24 NTV

Todo el que recibe de mi parte a un niño pequeño como este, me recibe a mí.

MATEO 18:5 NTV

Jesús los escuchó, y enseguida les dijo:

—No critiquen a esta mujer. Ella me ha tratado con mucha bondad. Cerca de ustedes siempre habrá gente pobre, pero muy pronto yo no estaré aquí con ustedes. Esta mujer derramó perfume sobre mi cabeza, sin saber que estaba preparando mi cuerpo para mi entierro. Les aseguro que en cualquier lugar donde se anuncien las buenas noticias de Dios, se contará la historia de lo que hizo esta mujer y se guardará la memoria de ella.

MATEO 26:10-13 TLA

—¿Quiénes son mi madre y mis hermanos? —replicó Jesús.

Luego echó una mirada a los que estaban sentados alrededor de él y añadió:

—Aquí tienen a mi madre y a mis hermanos. Cualquiera que hace la voluntad de Dios es mi hermano, mi hermana y mi madre.

MARCOS 3:33-35 NVI

Entonces llamó a la multitud para que se uniera a los discípulos, y dijo: "Si alguno de ustedes quiere ser mi seguidor, tiene que abandonar su manera egoísta de vivir, tomar su cruz y seguirme. Si tratas de aferrarte a la vida, la perderás; pero si entregas tu vida por mi causa y por causa de la Buena Noticia, la salvarás".

MARCOS 8:34–35 NTV

Entonces puso a un niño pequeño en medio de ellos. Y, tomándolo en sus brazos, les dijo: "Todo el que recibe de mi parte a un niño pequeño como este me recibe a mí, y todo el que me recibe, no solo me recibe a mí, sino también a mi Padre, quien me envió".

MARCOS 9:36–37 NTV

—No se lo impidan —replicó Jesús—. Nadie que haga un milagro en mi nombre puede a la vez hablar mal de mí. El que no está contra nosotros está a favor de nosotros. Les aseguro que cualquiera que les dé un vaso de agua en mi nombre por ser ustedes de Cristo no perderá su recompensa.

MARCOS 9:39–41 NVI

—Hijos, ¡qué difícil es entrar en el reino de Dios! —repitió Jesús—. Le resulta más fácil a un camello pasar por el ojo de una aguja que a un rico entrar en el reino de Dios.

Los discípulos se asombraron aún más, y decían entre sí: "Entonces, ¿quién podrá salvarse?"

—Para los hombres es imposible —aclaró Jesús, mirándolos fijamente—, pero no para Dios; de hecho, para Dios todo es posible.

MARCOS 10:24–27 NVI

"Si alguno acepta a un niño como éste, me acepta a mí. Y si alguno me acepta a mí, acepta a Dios, que fue quien me envió. El más humilde de todos ustedes es la persona más importante."

LUCAS 9:48 TLA

"El que los escucha a ustedes, me escucha a mí; y el que los rechaza a ustedes, me rechaza a mí; y el que me rechaza a mí, rechaza al que me envió."

LUCAS 10:16 DHH

Quien quiera servirme debe seguirme; y donde yo esté, allí también estará mi siervo. A quien me sirva, mi Padre lo honrará.

JUAN 12:26 NVI

Si alguien construye sobre este fundamento, ya sea con oro, plata y piedras preciosas, o con madera, heno y paja, su obra se mostrará tal cual es, pues el día del juicio la dejará al descubierto. El fuego la dará a conocer, y pondrá a prueba la calidad del trabajo de cada uno.

1 CORINTIOS 3:12-13 NVI

Que cada uno *dé* como propuso en su corazón, no de mala gana ni por obligación, porque Dios ama al dador alegre.

2 CORINTIOS 9:7 LBLA

Así que no nos cansemos de hacer el bien. A su debido tiempo, cosecharemos numerosas bendiciones si no nos damos por vencidos.

GÁLATAS 6:9 NTV

Así ya no seremos niños, zarandeados por las olas y llevados de aquí para allá por todo viento de enseñanza y por la astucia y los artificios de quienes emplean artimañas engañosas. Más bien, al vivir la verdad con amor, creceremos hasta ser en todo como aquel que es la cabeza, es decir, Cristo.

EFESIOS 4:14-15 NVI

Así que, mis queridos hermanos, como han obedecido siempre —no solo en mi presencia, sino mucho más ahora en mi ausencia— lleven a cabo su salvación con temor y temblor, pues Dios es quien produce en ustedes tanto el querer como el hacer para que se cumpla su buena voluntad.

FILIPENSES 2:12-13 NVI

Pues aunque el ejercicio físico trae algún provecho, la piedad es útil para todo, ya que incluye una promesa no solo para la vida presente, sino también para la venidera. Este mensaje es digno de crédito y merece ser aceptado por todos.

1 TIMOTEO 4:8-9 NVI

Ten cuidado de tu conducta y de tu enseñanza. Persevera en todo ello, porque así te salvarás a ti mismo y a los que te escuchen.

1 TIMOTEO 4:16 NVI

Así hablad, y así haced, como los que habéis de ser juzgados por la ley de la libertad.

SANTIAGO 2:12 RVR1960

Procuren llevar una vida ejemplar entre sus vecinos no creyentes. Así, por más que ellos los acusen de actuar mal, verán que ustedes tienen una conducta honorable y le darán honra a Dios cuando él juzgue al mundo.

1 PEDRO 2:12 NTV

Dado que todo lo que nos rodea será destruido de esta manera, ¡cómo no llevar una vida santa y vivir en obediencia a Dios, esperar con ansias el día de Dios y apresurar que este llegue! En aquel día, él prenderá fuego a los cielos, y los elementos se derretirán en las llamas.

2 PEDRO 3:11-12 NTV

Si alguien afirma: "Vivo en la luz", pero odia a otro creyente, esa persona aún vive en la oscuridad. El que ama a otro creyente vive en la luz y no hace que otros tropiecen.

1 JUAN 2:9-10 NTV

Así distinguimos entre los hijos de Dios y los hijos del diablo: el que no practica la justicia no es hijo de Dios; ni tampoco lo es el que no ama a su hermano.

1 JUAN 3:10 NVI

Así, cuando amamos a Dios y cumplimos sus mandamientos, sabemos que amamos a los hijos de Dios.

1 JUAN 5:2 NVI

Querido hermano, no imites lo malo, sino lo bueno. El que hace lo bueno es de Dios; el que hace lo malo no ha visto a Dios.

3 JUAN 11 NVI

Dios, en su gracia, nos ha dado dones diferentes para hacer bien determinadas cosas. Por lo tanto, si Dios te dio la capacidad de profetizar, habla con toda la fe que Dios te haya concedido.

ROMANOS 12:6 NTV

Ahora tienen todos los dones espirituales que necesitan mientras esperan con anhelo el regreso de nuestro Señor Jesucristo.

1 CORINTIOS 1:7 NTV

A unos Dios les da por el Espíritu palabra de sabiduría; a otros, por el mismo Espíritu, palabra de conocimiento; a otros, fe por medio del mismo Espíritu; a otros, y por ese mismo Espíritu, dones para sanar enfermos; a otros, poderes milagrosos; a otros, profecía; a otros, el discernir espíritus; a otros, el hablar en diversas lenguas; y a otros, el interpretar lenguas.

1 CORINTIOS 12:8-10 NVI

Enviaré mi terror delante de ti y sembraré pánico entre todos los pueblos de las tierras que invadas. Haré que todos tus enemigos den la vuelta y salgan corriendo. Mandaré terror delante de ti para expulsar a los heveos, a los cananeos y a los hititas.

ÉXODO 23:27-28 NTV

Destruye a todos los pueblos que el Señor tu Dios entregue en tus manos. No te apiades de ellos ni sirvas a sus dioses, para que no te sean una trampa mortal.

DEUTERONOMIO 7:16 NVI

Poco a poco, el Señor tu Dios irá expulsando a esas naciones de tu paso.

DEUTERONOMIO 7:22 NTV

El Señor tu Dios entregará a esas naciones en tus manos, y las llenará de gran confusión hasta destruirlas. Pondrá a sus reyes bajo tu poder, y de sus nombres tú borrarás hasta el recuerdo. Ninguna de esas naciones podrá resistir tu presencia, porque tú las destruirás.

DEUTERONOMIO 7:23-24 NVI

El Señor te concederá la victoria sobre tus enemigos. Avanzarán contra ti en perfecta formación, pero huirán en desbandada.

DEUTERONOMIO 28:7 NVI

El Señor tu Dios pondrá todas estas maldiciones sobre los enemigos y sobre los aborrecedores que te persiguieron.

DEUTERONOMIO 30:7 LBLA

Yo repartí por sorteo todas estas tierras entre las tribus. No repartí sólo los territorios ya conquistados, sino también los que quedan por conquistar, desde el río Jordán al este hasta el mar Mediterráneo al oeste. El Señor va a echar de esas tierras a los que viven en ellas, y ustedes las tomarán, tal como el Señor su Dios lo ha prometido.

JOSUÉ 23:4-5 DHH

Y a ti te daré descanso de todos tus enemigos.

2 SAMUEL 7:11 NVI

Las naciones malvadas no lo oprimirán como lo hicieron en el pasado, cuando designé jueces para que gobernaran a mi pueblo Israel; y derrotaré a todos tus enemigos.

1 CRÓNICAS 17:9–10 NTV

"Los que te odian se vestirán de vergüenza,
y el hogar de los malvados será destruido".

JOB 8:22 NTV

Se avergonzarán y se turbarán mucho todos mis enemigos;
Se volverán y serán avergonzados de repente.

SALMOS 6:10 RVR1960

Mis enemigos retroceden;
tropiezan y perecen ante ti.
Porque tú me has hecho justicia, me has vindicado;
tú, juez justo, ocupas tu trono.

SALMOS 9:3–4 NVI

Tu mano alcanzará a todos tus enemigos;
tu diestra alcanzará a los que te aborrecen.
Cuando tú, Señor, te manifiestes,
los convertirás en un horno encendido.
En su ira los devorará el Señor;
¡un fuego los consumirá!

SALMOS 21:8–9 NVI

El Señor dice: "Haré descender a mis enemigos desde Basán;
los levantaré desde las profundidades del mar".

SALMOS 68:21 NTV

¡Huyan de Babilonia! ¡Sálvese quien pueda!
¡No mueran por causa del pecado de ella!
Ésta es la hora de mi venganza,
y le pagaré como merece.

JEREMÍAS 51:6 DHH

Amen a sus enemigos, hagan el bien y presten sin esperar nada a cambio.
Si lo hacen, el Dios altísimo les dará un gran premio, y serán sus hijos. Dios es
bueno hasta con la gente mala y desagradecida.

LUCAS 6:35 TLA

Mira, a esos que pertenecen a la sinagoga de Satanás —esos mentirosos que
dicen ser judíos y no lo son— los obligaré a que vengan y se postren a tus pies.
Ellos reconocerán que es a ti a quien amo.

APOCALIPSIS 3:9 NTV

La respuesta amable calma el enojo,
   pero la agresiva echa leña al fuego.
   PROVERBIOS 15:1 NVI

Las personas sensatas no pierden los estribos;
   se ganan el respeto pasando por alto las ofensas.
   PROVERBIOS 19:11 NTV

El enojo humano no produce la rectitud que Dios desea.
   SANTIAGO 1:20 NTV

¡Cuán dulces son a mi paladar tus palabras!
¡Son más dulces que la miel a mi boca!
De tus preceptos adquiero entendimiento;
por eso aborrezco toda senda de mentira.

SALMOS 119:103–104 NVI

A los que escuchan mis enseñanzas se les dará más comprensión, y tendrán conocimiento en abundancia; pero a los que no escuchan se les quitará aun lo poco que entiendan.

MATEO 13:12 NTV

"Así que presten atención a cómo oyen. A los que escuchan mis enseñanzas se les dará más entendimiento; pero a los que no escuchan, se les quitará aun lo que piensan que entienden".

LUCAS 8:18 NTV

Y nosotros hemos recibido el Espíritu de Dios (no el espíritu del mundo), de manera que podemos conocer las cosas maravillosas que Dios nos ha regalado.

1 CORINTIOS 2:12 NTV

Pues Abraham sin duda llegará a formar una nación grande y poderosa, y todas las naciones de la tierra serán bendecidas por medio de él. Yo lo escogí a fin de que él ordene a sus hijos y a sus familias que se mantengan en el camino del Señor haciendo lo que es correcto y justo. Entonces yo haré por Abraham todo lo que he prometido.

GÉNESIS 18:18-19 NTV

Dios habló con Moisés y le dijo:

Tú conoces a Besalel hijo de Urí y nieto de Hur, de la tribu de Judá. Yo lo he elegido y lo he llenado de mi espíritu. Le he dado sabiduría, entendimiento, conocimientos y capacidad para hacer obras de arte

ÉXODO 31:1-3 TLA

"Solo ustedes estarán a cargo de las cosas sagradas y del altar, para que no se vuelva a derramar mi ira sobre los israelitas. Considera que yo mismo he escogido, de entre la comunidad, a tus hermanos los levitas, para dártelos como un regalo. Ellos han sido dedicados al Señor para que sirvan en la Tienda de reunión. Pero solo tú y tus hijos se harán cargo del sacerdocio, es decir, de todo lo referente al altar y a lo que está detrás de la cortina. A ustedes les doy de regalo el sacerdocio, pero cualquier otro que se acerque a las cosas sagradas será condenado a muerte".

NÚMEROS 18:5-7 NVI

Aprende pues, hoy, y reflexiona en tu corazón que Jehová es Dios arriba en el cielo y abajo en la tierra, y no hay otro. Y guarda sus estatutos y sus mandamientos, los cuales yo te mando hoy, para que te vaya bien a ti y a tus hijos después de ti, y prolongues tus días sobre la tierra que Jehová tu Dios te da para siempre.

DEUTERONOMIO 4:39-40 RVR1960

Porque para el Señor tu Dios tú eres un pueblo santo; él te eligió para que fueras su posesión exclusiva entre todos los pueblos de la tierra.

DEUTERONOMIO 7:6 NVI

Él pudo elegir a cualquier pueblo de la tierra, pero eligió a los antepasados de ustedes porque los amaba, y los eligió también a ustedes para que hoy sean su pueblo.

DEUTERONOMIO 10:15 TLA

"Por su parte, hoy mismo el Señor ha declarado que tú eres su pueblo, su posesión preciosa, tal como lo prometió. Obedece, pues, todos sus mandamientos. El Señor ha declarado que te pondrá por encima de todas las naciones que ha formado, para que seas alabado y recibas fama y honra. Serás una nación consagrada al Señor tu Dios".

DEUTERONOMIO 26:18-19 NVI

Y de entre todos mis hijos (porque Jehová me ha dado muchos hijos), eligió a mi hijo Salomón para que se siente en el trono del reino de Jehová sobre Israel. Y me ha dicho: Salomón tu hijo, él edificará mi casa y mis atrios; porque a éste he escogido por hijo, y yo le seré a él por padre.

1 CRÓNICAS 28:5-6 RVR1960

Ahora pues, considera que el Señor te ha escogido para edificar una casa para el santuario; esfuérzate y haz*la*.

1 CRÓNICAS 28:10 LBLA

Pues Dios conoció a los suyos de antemano y los eligió para que llegaran a ser como su Hijo, a fin de que su Hijo fuera el hijo mayor de muchos hermanos.

ROMANOS 8:29 NTV

Incluso antes de haber hecho el mundo, Dios nos amó y nos eligió en Cristo para que seamos santos e intachables a sus ojos.

EFESIOS 1:4 NTV

Hermanos amados de Dios, sabemos que él los ha escogido, porque nuestro evangelio les llegó no solo con palabras, sino también con poder, es decir, con el Espíritu Santo y con profunda convicción. Como bien saben, estuvimos entre ustedes buscando su bien.

1 TESALONICENSES 1:4-5 NVI

Nosotros, en cambio, siempre debemos dar gracias a Dios por ustedes, hermanos amados por el Señor, porque desde el principio Dios los escogió para ser salvos, mediante la obra santificadora del Espíritu y la fe que tienen en la verdad. Para esto Dios los llamó por nuestro evangelio, a fin de que tengan parte en la gloria de nuestro Señor Jesucristo.

2 TESALONICENSES 2:13-14 NVI

Hermanos míos amados, oíd: ¿No ha elegido Dios a los pobres de este mundo, para que sean ricos en fe y herederos del reino que ha prometido a los que le aman?

SANTIAGO 2:5 RVR1960

Pero ustedes son linaje escogido, real sacerdocio, nación santa, pueblo que pertenece a Dios, para que proclamen las obras maravillosas de aquel que los llamó de las tinieblas a su luz admirable.

1 PEDRO 2:9 NVI

Así que, amados hermanos, esfuércense por comprobar si realmente forman parte de los que Dios ha llamado y elegido. Hagan estas cosas y nunca caerán. Entonces Dios les dará un gran recibimiento en el reino eterno de nuestro Señor y Salvador Jesucristo.

2 PEDRO 1:10-11 NTV

Lo secreto le pertenece al Señor nuestro Dios, pero lo revelado nos pertenece a nosotros y a nuestros hijos para siempre, para que obedezcamos todas las palabras de esta ley.

DEUTERONOMIO 29:29 NVI

No penséis que he venido para abrogar la ley o los profetas; no he venido para abrogar, sino para cumplir. Porque de cierto os digo que hasta que pasen el cielo y la tierra, ni una jota ni una tilde pasará de la ley, hasta que todo se haya cumplido.

MATEO 5:17-18 RVR1960

Evita las palabrerías profanas, porque los que se dan a ellas se alejan cada vez más de la vida piadosa, y sus enseñanzas se extienden como gangrena. Entre ellos están Himeneo y Fileto.

2 TIMOTEO 3:16-17 NVI

Pues la palabra de Dios es viva y poderosa. Es más cortante que cualquier espada de dos filos; penetra entre el alma y el espíritu, entre la articulación y la médula del hueso. Deja al descubierto nuestros pensamientos y deseos más íntimos.

HEBREOS 4:12 NTV

Por fin los pobres tienen esperanza
y las fauces de los malvados son cerradas.

JOB 5:16 NTV

Ciertamente olvidarás tus pesares,
o los recordarás como el agua que pasó.
Tu vida será más radiante que el sol de mediodía,
y la oscuridad será como el amanecer.
Vivirás tranquilo, porque hay esperanza;
estarás protegido y dormirás confiado.

JOB 11:16-18 NVI

Pero aquellos que pasen necesidad no quedarán olvidados para siempre;
las esperanzas del pobre no siempre serán aplastadas.

SALMOS 9:18 NTV

Nadie que confíe en ti será jamás avergonzado,
pero la deshonra les llega a los que tratan de engañar a otros.

SALMOS 25:3 NTV

Tú eres la esperanza de los confines de la tierra
y de los más lejanos mares.

SALMOS 65:5B NVI

Pero yo siempre tendré esperanza, y más y más te alabaré.

SALMOS 71:14 NVI

Me alegré en tus leyes
tanto como en las riquezas.

SALMOS 119:114 NTV

No, el Señor se deleita en los que le temen,
en los que ponen su esperanza en su amor inagotable.

SALMOS 147:11 NTV

Oh Señor, esperanza de Israel,
   serán avergonzados todos los que se alejan de ti.
Serán enterrados en el polvo de la tierra,
   porque han abandonado al Señor, la fuente de agua viva.
   JEREMÍAS 17:13 DHH

Me digo: "El Señor es mi herencia, por lo tanto, ¡esperaré en él!".
   LAMENTACIONES 3:24 NVI

"Gloria a Dios en las alturas,
   y en la tierra paz a los que gozan de su buena voluntad".
   LUCAS 2:14 NVI

Y esta esperanza no nos defrauda, porque Dios ha derramado su amor en nuestro corazón por el Espíritu Santo que nos ha dado.
   ROMANOS 5:5 NVI

El Espíritu es la garantía que tenemos de parte de Dios de que nos dará la herencia que nos prometió y de que nos ha comprado para que seamos su pueblo. Dios hizo todo esto para que nosotros le diéramos gloria y alabanza.
   EFESIOS 1:14 NTV

Al oír de vuestra fe en Cristo Jesús y del amor que tenéis por todos los santos, a causa de la esperanza reservada para vosotros en los cielos, de la cual oísteis antes en la palabra de verdad, el evangelio.
   COLOSENSES 1:4–5 LBLA

Es por eso que trabajamos con esmero y seguimos luchando, porque nuestra esperanza está puesta en el Dios viviente, quien es el Salvador de toda la humanidad y, en especial, de todos los creyentes.
   1 TIMOTEO 4:10 NTV

Lo hizo así para que, mediante la promesa y el juramento, que son dos realidades inmutables en las cuales es imposible que Dios mienta, tengamos un estímulo poderoso los que, buscando refugio, nos aferramos a la esperanza que está delante de nosotros. Tenemos como firme y segura ancla del alma una esperanza que penetra hasta detrás de la cortina del santuario.
   HEBREOS 6:18–19 NVI

Nunca más esconderé mi rostro de ellos, pues derramaré mi Espíritu sobre el pueblo de Israel. ¡Yo, el Señor Soberano, he hablado!

EZEQUIEL 39:29 NTV

Y, cuando los arresten y los sometan a juicio, no se preocupen de antemano por lo que van a decir. Solo declaren lo que se les dé a decir en ese momento, porque no serán ustedes los que hablen, sino el Espíritu Santo.

MARCOS 13:11 NVI

—Yo los bautizo a ustedes con agua —les respondió Juan a todos—. Pero está por llegar uno más poderoso que yo, a quien ni siquiera merezco desatarle la correa de sus sandalias. Él los bautizará con el Espíritu Santo y con fuego. Tiene el aventador en la mano para limpiar su era y recoger el trigo en su granero; la paja, en cambio, la quemará con fuego que nunca se apagará.

LUCAS 3:16-17 NVI

Jesús le contestó:
—Te digo la verdad, nadie puede entrar en el reino de Dios si no nace de agua y del Espíritu. El ser humano solo puede reproducir la vida humana, pero la vida espiritual nace del Espíritu Santo.

JUAN 3:5-6 NTV

Si ustedes me aman, obedecerán mis mandamientos. Y yo le pediré al Padre, y él les dará otro Consolador para que los acompañe siempre: el Espíritu de verdad, a quien el mundo no puede aceptar porque no lo ve ni lo conoce. Pero ustedes sí lo conocen, porque vive con ustedes y estará en ustedes.

JUAN 14:15-17 NVI

"No se vayan de Jerusalén hasta que el Padre les envíe el regalo que les prometió, tal como les dije antes. Juan bautizaba con agua, pero en unos cuantos días ustedes serán bautizados con el Espíritu Santo".

HECHOS 1:4-5 NTV

—Arrepiéntase y bautícese cada uno de ustedes en el nombre de Jesucristo para perdón de sus pecados —les contestó Pedro—, y recibirán el don del Espíritu Santo. En efecto, la promesa es para ustedes, para sus hijos y para todos los extranjeros, es decir, para todos aquellos a quienes el Señor nuestro Dios quiera llamar.

HECHOS 2:38-39 NVI

Y el Padre, quien conoce cada corazón, sabe lo que el Espíritu dice, porque el Espíritu intercede por nosotros, los creyentes, en armonía con la voluntad de Dios.

ROMANOS 8:27 NTV

¿Acaso no saben que su cuerpo es templo del Espíritu Santo, quien está en ustedes y al que han recibido de parte de Dios? Ustedes no son sus propios dueños.

1 CORINTIOS 6:19 NVI

Es el mismo y único Espíritu quien distribuye todos esos dones. Solamente él decide qué don cada uno debe tener.

1 CORINTIOS 12:11 NTV

Nos selló como propiedad suya y puso su Espíritu en nuestro corazón como garantía de sus promesas.

2 CORINTIOS 1:22 NVI

Realmente, vivimos en esta tienda de campaña, suspirando y agobiados, pues no deseamos ser desvestidos, sino revestidos, para que lo mortal sea absorbido por la vida. Es Dios quien nos ha hecho para este fin y nos ha dado su Espíritu como garantía de sus promesas.

2 CORINTIOS 5:4-5 NVI

Mediante Cristo Jesús, Dios bendijo a los gentiles con la misma bendición que le prometió a Abraham, a fin de que los creyentes pudiéramos recibir por medio de la fe al Espíritu Santo prometido.

GÁLATAS 3:14 NTV

Ustedes ya son hijos. Dios ha enviado a nuestros corazones el Espíritu de su Hijo, que clama: "¡Abba! ¡Padre!"

GÁLATAS 4:6 NVI

Así que les digo: Vivan por el Espíritu, y no seguirán los deseos de la naturaleza pecaminosa.

GÁLATAS 5:16 NVI

Ahora todos podemos tener acceso al Padre por medio del mismo Espíritu Santo gracias a lo que Cristo hizo por nosotros.

EFESIOS 2:18 NTV

Pero vosotros tenéis la unción del Santo, y conocéis todas las cosas.

1 JUAN 2:20 RVR1960

Ustedes han recibido al Espíritu Santo, y él vive dentro de cada uno de ustedes, así que no necesitan que nadie les enseñe lo que es la verdad. Pues el Espíritu les enseña todo lo que necesitan saber, y lo que él enseña es verdad, no mentira. Así que, tal como él les ha enseñado, permanezcan en comunión con Cristo.

1 JUAN 2:27 NTV

¿Cómo sabemos que permanecemos en él, y que él permanece en nosotros? Porque nos ha dado de su Espíritu.

1 JUAN 4:13 NVI

El hace mis pies como de ciervas,
y me afirma en mis alturas.

2 SAMUEL 22:34 LBLA

Le daré una patria a mi pueblo Israel y lo estableceré en un lugar seguro
donde nunca será molestado.

1 CRÓNICAS 17:9A NTV

El justo será siempre recordado;
ciertamente nunca fracasará.

SALMOS 112:6 NVI

El temor del Señor es un baluarte seguro
que sirve de refugio a los hijos.

PROVERBIOS 14:26 NVI

Hoy te he puesto como ciudad fortificada, como columna de hierro y muro de
bronce, contra todo el país, contra los reyes de Judá, contra sus autoridades y
sus sacerdotes, y contra la gente del país.

JEREMÍAS 1:18 NVI

Por lo tanto, pónganse toda la armadura de Dios, para que cuando llegue el
día malo puedan resistir hasta el fin con firmeza.

EFESIOS 6:13 NVI

Solo te pido que tengas mucho valor y firmeza para obedecer toda la ley que mi siervo Moisés te ordenó. No te apartes de ella para nada; solo así tendrás éxito dondequiera que vayas.

JOSUÉ 1:7 NVI

Cumple los requisitos del Señor tu Dios y sigue todos sus caminos. Obedece los decretos, los mandatos, las ordenanzas y las leyes que están escritos en la ley de Moisés, para que tengas éxito en todo lo que hagas y dondequiera que vayas.

1 REYES 2:3 NTV

"Pero ¿acaso no has oído?
    Yo lo decidí hace mucho tiempo.
Hace mucho que lo planifiqué, y ahora lo llevo a cabo.
Yo determiné que tú aplastaras ciudades fortificadas
    y las redujeras a un montón de escombros."

2 REYES 19:25 NTV

Josafat se detuvo y dijo: "Habitantes de Judá y de Jerusalén, escúchenme: ¡Confíen en el Señor, y serán librados! ¡Confíen en sus profetas, y tendrán éxito!"

2 CRÓNICAS 20:20 NVI

Salva a tu pueblo y bendice a tu heredad,
    pastoréalos y llévalos para siempre.

SALMOS 28:9 LBLA

Hijo mío, si recibieres mis palabras,
    Y mis mandamientos guardares dentro de ti.

PROVERBIOS 2:1 RVR1960

Busquen el bien y no el mal, y vivirán;
    y así estará con ustedes el Señor Dios Todopoderoso,
    tal como ustedes lo afirman.

AMÓS 5:14 NVI

EXPIACIÓN

Porque la vida de toda criatura está en la sangre. Yo mismo se la he dado a ustedes sobre el altar, para que hagan propiciación por ustedes mismos, ya que la propiciación se hace por medio de la sangre.

LEVÍTICO 17:11 NVI

El sacerdote hará propiciación en favor de toda la comunidad israelita, y serán perdonados porque fue un pecado inadvertido y porque presentaron al Señor una ofrenda por fuego y un sacrificio expiatorio por el pecado inadvertido que cometieron. Toda la comunidad israelita será perdonada, junto con los extranjeros, porque todo el pueblo pecó inadvertidamente.

NÚMEROS 15:25-26 NVI

Yo estableceré mi alianza contigo, y sabrás que yo soy el Señor. Cuando yo te perdone por todo lo que has hecho, tú te acordarás de tu maldad y te avergonzarás, y en tu humillación no volverás a jactarte. Lo afirma el Señor omnipotente.

EZEQUIEL 16:62-63 NVI

Mis queridos hijos, les escribo estas cosas para que no pequen. Pero, si alguno peca, tenemos ante el Padre a un intercesor, a Jesucristo, el Justo. Él es el sacrificio por el perdón de nuestros pecados, y no solo por los nuestros, sino por los de todo el mundo.

1 JUAN 2:1-2 NVI

Y el hombre dijo:

Esta es ahora hueso de mis huesos,

y carne de mi carne;

ella será llamada mujer,

porque del hombre fue tomada.

Por tanto el hombre dejará a su padre y a su madre y se unirá a su mujer, y serán una sola carne. Y estaban ambos desnudos, el hombre y su mujer, y no se avergonzaban.

GÉNESIS 2:23-25 LBLA

Después el Señor le dijo:

—No, tu siervo no será tu heredero, porque tendrás un hijo propio, quien será tu heredero.

Entonces el Señor llevó a Abram afuera y le dijo:

—Mira al cielo y, si puedes, cuenta las estrellas. ¡Esa es la cantidad de descendientes que tendrás!

GÉNESIS 15:4-5 NTV

De tal manera multiplicaré tu descendencia, que no se podrá contar.

"Estás embarazada, y darás a luz un hijo,

y le pondrás por nombre Ismael,

porque el Señor ha escuchado tu aflicción.

Será un hombre indómito como asno salvaje.

Luchará contra todos, y todos lucharán contra él;

y vivirá en conflicto con todos sus hermanos".

GÉNESIS 16:10-12 NVI

"Este es mi pacto contigo: ¡te haré el padre de una multitud de naciones! Además, cambiaré tu nombre. Ya no será Abram, sino que te llamarás Abraham, porque serás el padre de muchas naciones. Te haré sumamente fructífero. Tus descendientes llegarán a ser muchas naciones, ¡y de ellos surgirán reyes!".

GÉNESIS 17:4-6 NTV

También le dijo Dios a Abraham:

—A Saray, tu esposa, ya no la llamarás Saray, sino que su nombre será Sara. Yo la bendeciré, y por medio de ella te daré un hijo. Tanto la bendeciré, que será madre de naciones, y de ella surgirán reyes de pueblos.

GÉNESIS 17:15-16 NVI

Y el Señor le dijo:
Dos naciones hay en tu seno,
y dos pueblos se dividirán desde tus entrañas;
un pueblo será más fuerte que el otro,
y el mayor servirá al menor.

GÉNESIS 25:23 LBLA

"Además, diles a los israelitas: 'Cuando un hombre muera sin dejar hijos, su heredad será traspasada a su hija. Si no tiene hija, sus hermanos recibirán la herencia. Si no tiene hermanos, se entregará la herencia a los hermanos de su padre. Si su padre no tiene hermanos, se entregará la herencia al pariente más cercano de su clan, para que tome posesión de ella. Este será el procedimiento legal que seguirán los israelitas, tal como yo se lo ordené a Moisés'".

NÚMEROS 27:8-11 NVI

"Maldito todo el que deshonre a su padre o a su madre".

DEUTERONOMIO 27:16 NTV

"Maldito sea quien se acueste con la mujer de su padre, pues con tal acción deshonra el lecho de su padre".

DEUTERONOMIO 27:20 NVI

"Maldito todo el que tenga relaciones sexuales con su hermana, tanto por parte de padre como de madre".

DEUTERONOMIO 27:22 NTV

"Maldito sea quien se acueste con su suegra".

DEUTERONOMIO 27:23 NVI

Cierto hombre de Zora, llamado Manoa, de la tribu de Dan, tenía una esposa que no le había dado hijos porque era estéril. Pero el ángel del Señor se le apareció a ella y le dijo: "Eres estéril y no tienes hijos, pero vas a concebir y tendrás un hijo".

JUECES 13:2-3 NVI

Cuando tu vida llegue a su fin y vayas a descansar entre tus antepasados, yo pondré en el trono a uno de tus propios descendientes, y afirmaré su reino. Será él quien construya una casa en mi honor, y yo afirmaré su trono real para siempre.

2 SAMUEL 7:12-13 NVI

Tu casa y tu reino continuarán para siempre delante de mí, y tu trono estará seguro para siempre.

2 SAMUEL 7:16 NTV

Y ahora, Señor y Dios, reafirma para siempre la promesa que les has hecho a tu siervo y a su dinastía. Cumple tu palabra para que tu nombre sea siempre exaltado, y para que todos digan: "¡El Señor Todopoderoso es Dios de Israel!" Entonces la dinastía de tu siervo David quedará establecida en tu presencia.

2 SAMUEL 7:25-26 NVI

Tendrás muchos hijos;
   ¡tus descendientes serán tan abundantes como la hierba!

JOB 5:25 NTV

A la mujer estéril le da un hogar
   y le concede la dicha de ser madre.

¡Aleluya! ¡Alabado sea el Señor!

SALMOS 113:9 NVI

Los hijos son una herencia del Señor,
   los frutos del vientre son una recompensa.
Como flechas en las manos del guerrero
   son los hijos de la juventud.
Dichosos los que llenan su aljaba
   con esta clase de flechas.
No serán avergonzados por sus enemigos
   cuando litiguen con ellos en los tribunales.
   SALMOS 127:3-5 NVI

Tu esposa será como una vid fructífera,
   floreciente en el hogar.
Tus hijos serán como vigorosos retoños de olivo
   alrededor de tu mesa.
Esa es la bendición del Señor
   para los que le temen.
   SALMOS 128:3-4 NTV

Mirad cuán bueno y cuán agradable es
que los hermanos habiten juntos en armonía.
   SALMOS 133:1 LBLA

Tan cierto como que mis cielos nuevos y mi tierra nueva permanecerán,
   así también ustedes serán mi pueblo para siempre,
con un nombre que nunca desaparecerá
   —dice el Señor—.
   ISAÍAS 66:22 NTV

Y Abram creyó al Señor, y el Señor lo consideró justo debido a su fe.

GÉNESIS 15:6 NTV

"Habitantes de Judá y de Jerusalén, escúchenme: ¡Confíen en el Señor, y serán librados! ¡Confíen en sus profetas, y tendrán éxito!"

2 CRÓNICAS 20:20 NVI

Y El les dijo*: Por vuestra poca fe; porque en verdad os digo que si tenéis fe como un grano de mostaza, diréis a este monte: "Pásate de aquí allá", y se pasará; y nada os será imposible.

MATEO 17:20 LBLA

La mujer, sabiendo lo que le había sucedido, se acercó temblando de miedo y, arrojándose a sus pies, le confesó toda la verdad. ¡Hija, tu fe te ha sanado! —le dijo Jesús—. Vete en paz y queda sana de tu aflicción.

MARCOS 5:33-34 NVI

—Tengan fe en Dios. Les digo la verdad, ustedes pueden decir a esta montaña: "Levántate y échate al mar", y sucederá; pero deben creer de verdad que ocurrirá y no tener ninguna duda en el corazón.

MARCOS 11:22-23 NTV

Cuando Jesús oyó lo que había sucedido, le dijo a Jairo: "No tengas miedo. Solo ten fe, y ella será sanada".

LUCAS 8:50 NTV

—Si ustedes tuvieran una fe tan pequeña como un grano de mostaza —les respondió el Señor—, podrían decirle a este árbol: "Desarráigate y plántate en el mar", y les obedecería.

LUCAS 17:6 NVI

—Cree en el Señor Jesús, y tú y tu familia se salvarán.

HECHOS 16:31 TLA

La circuncisión era una señal de que Abraham ya tenía fe y de que Dios ya lo había aceptado y declarado justo aun antes de que fuera circuncidado. Por lo tanto, Abraham es el padre espiritual de los que tienen fe pero no han sido circuncidados. A ellos se les considera justos debido a su fe.

ROMANOS 4:11 NTV

Por eso la promesa viene por la fe, a fin de que por la gracia quede garantizada para toda la descendencia de Abraham; esta promesa no es solo para los que son de la ley, sino para los que son también de la fe de Abraham, quien es el padre que tenemos en común.

ROMANOS 4:16 NVI

Debido a nuestra fe, Cristo nos hizo entrar en este lugar de privilegio inmerecido en el cual ahora permanecemos, y esperamos con confianza y alegría participar de la gloria de Dios.

ROMANOS 5:2 NTV

Así que la fe viene como resultado de oír el mensaje, y el mensaje que se oye es la palabra de Cristo.

ROMANOS 10:17 NVI

Nosotros somos judíos de nacimiento y no "pecadores paganos". Sin embargo, al reconocer que nadie es justificado por las obras que demanda la ley, sino por la fe en Jesucristo, también nosotros hemos puesto nuestra fe en Cristo Jesús, para ser justificados por la fe en él y no por las obras de la ley; porque por estas nadie será justificado.

GÁLATAS 2:15-16 NVI

Por lo tanto, sepan que los descendientes de Abraham son aquellos que viven por la fe.

GÁLATAS 3:7 NVI

Desde mucho antes, la Biblia decía que Dios también iba a aceptar a los que no son judíos, siempre y cuando pusieran su confianza en Jesucristo. Por eso Dios le dio a Abraham esta buena noticia: "Gracias a ti, bendeciré a todas las naciones." Así que Dios bendecirá, por medio de Abraham, a todos los que confían en él como Abraham lo hizo.

GÁLATAS 3:8-9 TLA

Porque en Cristo Jesús ni la circuncisión ni la incircuncisión significan nada, sino la fe que obra por amor.

GÁLATAS 5:6 LBLA

Porque por gracia ustedes han sido salvados mediante la fe; esto no procede de ustedes, sino que es el regalo de Dios.

EFESIOS 2:8 NVI

Hay un solo Señor, una sola fe, un solo bautismo.

EFESIOS 4:5 NTV

La fe es la confianza de que en verdad sucederá lo que esperamos; es lo que nos da la certeza de las cosas que no podemos ver.

HEBREOS 11:1 NTV

En realidad, sin fe es imposible agradar a Dios, ya que cualquiera que se acerca a Dios tiene que creer que él existe y que recompensa a quienes lo buscan.

HEBREOS 11:6 NVI

Aunque todos obtuvieron un testimonio favorable mediante la fe, ninguno de ellos vio el cumplimiento de la promesa. Esto sucedió para que ellos no llegaran a la meta sin nosotros, pues Dios nos había preparado algo mejor.

HEBREOS 11:39-40 NVI

Como pueden ver, la fe por sí sola no es suficiente. A menos que produzca buenas acciones, está muerta y es inútil.

SANTIAGO 2:17 NTV

Como pueden ver, a una persona se la declara justa por las obras, y no solo por la fe.

SANTIAGO 2:24 NVI

Por la fe que tienen, Dios los protege con su poder hasta que reciban esta salvación, la cual está lista para ser revelada en el día final, a fin de que todos la vean.

1 PEDRO 1:5 NTV

Pues la tierra tendrá que ser abandonada para que goce de sus años de descanso mientras quede desolada. Al fin el pueblo pagará por sus pecados, pues continuamente ha rechazado mis ordenanzas y despreciado mis decretos.

A pesar de todo esto, cuando estén desterrados en la tierra de sus enemigos no los despreciaré ni los rechazaré por completo. No cancelaré mi pacto con ellos destruyéndolos, porque yo soy el Señor su Dios.

LEVÍTICO 26:43-44 NTV

Reconoce, por tanto, que el Señor tu Dios es el Dios verdadero, el Dios fiel, que cumple su pacto generación tras generación, y muestra su fiel amor a quienes lo aman y obedecen sus mandamientos.

DEUTERONOMIO 7:9 NVI

Él es la Roca, sus obras son perfectas, y todos sus caminos son justos. Dios es fiel; no practica la injusticia. Él es recto y justo.

DEUTERONOMIO 32:4 NVI

Pronto moriré, como todo el mundo. Ustedes saben en su corazón que nuestro Dios no ha dejado de cumplir nada de todo lo bueno que nos prometió. Todo lo que prometió se ha hecho realidad.

JOSUÉ 23:14 TLA

Con los fieles te muestras fiel;
    a los íntegros les muestras integridad.

2 SAMUEL 22:26 NTV

Los que conocen tu nombre confían en ti,
    porque tú, oh Señor, no abandonas a los que te buscan.

SALMOS 9:10 NTV

Tú eres fiel con quien es fiel,
    e irreprochable con quien es irreprochable.

SALMOS 18:25 NVI

El Señor guía con fidelidad y amor inagotable
    a todos los que obedecen su pacto y cumplen sus exigencias.
    SALMOS 25:10 NTV

Encomiendo mi espíritu en tu mano;
    rescátame, Señor, porque tú eres un Dios fiel.
    SALMOS 31:5 NTV

Tu fidelidad sobrepasa las nubes.
    SALMOS 36:6 NTV

El enviará desde los cielos, y me salvará
De la infamia del que me acosa;
Dios enviará su misericordia y su verdad.
    SALMOS 57:3 RVR1960

En su amor inagotable, mi Dios estará a mi lado
    y me dejará mirar triunfante a todos mis enemigos.
    SALMOS 59:10 NTV

El amor y la verdad se encontrarán;
    se besarán la paz y la justicia.
De la tierra brotará la verdad,
    y desde el cielo se asomará la justicia.
    SALMOS 85:10-11 NVI

Tu amor inagotable durará para siempre;
    tu fidelidad es tan perdurable como los cielos.
    SALMOS 89:2 NTV

El viento sopla, y desaparecemos
    como si nunca hubiéramos estado aquí.
    SALMOS 103:18 NTV

¡Alabado sea el Señor!
¡Den gracias al Señor, porque él es bueno!
    Su fiel amor perdura para siempre.
    SALMOS 106:1 NTV

Porque ha engrandecido sobre nosotros su misericordia,
Y la fidelidad de Jehová es para siempre. Aleluya.

SALMOS 117:2 RVR1960

SEÑOR, tu palabra es eterna;
¡afirmada está en el cielo!
Tu fidelidad permanece para siempre;
tú afirmaste la tierra, y quedó en pie.

SALMOS 119:89-90 DHH

Recuerda estas cosas, Jacob,
    porque tú eres mi siervo, Israel.
Yo te formé, tú eres mi siervo;
    Israel, yo no te olvidaré.

ISAÍAS 44:21 NVI

¡Vuelve, apóstata Israel!
    No te miraré con ira —afirma el SEÑOR—.
No te guardaré rencor para siempre,
    porque soy misericordioso —afirma el SEÑOR—.

JEREMÍAS 3:12 NVI

Risas y voces de alegría. Otra vez se oirán las voces felices de los novios y las novias junto con las canciones alegres de las personas que traen ofrendas de gratitud al SEÑOR. Cantarán:
"Denle gracias al SEÑOR de los Ejércitos Celestiales,
    porque el SEÑOR es bueno.
    ¡Su fiel amor perdura para siempre!".
Pues restauraré la prosperidad de esta tierra a como era en el pasado, dice el SEÑOR.

JEREMÍAS 33:11 NTV

Pues el SEÑOR de los Ejércitos Celestiales
    no ha abandonado a Israel ni a Judá.
Todavía es su Dios,
    aunque su tierra se llenó de pecado
    contra el Santo de Israel

JEREMÍAS 51:5 NTV

No obstante, aún me atrevo a tener esperanza
cuando recuerdo lo siguiente:
¡El fiel amor del Señor nunca se acaba!
Sus misericordias jamás terminan.
Grande es su fidelidad;
sus misericordias son nuevas cada mañana.

LAMENTACIONES 3:21-23 NTV

Alégrense, hijos de Sión,
regocíjense en el Señor su Dios,
que a su tiempo les dará las lluvias de otoño.
Les enviará la lluvia,
la de otoño y la de primavera,
como en tiempos pasados.

JOEL 2:23 NVI

Él los mantendrá firmes hasta el fin, para que sean irreprochables en el día de
nuestro Señor Jesucristo. Fiel es Dios, quien los ha llamado a tener comunión
con su Hijo Jesucristo, nuestro Señor.

1 CORINTIOS 1:8-9 NVI

Que Dios mismo, el Dios de paz, los santifique por completo, y conserve todo
su ser —espíritu, alma y cuerpo— irreprochable para la venida de nuestro Señor
Jesucristo. El que los llama es fiel, y así lo hará.

1 TESALONICENSES 5:23-24 NVI

Pero el Señor es fiel, y él los fortalecerá y los protegerá del maligno.

2 TESALONICENSES 3:3 NVI

Si fuéremos infieles, él permanece fiel;
El no puede negarse a sí mismo.

2 TIMOTEO 2:13 RVR1960

Mantengamos firme la esperanza que profesamos, porque fiel es el que hizo
la promesa.

HEBREOS 10:23 NVI

Dios los sacó de Egipto
con la fuerza de un toro salvaje.
NÚMEROS 23:22 NVI

"Dios los sacó de Egipto con la fuerza de un toro salvaje.
Israel devora a las naciones hostiles
y les parte los huesos;
¡las atraviesa con sus flechas!
Se agacha como un león, se tiende como una leona:
¿quién se atreverá a molestarlo?
¡Benditos sean los que te bendigan!
¡Malditos sean los que te maldigan!"
NÚMEROS 24:8-9 NVI

El arco de los poderosos se quiebra,
pero los débiles recobran las fuerzas.
1 SAMUEL 2:4 NVI

Dará poder a su Rey,
Y exaltará el poderío de su Ungido.
1 SAMUEL 2:10B RVR1960

"¡Ánimo! ¡Luchemos con valor por nuestro pueblo y por las ciudades de
nuestro Dios! Y que el Señor haga lo que bien le parezca".
2 SAMUEL 10:12 NVI

Dios mío, fortaleza mía, en él confiaré;
Mi escudo, y el fuerte de mi salvación, mi alto refugio;
Salvador mío; de violencia me libraste.
2 SAMUEL 22:3 RVR1960

Contigo desbarataré ejércitos,
Y con mi Dios asaltaré muros.
2 SAMUEL 22:30 RVR1960

¡Gloríense en su nombre santo!
    ¡Alégrense de veras los que buscan al Señor!
¡Refúgiense en el Señor y en su fuerza, busquen siempre su presencia!
    1 CRÓNICAS 16:10-11 NVI

"Ya pueden irse. Coman bien, tomen bebidas dulces y compartan su comida
con quienes no tengan nada, porque este día ha sido consagrado a nuestro
Señor. No estén tristes, pues el gozo del Señor es nuestra fortaleza".
    NEHEMÍAS 8:10 NVI

Con tu fuerza puedo aplastar a un ejército;
    con mi Dios puedo escalar cualquier muro.
    SALMOS 18:29 NLT

Tú me cubres con el escudo de tu salvación,
    y con tu diestra me sostienes;
    tu bondad me ha hecho prosperar.
    SALMOS 18:35 NVI

¡Cuánto se alegra el rey en tu fuerza, oh Señor!
    Grita de alegría porque tú le das la victoria.
    SALMOS 21:1 NTV

El Señor es mi fortaleza y mi escudo;
    confío en él con todo mi corazón.
Me da su ayuda y mi corazón se llena de alegría;
    prorrumpo en canciones de acción de gracias.
    SALMOS 28:7 NTV

Tributen al Señor, seres celestiales.
    SALMOS 29:11 NVI

A ti, fortaleza mía, vuelvo los ojos, pues tú, oh Dios, eres mi protector.
    SALMOS 59:9 NVI

A ti, fortaleza mía, te cantaré salmos, pues tú, oh Dios, eres mi protector.
    ¡Tú eres el Dios que me ama!
    SALMOS 59:17 NVI

Una cosa ha dicho Dios, y dos veces lo he escuchado:
Que tú, oh Dios, eres poderoso.

SALMOS 62:11 NVI

En tu santuario, oh Dios,
    eres imponente;
    ¡el Dios de Israel da poder y fuerza a su pueblo!
¡Bendito sea Dios!

SALMOS 68:35 NVI

Podrán desfallecer mi cuerpo y mi espíritu,
    pero Dios fortalece mi corazón;
    él es mi herencia eterna.

SALMOS 73:26 NVI

Pues fui yo, el Señor tu Dios, quien te rescató de la tierra de Egipto.
    Abre bien tu boca, y la llenaré de cosas buenas.

SALMOS 81:10 NTV

El Señor es mi fuerza y mi canto; ¡él es mi salvación!

SALMOS 118:14 NVI

He aquí, el Señor Dios vendrá con poder, y su brazo gobernará por El.
He aquí, con El está su galardón, y delante de El su recompensa.

ISAÍAS 40:10 LBLA

Él da fuerzas al cansado,
y al débil le aumenta su vigor.
Hasta los jóvenes pueden cansarse y fatigarse,
hasta los más fuertes llegan a caer,

ISAÍAS 40:29-30 DHH

Yo soy el Señor, y no hay otro;
    fuera de mí no hay ningún Dios.
Aunque tú no me conoces,
    te fortaleceré.

ISAÍAS 45:5 NVI

El Señor omnipotente es mi fuerza;
    da a mis pies la ligereza de una gacela
    y me hace caminar por las alturas.

HABACUC 3:19 NVI

Entonces me dijo: —El Señor dice a Zorobabel: "No es por el poder ni por la fuerza, sino por mi Espíritu", dice el Señor de los Ejércitos Celestiales.

ZACARÍAS 4:6 NTV

"Yo mismo los fortaleceré,
    y ellos caminarán en mi nombre", afirma el Señor.

ZACARÍAS 10:12 NVI

Dios es el que nos mantiene firmes en Cristo, tanto a nosotros como a ustedes. Él nos ungió

2 CORINTIOS 1:21 NVI

Por lo cual, por amor a Cristo me gozo en las debilidades, en afrentas, en necesidades, en persecuciones, en angustias; porque cuando soy débil, entonces soy fuerte.

2 CORINTIOS 12:10 RVR1960

Sé lo que es vivir en la pobreza, y lo que es vivir en la abundancia. He aprendido a vivir en todas y cada una de las circunstancias, tanto a quedar saciado como a pasar hambre, a tener de sobra como a sufrir escasez. Todo lo puedo en Cristo que me fortalece.

FILIPENSES 4:12–13 NVI

Les he escrito a ustedes, que son hijos de Dios,
    porque conocen al Padre.
Les he escrito a ustedes, los que son maduros en la fe,
    porque conocen a Cristo, quien existe desde el principio.
Les he escrito a ustedes, los que son jóvenes en la fe,
    porque son fuertes;
la palabra de Dios vive en sus corazones,
    y han ganado la batalla contra el maligno.

1 JUAN 2:14 NTV

FRUTO

No me escogieron ustedes a mí, sino que yo los escogí a ustedes y los comisioné para que vayan y den fruto, un fruto que perdure. Así el Padre les dará todo lo que le pidan en mi nombre.

JUAN 15:16 NVI

El que siembra para agradar a su naturaleza pecaminosa, de esa misma naturaleza cosechará destrucción; el que siembra para agradar al Espíritu, del Espíritu cosechará vida eterna.

GÁLATAS 6:8 NVI

FUTURO

Observa a los que son íntegros y rectos:
    hay porvenir para quien busca la paz.
Pero todos los pecadores serán destruidos;
    el porvenir de los malvados será el exterminio.

SALMOS 37:37-38 NVI

Solo yo puedo predecir el futuro antes que suceda.
Todos mis planes se cumplirán porque yo hago todo lo que deseo.

ISAÍAS 46:10 NTV

Se levantarán muchos de los que están muertos y enterrados, algunos para vida eterna y otros para vergüenza y deshonra eterna.

DANIEL 12:2 NTV

No quiero decir que ya haya logrado estas cosas ni que ya haya alcanzado la perfección; pero sigo adelante a fin de hacer mía esa perfección para la cual Cristo Jesús primeramente me hizo suyo. No, amados hermanos, no lo he logrado, pero me concentro únicamente en esto: olvido el pasado y fijo la mirada en lo que tengo por delante, y así avanzo hasta llegar al final de la carrera para recibir el premio celestial al cual Dios nos llama por medio de Cristo Jesús.

FILIPENSES 3:12-14 NTV

Ahora bien, hermanos, ustedes no necesitan que se les escriba acerca de tiempos y fechas, porque ya saben que el día del Señor llegará como ladrón en la noche. Cuando estén diciendo: "Paz y seguridad", vendrá de improviso sobre ellos la destrucción, como le llegan a la mujer encinta los dolores de parto. De ninguna manera podrán escapar.

1 TESALONICENSES 5:1-3 NVI

Pero el día del Señor vendrá como ladrón en la noche; en el cual los cielos pasarán con grande estruendo, y los elementos ardiendo serán deshechos, y la tierra y las obras que en ella hay serán quemadas.

2 PEDRO 3:10 RVR1960

He aquí que viene con las nubes, y todo ojo le verá, y los que le traspasaron; y todos los linajes de la tierra harán lamentación por él. Sí, amén.

APOCALIPSIS 1:7 RVR1960

Vengo pronto; retén firme lo que tienes, para que nadie tome tu corona.

APOCALIPSIS 3:11 LBLA

Cada uno de los seres vivientes tenía seis alas, y las alas estaban totalmente cubiertas de ojos por dentro y por fuera. Día tras día y noche tras noche repiten continuamente:

"Santo, santo, santo es el Señor Dios, el Todopoderoso,
el que siempre fue, que es, y que aún está por venir".

APOCALIPSIS 4:8 NTV

Cuando el Cordero rompió el quinto sello, vi debajo del altar las almas de los que habían sufrido el martirio por causa de la palabra de Dios y por mantenerse fieles en su testimonio. Gritaban a gran voz: "¿Hasta cuándo, Soberano Señor, santo y veraz, seguirás sin juzgar a los habitantes de la tierra y sin vengar nuestra muerte?" Entonces cada uno de ellos recibió ropas blancas, y se les dijo que esperaran un poco más, hasta que se completara el número de sus consiervos y hermanos que iban a sufrir el martirio como ellos.

APOCALIPSIS 6:9-11 NVI

"Señor Dios Todopoderoso,
que eres y que eras,
te damos gracias porque has asumido tu gran poder
y has comenzado a reinar".

APOCALIPSIS 11:17 NVI

Entonces oí una gran voz en el cielo, que decía: Ahora ha venido la salvación, el poder, y el reino de nuestro Dios, y la autoridad de su Cristo; porque ha sido lanzado fuera el acusador de nuestros hermanos, el que los acusaba delante de nuestro Dios día y noche.

Y ellos le han vencido por medio de la sangre del Cordero y de la palabra del testimonio de ellos, y menospreciaron sus vidas hasta la muerte.

APOCALIPSIS 12:10-11 RVR1960

Después de esto oí una gran voz de gran multitud en el cielo, que decía:
¡Aleluya! Salvación y honra y gloria y poder son del Señor Dios nuestro; porque
sus juicios son verdaderos y justos; pues ha juzgado a la gran ramera que ha
corrompido a la tierra con su fornicación, y ha vengado la sangre de sus siervos
de la mano de ella.

APOCALIPSIS 19:1-2 RVR1960

Y oí como la voz de una gran multitud, como el estruendo de muchas aguas,
y como la voz de grandes truenos, que decía: ¡Aleluya, porque el Señor nuestro
Dios Todopoderoso reina! Gocémonos y alegrémonos y démosle gloria; porque
han llegado las bodas del Cordero, y su esposa se ha preparado. Y a ella se le
ha concedido que se vista de lino fino, limpio y resplandeciente; porque el lino
fino es las acciones justas de los santos.

APOCALIPSIS 19:6-8 RVR1960

Entonces vi a la bestia, a los reyes de la tierra y a sus ejércitos reunidos para
hacer guerra contra el que iba montado en el caballo y contra su ejército. Y la
bestia fue apresada, y con ella el falso profeta que hacía señales en su presencia,
con las cuales engañaba a los que habían recibido la marca de la bestia y a los
que adoraban su imagen; los dos fueron arrojados vivos al lago de fuego que
arde con azufre. Y los demás fueron muertos con la espada que salía de la boca
del que montaba el caballo, y todas las aves se saciaron de sus carnes.

APOCALIPSIS 19:19-21 LBLA

Vi además a un ángel que bajaba del cielo con la llave del abismo y una
gran cadena en la mano. Sujetó al dragón, a aquella serpiente antigua que
es el diablo y Satanás, y lo encadenó por mil años. Lo arrojó al abismo, lo
encerró y tapó la salida para que no engañara más a las naciones, hasta que se
cumplieran los mil años. Después habrá de ser soltado por algún tiempo.

APOCALIPSIS 20:1-3 NVI

Después vi tronos, y los que estaban sentados en ellos habían recibido
autoridad para juzgar. Vi las almas de aquellos que habían sido decapitados por
dar testimonio acerca de Jesús y proclamar la palabra de Dios. Ellos no habían
adorado a la bestia ni a su estatua, ni habían aceptado su marca en la frente o
en las manos. Volvieron a la vida, y reinaron con Cristo durante mil años.

APOCALIPSIS 20:4 NTV

Benditos y santos son aquellos que forman parte de la primera resurrección, porque la segunda muerte no tiene ningún poder sobre ellos, sino que serán sacerdotes de Dios y de Cristo, y reinarán con él durante mil años.

APOCALIPSIS 20:6 NTV

Vi también a los muertos, grandes y pequeños, de pie delante del trono. Se abrieron unos libros, y luego otro, que es el libro de la vida. Los muertos fueron juzgados según lo que habían hecho, conforme a lo que estaba escrito en los libros. El mar devolvió sus muertos; la muerte y el infierno devolvieron los suyos; y cada uno fue juzgado según lo que había hecho. Aquel cuyo nombre no estaba escrito en el libro de la vida era arrojado al lago de fuego.

APOCALIPSIS 20:12-13, 15 NVI

No vi ningún templo en la ciudad, porque el Señor Dios Todopoderoso y el Cordero son su templo. La ciudad no necesita ni sol ni luna que la alumbren, porque la gloria de Dios la ilumina, y el Cordero es su lumbrera. Las naciones caminarán a la luz de la ciudad, y los reyes de la tierra le entregarán sus espléndidas riquezas. Sus puertas estarán abiertas todo el día, pues allí no habrá noche. Y llevarán a ella todas las riquezas y el honor de las naciones.

APOCALIPSIS 21:22-26 NVI

Luego el ángel me mostró un río con el agua de la vida, era transparente como el cristal y fluía del trono de Dios y del Cordero. Fluía por el centro de la calle principal. A cada lado del río crecía el árbol de la vida, el cual produce doce cosechas de fruto, y una cosecha nueva cada mes. Las hojas se usaban como medicina para sanar a las naciones.

APOCALIPSIS 22:1-2 NTV·

¿Acaso hay algo imposible para el Señor? El año que viene volveré a visitarte en esta fecha, y para entonces Sara habrá tenido un hijo.

GÉNESIS 18:14 NVI

Entonces el Señor le preguntó: ¿Quién forma la boca de una persona? ¿Quién decide que una persona hable o no hable, que oiga o no oiga, que vea o no vea? ¿Acaso no soy yo, el Señor? ¡Ahora ve! Yo estaré contigo cuando hables y te enseñaré lo que debes decir.

ÉXODO 4:11-12 NTV

—Yo mismo iré contigo y te daré descanso —respondió el Señor.

ÉXODO 33:14 NVI

El Señor le respondió a Moisés: ¿Acaso el poder del Señor es limitado? ¡Pues ahora verás si te cumplo o no mi palabra!

NÚMEROS 11:23 NVI

Dios no es un hombre, por lo tanto, no miente.
Él no es humano, por lo tanto, no cambia de parecer.
¿Acaso alguna vez habló sin actuar?
¿Alguna vez prometió sin cumplir?

NÚMEROS 23:19 NTV

Dios no se ha fijado en la maldad de Jacob
ni ha reparado en la violencia de Israel.
El Señor su Dios está con ellos;
y entre ellos se le aclama como rey.

NÚMEROS 23:21 NVI

Ninguna maldición puede tocar a Jacob;
ninguna magia ejerce poder alguno contra Israel.
Pues ahora se dirá de Jacob:
"¡Qué maravillas ha hecho Dios por Israel!".

NÚMEROS 23:23 NTV

No seas mezquino, sino generoso, y así el Señor tu Dios bendecirá todos tus trabajos y todo lo que emprendas. Gente pobre en esta tierra, siempre la habrá; por eso te ordeno que seas generoso con tus hermanos hebreos y con los pobres y necesitados de tu tierra.

DEUTERONOMIO 15:10-11 NVI

El Señor es sol y escudo;
Dios nos concede honor y gloria.
El Señor brinda generosamente su bondad
a los que se conducen sin tacha.

SALMOS 84:11 NVI

Servir al pobre es hacerle un préstamo al Señor;
Dios pagará esas buenas acciones.

PROVERBIOS 19:17 NVI

El que es generoso será bendecido,
pues comparte su comida con los pobres.

PROVERBIOS 22:9 NVI

También les dijo: "Fíjense en lo que oyen. Con la misma medida con que ustedes den a otros, Dios les dará a ustedes; y les dará todavía más. Pues al que tiene, se le dará más; pero al que no tiene, hasta lo poco que tiene se le quitará."

MARCOS 4:24-25 DHH

Den, y se les dará: se les echará en el regazo una medida llena, apretada, sacudida y desbordante. Porque con la medida que midan a otros, se les medirá a ustedes.

LUCAS 6:38 NVI

Den más bien a los pobres de lo que está dentro, y así todo quedará limpio para ustedes.

LUCAS 11:41 NVI

Jesús se detuvo a observar y vio a los ricos que echaban sus ofrendas en las alcancías del templo. También vio a una viuda pobre que echaba dos moneditas de poco valor.

—Les aseguro —dijo— que esta viuda pobre ha echado más que todos los demás. Todos ellos dieron sus ofrendas de lo que les sobraba; pero ella, de su pobreza, echó todo lo que tenía para su sustento.

LUCAS 21:1-4 NVI

Con mi ejemplo les he mostrado que es preciso trabajar duro para ayudar a los necesitados, recordando las palabras del Señor Jesús: "Hay más dicha en dar que en recibir".

HECHOS 20:35 NVI

Pero esto digo: El que siembra escasamente, también segará escasamente; y el que siembra generosamente, generosamente también segará.

2 CORINTIOS 9:6 RVR1960

Aquellos que se niegan a cuidar de sus familiares, especialmente los de su propia casa, han negado la fe verdadera y son peores que los incrédulos.

1 TIMOTEO 5:8 NTV

No se olviden de hacer el bien y de compartir con otros lo que tienen, porque esos son los sacrificios que agradan a Dios.

HEBREOS 13:16 NVI

Moisés le dijo a Aarón: De esto hablaba el Señor cuando dijo:
"Entre los que se acercan a mí
    manifestaré mi santidad,
y ante todo el pueblo
    manifestaré mi gloria".

      LEVÍTICO 10:3 NVI

¡Escuchen! Es la voz de alguien que clama:
"¡Abran camino a través del desierto
    para el Señor!
¡Hagan una carretera derecha a través de la tierra baldía
    para nuestro Dios!
Rellenen los valles
    y allanen los montes y las colinas;
enderecen las curvas
    y suavicen los lugares ásperos.
Entonces se revelará la gloria del Señor
    y todas las personas la verán.
    ¡El Señor ha hablado!".

      ISAÍAS 40:3-5 NTV

Tú también darás órdenes a naciones que no conoces,
    y pueblos desconocidos vendrán corriendo a obedecerte,
porque yo, el Señor tu Dios,
    el Santo de Israel, te hice glorioso.

      ISAÍAS 55:5 NTV

GOZO

La luz se esparce sobre los justos,
y la alegría sobre los rectos de corazón.
SALMOS 97:11 NVI

Los pobres volverán a alegrarse en el Señor,
los más necesitados se regocijarán en el Santo de Israel.
ISAÍAS 29:19 NVI

Se alegrarán el desierto y el sequedal;
se regocijará el desierto
y florecerá como el azafrán.
ISAÍAS 35:1 NVI

Regresarán los que han sido rescatados por el Señor;
entrarán cantando a Jerusalén,
coronados de gozo eterno,
estarán llenos de regocijo y de alegría;
desaparecerán el luto y la tristeza.
ISAÍAS 35:10 NTV

Los rescatados del Señor volverán,
entrarán en Sion con gritos de júbilo,
con alegría eterna sobre sus cabezas.
Gozo y alegría alcanzarán,
y huirán la tristeza y el gemido..
ISAÍAS 51:11 LBLA

Ustedes saldrán con alegría
y serán guiados en paz.
A su paso, las montañas y las colinas
prorrumpirán en gritos de júbilo
y aplaudirán todos los árboles del bosque.
ISAÍAS 55:12 NVI

Mis siervos cantarán
    con alegría de corazón,
pero ustedes clamarán
    con corazón angustiado;
      ¡gemirán con espíritu quebrantado!

      ISAÍAS 65:14 NVI

Cuando ustedes vean esto, su corazón se alegrará;
su cuerpo se renovará como la hierba.
El Señor dará a conocer su poder entre sus siervos,
y su ira entre sus enemigos.

      ISAÍAS 66:14 DHH

Por sus rostros correrán lágrimas de alegría,
    y con mucho cuidado los guiaré a casa.
Caminarán junto a arroyos quietos
    y por caminos llanos donde no tropezarán.
Pues soy el padre de Israel,
    y Efraín es mi hijo mayor.

      JEREMÍAS 31:9 NTV

Vendrán y cantarán jubilosos en las alturas de Sión;
    disfrutarán de las bondades del Señor:
el trigo, el vino nuevo y el aceite,
    las crías de las ovejas y las vacas.
Serán como un jardín bien regado,
    y no volverán a desmayar.

      JEREMÍAS 31:12 NVI

No nos trata conforme a nuestros pecados
ni nos paga según nuestras maldades.
SALMOS 103:10 NVI

¡Cuánta gracia y misericordia tiene nuestro Señor!
SALMOS 111:4B NTV

Para los justos la luz brilla en las tinieblas.
¡Dios es clemente, compasivo y justo!
SALMOS 112:4 NVI

Clemente y justo es el Señor;
sí, compasivo es nuestro Dios.
SALMOS 116:5 LBLA

El Señor es justo en todos sus caminos
y bondadoso en todas sus obras.
SALMOS 145:17 NVI

Por eso el Señor los espera, para tenerles piedad;
por eso se levanta para mostrarles compasión.
Porque el Señor es un Dios de justicia.
¡Dichosos todos los que en él esperan!
ISAÍAS 30:18 NVI

Así que enmienden ya su conducta y sus acciones, y obedezcan al Señor su
Dios, y el Señor se arrepentirá del mal que les ha anunciado.
JEREMÍAS 26:13 NTV

Pueblo de Israel, cuando yo actúe en favor de ustedes, en honor a mi
nombre y no según su mala conducta y sus obras corruptas, entonces ustedes
reconocerán que yo soy el Señor. Yo, el Señor omnipotente, lo afirmo.
EZEQUIEL 20:44 NVI

No, no desataré mi ira feroz.
No destruiré por completo a Israel,
ya que no soy un simple mortal, soy Dios.
Yo soy el Santo que vive entre ustedes
y no vendré a destruir.

OSEAS 11:9 NTV

Pero la transgresión de Adán no puede compararse con la gracia de Dios. Pues, si por la transgresión de un solo hombre murieron todos, ¡cuánto más el don que vino por la gracia de un solo hombre, Jesucristo, abundó para todos!

ROMANOS 5:15 NVI

En lo que atañe a la ley, esta intervino para que aumentara la transgresión. Pero, allí donde abundó el pecado, sobreabundó la gracia, a fin de que, así como reinó el pecado en la muerte, reine también la gracia que nos trae justificación y vida eterna por medio de Jesucristo nuestro Señor.

ROMANOS 5:20-21 NVI

El pecado ya no es más su amo, porque ustedes ya no viven bajo las exigencias de la ley. En cambio, viven en la libertad de la gracia de Dios.

ROMANOS 6:14 NTV

Ya conocen la gracia de nuestro Señor Jesucristo, que, aunque era rico, por causa de ustedes se hizo pobre, para que mediante su pobreza ustedes llegaran a ser ricos.

2 CORINTIOS 8:9 NVI

Y me ha dicho: Bástate mi gracia; porque mi poder se perfecciona en la debilidad.

2 CORINTIOS 12:9 RVR1960

Él desbordó su bondad sobre nosotros junto con toda la sabiduría y el entendimiento.

EFESIOS 1:8 NTV

Pues nos levantó de los muertos junto con Cristo y nos sentó con él en los lugares celestiales, porque estamos unidos a Cristo Jesús. De modo que, en los tiempos futuros, Dios puede ponernos como ejemplos de la increíble riqueza de la gracia y la bondad que nos tuvo, como se ve en todo lo que ha hecho por nosotros, que estamos unidos a Cristo Jesús.

EFESIOS 2:6-7 NTV

En verdad, Dios ha manifestado a toda la humanidad su gracia, la cual trae salvación

TITO 2:11 NVI

Él derramó su Espíritu sobre nosotros en abundancia por medio de Jesucristo nuestro Salvador. Por su gracia él nos declaró justos y nos dio la seguridad de que vamos a heredar la vida eterna.

TITO 3:6-7 NTV

Pero vemos a aquel que fue hecho un poco inferior a los ángeles, *es decir*, a Jesús, coronado de gloria y honor a causa del padecimiento de la muerte, para que por la gracia de Dios probara la muerte por todos.

HEBREOS 2:9 LBLA

Porque tú eres mi lámpara, oh Señor;
el Señor alumbra mis tinieblas.

> 2 SAMUEL 22:29 LBLA

El camino de Dios es perfecto;
    la palabra del Señor es intachable.

> 2 SAMUEL 22:31 NVI

Quien adiestra mis manos para la batalla,
De manera que se doble el arco de bronce con mis brazos.

> 2 SAMUEL 22:35 RVR1960

Bendeciré al Señor, quien me guía;
    aun de noche mi corazón me enseña.

> SALMOS 16:7 NTV

Me has dado a conocer la senda de la vida;
    me llenarás de alegría en tu presencia,
    y de dicha eterna a tu derecha.

> SALMOS 16:11 NVI

Enciendes una lámpara para mí.
    El Señor, mi Dios, ilumina mi oscuridad.

> SALMOS 18:28 NTV

Adiestra mis manos para la batalla,
    y mis brazos para tensar arcos de bronce.

> SALMOS 18:34 NVI

Los preceptos del Señor son rectos:
    traen alegría al corazón.
El mandamiento del Señor es claro:
    da luz a los ojos.

> SALMOS 19:8 NVI

Son más deseables que el oro,
incluso que el oro más puro.
Son más dulces que la miel,
incluso que la miel que gotea del panal.

SALMOS 19:10 NTV

Por ellas queda advertido tu siervo;
quien las obedece recibe una gran recompensa.
¿Quién está consciente de sus propios errores?
¡Perdóname aquellos de los que no estoy consciente!

SALMOS 19:11-12 NVI

Él renueva mis fuerzas.
Me guía por sendas correctas,
y así da honra a su nombre.

SALMOS 23:3 NTV

Bueno y justo es el Señor;
por eso les muestra a los pecadores el camino.
Él dirige en la justicia a los humildes,
y les enseña su camino.

SALMOS 25:8-9 NVI

¿Quién es el hombre que teme al Señor?
Será instruido en el mejor de los caminos.

SALMOS 25:12 NVI

El Señor es mi luz y mi salvación,
entonces ¿por qué habría de temer?

SALMOS 27:1 NTV

El Señor dice:
"Te guiaré por el mejor sendero para tu vida;
te aconsejaré y velaré por ti.
No seas como el mulo o el caballo, que no tienen entendimiento,
que necesitan un freno y una brida para mantenerse controlados".

SALMOS 32:8-9 NTV

Pues así es Dios.
    Él es nuestro Dios por siempre y para siempre,
    y nos guiará hasta el día de nuestra muerte.
        SALMOS 48:14 NTV

Me guías con tu consejo, y más tarde me acogerás en gloria.
        SALMOS 73:24 NVI

Dichoso aquel a quien tú, Señor, corriges;
    aquel a quien instruyes en tu ley.
        SALMOS 94:12 NVI

El Señor te cuidará en el hogar y en el camino,
    desde ahora y para siempre.
        SALMOS 121:8 NVI

Bendito sea el Señor, mi Roca,
    que adiestra mis manos para la guerra,
    mis dedos para la batalla.
Él es mi Dios amoroso, mi amparo,
    mi más alto escondite, mi libertador,
mi escudo, en quien me refugio.
    Él es quien pone los pueblos a mis pies.
        SALMOS 144:1-2 NVI

Porque el Señor da la sabiduría;
    conocimiento y ciencia brotan de sus labios.
        PROVERBIOS 2:6 NVI

Confía en el Señor con todo tu corazón,
    y no te apoyes en tu propio entendimiento.
        PROVERBIOS 3:5 LBLA

Yo te guío por el camino de la sabiduría,
    te dirijo por sendas de rectitud.
Cuando camines, no encontrarás obstáculos;
    cuando corras, no tropezarás.
        PROVERBIOS 4:11-12 NVI

Ya sea que te desvíes a la derecha o a la izquierda, tus oídos percibirán a tus espaldas una voz que te dirá: "Este es el camino; síguelo".

ISAÍAS 30:21 NVI

Guiaré al ciego Israel por una senda nueva,
    llevándolo por un camino desconocido.
Iluminaré las tinieblas a su paso
    y allanaré el camino delante de ellos.
Ciertamente yo haré estas cosas;
    no los abandonaré.

ISAÍAS 42:16 NTV

Marcharé al frente de ti, y allanaré las montañas;
haré pedazos las puertas de bronce y cortaré los cerrojos de hierro.

ISAÍAS 45:2 NVI

Yo soy el Señor tu Dios,
    que te enseña lo que te conviene,
    que te guía por el camino en que debes andar.

ISAÍAS 48:17 NVI

Vengan a mí con los oídos bien abiertos.
    Escuchen, y encontrarán vida.
Haré un pacto eterno con ustedes.
    Les daré el amor inagotable que le prometí a David.

ISAÍAS 55:3 NTV

Alimenten a los hambrientos
    y ayuden a los que están en apuros.
Entonces su luz resplandecerá desde la oscuridad,
    y la oscuridad que los rodea será tan radiante como el mediodía.
El Señor los guiará continuamente,
    les dará agua cuando tengan sed
    y restaurará sus fuerzas.
Serán como un huerto bien regado,
    como un manantial que nunca se seca.

ISAÍAS 58:10-11 NTV

Este es el pacto que después de aquel tiempo haré con el pueblo de Israel —afirma el Señor—: Pondré mi ley en su mente, y la escribiré en su corazón. Yo seré su Dios, y ellos serán mi pueblo. Ya no tendrá nadie que enseñar a su prójimo, ni dirá nadie a su hermano: "¡Conoce al Señor!", porque todos, desde el más pequeño hasta el más grande, me conocerán —afirma el Señor—. Yo les perdonaré su iniquidad, y nunca más me acordaré de sus pecados.

JEREMÍAS 31:33–34 NVI

El que es sabio entiende estas cosas; el que es inteligente las comprende. Ciertamente son rectos los caminos del Señor:

en ellos caminan los justos,

mientras que allí tropiezan los rebeldes.

OSEAS 14:9 NVI

"Vengan, subamos al monte del Señor, a la casa del Dios de Jacob. Allí él nos enseñará sus caminos y andaremos en sus sendas". Pues la enseñanza del Señor saldrá de Sión;

su palabra, de Jerusalén.

MIQUEAS 4:2 NTV

Carguen con mi yugo y aprendan de mí, pues yo soy apacible y humilde de corazón, y encontrarán descanso para su alma.

MATEO 11:29–30 NVI

Una vez más Jesús se dirigió a la gente, y les dijo: Yo soy la luz del mundo. El que me sigue no andará en tinieblas, sino que tendrá la luz de la vida.

JUAN 8:12 NVI

Me queda aún mucho más que quisiera decirles, pero en este momento no pueden soportarlo. Cuando venga el Espíritu de verdad, él los guiará a toda la verdad. Él no hablará por su propia cuenta, sino que les dirá lo que ha oído y les contará lo que sucederá en el futuro.

JUAN 16:12–13 NTV

Un solo Dios y Padre de todos, que está sobre todos y por medio de todos y en todos.

EFESIOS 4:6 NVI

Los que estaban bien alimentados ahora tienen hambre,
   y los que se morían de hambre ahora están saciados.
La mujer que no podía tener hijos ahora tiene siete,
   y la mujer con muchos hijos se consume.

   1 SAMUEL 2:5 NTV

Él cubre los cielos con nubes,
   provee lluvia a la tierra,
   y hace crecer la hierba en los pastizales de los montes.
Da alimento a los animales salvajes
   y alimenta a las crías del cuervo cuando chillan.

   SALMOS 147:8-9 NTV

Les daré una tierra famosa por sus cosechas. No sufrirán hambre en la tierra,
ni tendrán que soportar los insultos de las naciones.

   EZEQUIEL 34:29 NVI

Dios los bendice a ustedes, que ahora tienen hambre,
   porque serán saciados.

   LUCAS 6:21 NTV

Por eso están delante del trono de Dios,
   y día y noche le sirven en su templo;
y el que está sentado en el trono
   les dará refugio en su santuario.
Ya no sufrirán hambre ni sed.
   No los abatirá el sol ni ningún calor abrasador.
Porque el Cordero que está en el trono los pastoreará
   y los guiará a fuentes de agua viva;
y Dios les enjugará toda lágrima de sus ojos.

   APOCALIPSIS 7:15-17 NVI

HUMILDAD

Él humilla a los orgullosos
   y derriba a la ciudad arrogante;
   él la echa al polvo.
   ISAÍAS 26:5 NTV

Os digo que éste descendió a su casa justificado pero aquél no; porque todo el que se ensalza será humillado, pero el que se humilla será ensalzado.
   LUCAS 18:14 LBLA

Humíllense delante del Señor, y él los exaltará.
   SANTIAGO 4:10 NVI

Así mismo, jóvenes, sométanse a los ancianos. Revístanse todos de humildad en su trato mutuo, porque
"Dios se opone a los orgullosos,
   pero da gracia a los humildes".
   1 PEDRO 5:5 NVI

Humíllense, pues, bajo la poderosa mano de Dios, para que él los exalte a su debido tiempo.
   1 PEDRO 5:6 NVI

"Hagamos al ser humano a nuestra imagen y semejanza.
Que tenga dominio sobre los peces del mar,
    y sobre las aves del cielo;
sobre los animales domésticos,
    sobre los animales salvajes,
y sobre todos los reptiles que se arrastran por el suelo".
Y Dios creó al ser humano a su imagen; lo creó a imagen de Dios.
Hombre y mujer los creó, y los bendijo con estas palabras:
"Sean fructíferos y multiplíquense; llenen la tierra y sométanla;
dominen a los peces del mar y a las aves del cielo,
    y a todos los reptiles que se arrastran por el suelo"
    GÉNESIS 1:26-28 NVI

—Tu nombre ya no será Jacob —le dijo el hombre—. De ahora en adelante, serás
llamado Israel, porque has luchado con Dios y con los hombres, y has vencido.
    GÉNESIS 32:28 NTV

Cuando Jacob regresó de Padán Aram, Dios se le apareció otra vez y lo
bendijo con estas palabras: "Tu nombre es Jacob, pero ya no te llamarás así. De
aquí en adelante te llamarás Israel". Y, en efecto, ese fue el nombre que le puso.
    Luego Dios añadió: "Yo soy el Dios Todopoderoso. Sé fecundo y multiplícate.
De ti nacerá una nación y una comunidad de naciones, y habrá reyes entre tus
vástagos".
    GÉNESIS 35:9-11 NVI

Pero el SEÑOR le dijo a Samuel:
—No te dejes impresionar por su apariencia ni por su estatura, pues yo lo he
rechazado. La gente se fija en las apariencias, pero yo me fijo en el corazón.
    1 SAMUEL 16:7 NVI

Yo he estado contigo por dondequiera que has ido, y he aniquilado a todos tus
enemigos. Y ahora voy a hacerte tan famoso como los más grandes de la tierra.
    2 SAMUEL 7:9 NVI

¿Qué son los seres humanos para que nos des tanta importancia,
para que pienses tanto en nosotros?
Pues nos examinas cada mañana
y nos pruebas a cada momento.

JOB 7:17-18 NTV

El Espíritu de Dios me ha creado;
me infunde vida el hálito del Todopoderoso.

JOB 33:4 NVI

Pues lo hiciste poco menos que Dios,
y lo coronaste de gloria y de honra:
lo entronizaste sobre la obra de tus manos,
todo lo sometiste a su dominio;
todas las ovejas, todos los bueyes,
todos los animales del campo,
las aves del cielo, los peces del mar,
y todo lo que surca los senderos del mar.

SALMOS 8:5-8 NVI

Reconozcan que el Señor es Dios;
él nos hizo, y somos suyos.
Somos su pueblo, ovejas de su prado.

SALMOS 100:3 NVI

Con tus manos me creaste, me diste forma.
Dame entendimiento para aprender tus mandamientos.

SALMOS 119:73 NVI

Oh Señor, tú me has escudriñado y conocido.
Tú conoces mi sentarme y mi levantarme;
desde lejos comprendes mis pensamientos.
Tú escudriñas mi senda y mi descanso,
y conoces bien todos mis caminos.
Aun antes de que haya palabra en mi boca,
he aquí, oh Señor, tú *ya* la sabes toda.

SALMOS 139:1-4 LBLA

Tú creaste mis entrañas; me formaste en el vientre de mi madre.

SALMOS 139:13 NVI

¡Te alabo porque soy una creación admirable!
¡Tus obras son maravillosas, y esto lo sé muy bien!
Mis huesos no te fueron desconocidos
    cuando en lo más recóndito era yo formado,
cuando en lo más profundo de la tierra
    era yo entretejido.

SALMOS 139:14-15 NVI

Me viste antes de que naciera.
    Cada día de mi vida estaba registrado en tu libro.
Cada momento fue diseñado
    antes de que un solo día pasara.

SALMOS 139:16 NTV

¡Cuán preciosos, oh Dios, me son tus pensamientos!
    ¡Cuán inmensa es la suma de ellos!
Si me propusiera contarlos,
    sumarían más que los granos de arena.
Y, si terminara de hacerlo,
    aún estaría a tu lado.

SALMOS 139:17-18 NVI

Al norte le diré: "¡Entrégalos!"
    y al sur: "¡No los retengas!
Trae a mis hijos desde lejos
    y a mis hijas desde los confines de la tierra.
Trae a todo el que sea llamado por mi nombre,
    al que yo he creado para mi gloria,
    al que yo hice y formé".

ISAÍAS 43:6-7 NVI

Yo soy Dios, tu creador;
yo te formé desde antes que nacieras,
y vengo en tu ayuda.

ISAÍAS 44:2 TLA

"Antes de darte la vida, ya te había yo escogido;
antes de que nacieras, ya te había yo apartado;
te había destinado a ser profeta de las naciones."

JEREMÍAS 1:5 DHH

¿Cuánto cuestan dos gorriones: una moneda de cobre? Sin embargo, ni un solo gorrión puede caer a tierra sin que el Padre lo sepa. En cuanto a ustedes, cada cabello de su cabeza está contado. Así que no tengan miedo; para Dios ustedes son más valiosos que toda una bandada de gorriones.

MATEO 10:29-31 NTV

Yo te digo que tú eres Pedro, y sobre esta piedra edificaré mi iglesia, y las puertas del reino de la muerte no prevalecerán contra ella.

MATEO 16:18 NVI

Fíjense en los cuervos: no siembran ni cosechan, ni tienen almacén ni granero; sin embargo, Dios los alimenta. ¡Cuánto más valen ustedes que las aves!

LUCAS 12:24 NVI

Porque en Dios vivimos, nos movemos y existimos; como también algunos de los poetas de ustedes dijeron: "Somos descendientes de Dios".

HECHOS 17:28 DHH

Sabemos que nuestra vieja naturaleza fue crucificada con él para que nuestro cuerpo pecaminoso perdiera su poder, de modo que ya no siguiéramos siendo esclavos del pecado.

ROMANOS 6:6 NVI

Y si hago lo que no quiero, ya no lo hago yo, sino el pecado que mora en mí.

ROMANOS 7:20 RVR1960

Mas vosotros no vivís según la carne, sino según el Espíritu, si es que el Espíritu de Dios mora en vosotros. Y si alguno no tiene el Espíritu de Cristo, no es de él. Pero si Cristo está en vosotros, el cuerpo en verdad está muerto a causa del pecado, mas el espíritu vive a causa de la justicia. Y si el Espíritu de aquel que levantó de los muertos a Jesús mora en vosotros, el que levantó de los muertos a Cristo Jesús vivificará también vuestros cuerpos mortales por su Espíritu que mora en vosotros.

ROMANOS 8:9-11 RVR1960

En realidad, Dios colocó cada miembro del cuerpo como mejor le pareció. Si todos ellos fueran un solo miembro, ¿qué sería del cuerpo?

1 CORINTIOS 12:18-19 NVI

Sin embargo, gracias a Dios que en Cristo siempre nos lleva triunfantes y, por medio de nosotros, esparce por todas partes la fragancia de su conocimiento. Porque para Dios nosotros somos el aroma de Cristo entre los que se salvan y entre los que se pierden.

2 CORINTIOS 2:14-15 NVI

Mi antiguo yo ha sido crucificado con Cristo. Ya no vivo yo, sino que Cristo vive en mí. Así que vivo en este cuerpo terrenal confiando en el Hijo de Dios, quien me amó y se entregó a sí mismo por mí.

GÁLATAS 2:20 NTV

Pues somos la obra maestra de Dios. Él nos creó de nuevo en Cristo Jesús, a fin de que hagamos las cosas buenas que preparó para nosotros tiempo atrás.

EFESIOS 2:10 NTV

Estando convencido precisamente de esto: que el que comenzó en vosotros la buena obra, la perfeccionará hasta el día de Cristo Jesús.

FILIPENSES 1:6 LBLA

Cristo es la piedra viva, rechazada por los seres humanos, pero escogida y preciosa ante Dios. Al acercarse a él, también ustedes son como piedras vivas, con las cuales se está edificando una casa espiritual. De este modo llegan a ser un sacerdocio santo, para ofrecer sacrificios espirituales que Dios acepta por medio de Jesucristo.

1 PEDRO 2:4-5 NVI

Pues le dijo a Dios:
"Anunciaré tu nombre a mis hermanos.
    Entre tu pueblo reunido te alabaré".

HEBREOS 2:12 NTV

Si después de haber tenido hijos y nietos, y de haber vivido en la tierra mucho tiempo, ustedes se corrompen y se fabrican ídolos y toda clase de figuras, haciendo así lo malo ante el Señor su Dios y provocándolo a ira, hoy pongo al cielo y a la tierra por testigos contra ustedes, de que muy pronto desaparecerán de la tierra que van a poseer al cruzar el Jordán. No vivirán allí mucho tiempo, sino que serán destruidos por completo. El Señor los dispersará entre las naciones, y entre todas ellas solo quedarán esparcidos unos pocos.

DEUTERONOMIO 4:25-27 NVI

No hagan ídolos ni imágenes de nada que esté en el cielo, en la tierra o en lo profundo del mar. No se arrodillen ante ellos ni hagan cultos en su honor. Yo soy el Dios de Israel, y soy un Dios celoso. Yo castigo a los hijos, nietos y bisnietos de quienes me odian.

DEUTERONOMIO 5:8-9 TLA

El Señor, les advierto: "Voy a enviar desgracia sobre este lugar y sus habitantes, según todo lo que dice el libro que ha leído el rey de Judá. Ellos me han abandonado; han quemado incienso a otros dioses y me han provocado a ira con todos sus ídolos. Por eso mi ira arde contra este lugar, y no se apagará".

2 REYES 22:16-17 NVI

Pero retrocederán llenos de vergüenza
    los que confían en los ídolos,
los que dicen a las imágenes:
    "Ustedes son nuestros dioses".

ISAÍAS 42:17 NVI

¿Puede alguno de los inútiles dioses ajenos enviarnos lluvia?
    ¿O acaso cae del cielo por sí misma?
No, tú eres el único, ¡oh Señor nuestro Dios!
    Solo tú puedes hacer tales cosas.
    Entonces esperaremos que nos ayudes.

JEREMÍAS 14:22 NTV

Lo cierto es que hay muchos miembros, pero el cuerpo es uno solo.

1 CORINTIOS 12:20 NVI

Ahora bien, ustedes son el cuerpo de Cristo, y cada uno es miembro de ese cuerpo.

1 CORINTIOS 12:27 NVI

El fin de todo esto es que la sabiduría de Dios, en toda su diversidad, se dé a conocer ahora, por medio de la iglesia, a los poderes y autoridades en las regiones celestiales, conforme a su eterno propósito realizado en Cristo Jesús nuestro Señor.

EFESIOS 3:10-11 NVI

Pero de ahora en adelante el Hijo del hombre estará sentado a la derecha del Dios Todopoderoso.

LUCAS 22:69 NVI

Yo soy el buen pastor; conozco a mis ovejas, y ellas me conocen a mí, así como el Padre me conoce a mí y yo lo conozco a él, y doy mi vida por las ovejas.

JUAN 10:14–15 NVI

Mis ovejas escuchan mi voz; yo las conozco, y ellas me siguen.

JUAN 10:27 NTV

—Yo soy el camino, la verdad y la vida —le contestó Jesús—. Nadie llega al Padre sino por mí.

JUAN 14:6 NVI

"Por tanto, sépalo bien todo Israel que a este Jesús, a quien ustedes crucificaron, Dios lo ha hecho Señor y Mesías".

HECHOS 2:36 NVI

Nosotros les anunciamos a ustedes las buenas nuevas respecto a la promesa hecha a nuestros antepasados. Dios nos la ha cumplido plenamente a nosotros, los descendientes de ellos, al resucitar a Jesús. Como está escrito en el segundo salmo:
"Tú eres mi hijo;
    hoy mismo te he engendrado".

HECHOS 13:32–33 NVI

Cuando éramos totalmente incapaces de salvarnos, Cristo vino en el momento preciso y murió por nosotros, pecadores.

ROMANOS 5:6 NTV

Pues dicen las Escrituras:
"Tan cierto como que yo vivo —dice el Señor—,
toda rodilla se doblará ante mí,
    y toda lengua declarará lealtad a Dios".

ROMANOS 14:11 NTV

Pero el que se une al Señor se hace uno con él en espíritu.

1 CORINTIOS 6:17 NVI

Pues todas las promesas de Dios se cumplieron en Cristo con un resonante "¡sí!", y por medio de Cristo, nuestro "amén" (que significa "sí") se eleva a Dios para su gloria.

2 CORINTIOS 1:20 NTV

Sea de una forma u otra, el amor de Cristo nos controla. Ya que creemos que Cristo murió por todos, también creemos que todos hemos muerto a nuestra vida antigua. Él murió por todos para que los que reciben la nueva vida de Cristo ya no vivan más para sí mismos. Más bien, vivirán para Cristo, quien murió y resucitó por ellos.

2 CORINTIOS 5:14–15 NTV

Por lo cual Dios también le exaltó hasta lo sumo, y le dio un nombre que es sobre todo nombre, para que en el nombre de Jesús se doble toda rodilla de los que están en los cielos, y en la tierra, y debajo de la tierra; y toda lengua confiese que Jesucristo es el Señor, para gloria de Dios Padre.

FILIPENSES 2:9–11 RVR1960

Así es, todo lo demás no vale nada cuando se le compara con el infinito valor de conocer a Cristo Jesús, mi Señor. Por amor a él, he desechado todo lo demás y lo considero basura a fin de ganar a Cristo y llegar a ser uno con él.

FILIPENSES 3:8–9A NTV

Este mensaje es digno de crédito y merece ser aceptado por todos: que Cristo Jesús vino al mundo a salvar a los pecadores, de los cuales yo soy el primero.

1 TIMOTEO 1:15 NVI

Porque hay un solo Dios y un solo mediador entre Dios y los hombres, Jesucristo hombre, quien dio su vida como rescate por todos. Este testimonio Dios lo ha dado a su debido tiempo.

1 TIMOTEO 2:5-6 NVI

Así dice la Escritura:
"Miren que pongo en Sión
    una piedra principal escogida y preciosa,
y el que confíe en ella
    no será jamás defraudado".

1 PEDRO 2:6 NVI

¿Quién es el mentiroso, sino el que niega que Jesús es el Cristo? Este es anticristo, el que niega al Padre y al Hijo. Todo aquel que niega al Hijo, tampoco tiene al Padre. El que confiesa al Hijo, tiene también al Padre.

1 JUAN 2:22-23 RVR1960

En esto pueden discernir quién tiene el Espíritu de Dios: todo profeta que reconoce que Jesucristo ha venido en cuerpo humano es de Dios; todo profeta que no reconoce a Jesús no es de Dios, sino del anticristo. Ustedes han oído que este viene; en efecto, ya está en el mundo.

1 JUAN 4:2-3 NVI

El séptimo ángel tocó la trompeta, y hubo grandes voces en el cielo, que decían: Los reinos del mundo han venido a ser de nuestro Señor y de su Cristo; y él reinará por los siglos de los siglos.

APOCALIPSIS 11:15 RVR1960

"Miren, ¡yo vengo pronto!"

APOCALIPSIS 22:7 NTV

El que da testimonio de estas cosas, dice: "Sí, vengo pronto". Amén. ¡Ven, Señor Jesús!

APOCALIPSIS 22:20 NVI

Levanto la mano al cielo y declaro:

Tan seguro como que vivo para siempre,
cuando afile mi espada reluciente
y en el día del juicio la tome en mis manos,
me vengaré de mis adversarios;
¡les daré su merecido a los que me odian!
DEUTERONOMIO 32:40–41 NVI

Yo dije en mi corazón:
al justo como al impío juzgará Dios,
porque hay un tiempo para cada cosa y para cada obra.
ECLESIASTÉS 3:17 LBLA

Porque Dios traerá toda obra a juicio,
junto con todo lo oculto, sea bueno o sea malo.
ECLESIASTÉS 12:14 LBLA

Porque cercano está el día del Señor
contra todas las naciones.
¡Edom, como hiciste, se te hará!
¡sobre tu cabeza recaerá tu merecido!
ABDÍAS 15 NVI

Ya se acerca el gran día del Señor;
a toda prisa se acerca.
El estruendo del día del Señor será amargo,
y aun el más valiente gritará.
SOFONÍAS 1:14 NVI

Día de ira será aquel día,
　　día de acoso y angustia,
día de devastación y ruina,
　　día de tinieblas y penumbra,
día de niebla y densos nubarrones.

SOFONÍAS 1:15 NVI

Por lo tanto, no juzguen nada antes de tiempo; esperen hasta que venga el Señor. Él sacará a la luz lo que está oculto en la oscuridad y pondrá al descubierto las intenciones de cada corazón. Entonces cada uno recibirá de Dios la alabanza que le corresponda.

1 CORINTIOS 4:5 NVI

Porque es necesario que todos nosotros comparezcamos ante el tribunal de Cristo, para que cada uno reciba según lo que haya hecho mientras estaba en el cuerpo, sea bueno o sea malo.

2 CORINTIOS 5:10 RVR1960

Para castigar a los que no reconocen a Dios ni obedecen el evangelio de nuestro Señor Jesús. Ellos sufrirán el castigo de la destrucción eterna, lejos de la presencia del Señor y de la majestad de su poder, el día en que venga para ser glorificado por medio de sus santos y admirado por todos los que hayan creído, entre los cuales están ustedes porque creyeron el testimonio que les dimos.

2 TESALONICENSES 1:8-10 NVI

Al vivir en Dios, nuestro amor crece hasta hacerse perfecto. Por lo tanto, no tendremos temor en el día del juicio, sino que podremos estar ante Dios con confianza, porque vivimos como vivió Jesús en este mundo.

1 JUAN 4:17 NTV

Pero los cobardes, los incrédulos, los abominables, los asesinos, los que cometen inmoralidades sexuales, los que practican artes mágicas, los idólatras y todos los mentirosos recibirán como herencia el lago de fuego y azufre. Esta es la segunda muerte.

APOCALIPSIS 21:8 NVI

Porque el Señor tu Dios es Dios de dioses y Señor de señores; él es el gran Dios, poderoso y terrible, que no actúa con parcialidad ni acepta sobornos. Él defiende la causa del huérfano y de la viuda, y muestra su amor por el extranjero, proveyéndole ropa y alimentos.

DEUTERONOMIO 10:17-18 NVI

Por ninguna razón tuerzas la justicia ni muestres parcialidad. Jamás aceptes un soborno, porque el soborno nubla los ojos del sabio y corrompe las decisiones de los íntegros. Que siempre triunfe la justicia verdadera, para que puedas vivir y poseer la tierra que el Señor tu Dios te da.

DEUTERONOMIO 16:19-20 NTV

Maldito el que pervirtiere el derecho del extranjero, del huérfano y de la viuda.

DEUTERONOMIO 27:19 RVR1960

"Alégrense, naciones, con el pueblo de Dios;
    él vengará la sangre de sus siervos.
¡Sí! Dios se vengará de sus enemigos,
    y hará expiación por su tierra y por su pueblo".

DEUTERONOMIO 32:43 NVI

Por eso, teman al Señor y tengan cuidado con lo que hacen, porque el Señor nuestro Dios no admite la injusticia ni la parcialidad ni el soborno.

2 CRÓNICAS 19:7 NVI

No deja con vida a los malvados
    pero hace justicia a los afligidos.

JOB 36:6 NTV

Nunca quita los ojos de los inocentes,
    sino que los pone en tronos en compañía de reyes
    y los exalta para siempre.

JOB 36:7 NTV

Tú defiendes al huérfano y al oprimido,
para que el hombre, hecho de tierra,
no siga ya sembrando el terror.
SALMOS 10:18 NVI

Justo es el SEÑOR, y ama la justicia;
por eso los íntegros contemplarán su rostro.
SALMOS 11:7 NVI

Él hará resplandecer tu inocencia como el amanecer,
y la justicia de tu causa brillará como el sol de mediodía.
SALMOS 37:6 NTV

Alégrense y canten con júbilo las naciones,
porque tú las gobiernas con rectitud;
¡tú guías a las naciones de la tierra!
SALMOS 67:4 NVI

Los ríos batan las manos,
Los montes todos hagan regocijo
Delante de Jehová, porque vino a juzgar la tierra.
Juzgará al mundo con justicia,
Y a los pueblos con rectitud.
SALMOS 98:8-9 RVR1960

El SEÑOR hace justicia
y defiende a todos los oprimidos.
SALMOS 103:6 NVI

Yo sé que el SEÑOR hace justicia a los pobres
y defiende el derecho de los necesitados.
SALMOS 140:12 NVI

Cuando la opresión llegue a su fin
  y la destrucción se acabe,
  el agresor desaparecerá de la tierra.
El trono se fundará en la lealtad,
  y un descendiente de David
  reinará sobre él con fidelidad:
será un juez celoso del derecho
  y ansioso de hacer justicia.

ISAÍAS 16:4B–5 NVI

La justicia gobernará en el desierto
  y la rectitud en el campo fértil.

ISAÍAS 32:16 NTV

Pues yo, el Señor, amo la justicia;
  odio el robo y la fechoría.
Recompensaré fielmente a mi pueblo por su sufrimiento
  y haré un pacto eterno con él.

ISAÍAS 61:8 NTV

Pero el Señor todavía está en la ciudad,
  y él no hace nada malo.
Día tras día emite justicia,
  él nunca falla.
  Pero los perversos no conocen la vergüenza.

SOFONÍAS 3:5 NTV

Y sabemos que Dios, en su justicia, castigará a todos los que hacen tales
cosas.

ROMANOS 2:2 NTV

No tomen venganza, hermanos míos, sino dejen el castigo en las manos de
Dios, porque está escrito: "Mía es la venganza; yo pagaré", dice el Señor.

ROMANOS 12:19 NVI

Dios tomará en cuenta nuestra fe como justicia, pues creemos en aquel que levantó de entre los muertos a Jesús nuestro Señor. Él fue entregado a la muerte por nuestros pecados, y resucitó para nuestra justificación.

ROMANOS 4:24–25 NVI

Así pues, tal como por una transgresión resultó la condenación de todos los hombres, así también por un acto de justicia resultó la justificación de vida para todos los hombres.

ROMANOS 5:18 LBLA

¿Quién acusará a los que Dios ha escogido? Dios es el que justifica.

ROMANOS 8:33 NVI

Porque con el corazón se cree para ser justificado, pero con la boca se confiesa para ser salvo.

ROMANOS 10:10 NVI

En cambio, quiero ver una tremenda inundación de justicia
y un río inagotable de rectitud.
AMÓS 5:24 NTV

Pedro tomó la palabra, y dijo:
—Ahora comprendo que en realidad para Dios no hay favoritismos, sino que
en toda nación él ve con agrado a los que le temen y actúan con justicia.
HECHOS 10:34-35 NVI

Habrá sufrimiento y angustia para todos los que hacen el mal, los judíos
primeramente, y también los gentiles; pero gloria, honor y paz para todos los
que hacen el bien, los judíos primeramente, y también los gentiles. Porque con
Dios no hay favoritismos.
ROMANOS 2:9-11 NVI

Y ustedes, amos, correspondan a esta actitud de sus esclavos, dejando de
amenazarlos. Recuerden que tanto ellos como ustedes tienen un mismo Amo en
el cielo, y que con él no hay favoritismos.
EFESIOS 6:9 NVI

Por tanto, nadie será justificado en presencia de Dios por hacer las obras que exige la ley; más bien, mediante la ley cobramos conciencia del pecado.

ROMANOS 3:20 NVI

La ley de Moisés no podía salvarnos, porque nuestra naturaleza pecaminosa es débil. Así que Dios hizo lo que la ley no podía hacer. Él envió a su propio Hijo en un cuerpo como el que nosotros los pecadores tenemos; y en ese cuerpo, mediante la entrega de su Hijo como sacrificio por nuestros pecados, Dios declaró el fin del dominio que el pecado tenía sobre nosotros. Lo hizo para que se cumpliera totalmente la exigencia justa de la ley a favor de nosotros, que ya no seguimos a nuestra naturaleza pecaminosa sino que seguimos al Espíritu.

ROMANOS 8:3-4 NTV

Dicho de otra manera, la ley fue nuestra tutora hasta que vino Cristo; nos protegió hasta que se nos declarara justos ante Dios por medio de la fe. Y ahora que ha llegado el camino de la fe, ya no necesitamos que la ley sea nuestra tutora.

GÁLATAS 3:24-25 NTV

Pero benditos son los que confían en el SEÑOR
y han hecho que el SEÑOR sea su esperanza y confianza.
Son como árboles plantados junto a la ribera de un río
con raíces que se hunden en las aguas.
A esos árboles no les afecta el calor
ni temen los largos meses de sequía.
Sus hojas están siempre verdes
y nunca dejan de producir fruto.

JEREMÍAS 17:7-8 NTV

Dichosos los pobres en espíritu,
porque el reino de los cielos les pertenece.

MATEO 5:3 NVI

Por eso les digo: No se preocupen por su vida, qué comerán o beberán; ni
por su cuerpo, cómo se vestirán. ¿No tiene la vida más valor que la comida, y el
cuerpo más que la ropa? Fíjense en las aves del cielo: no siembran ni cosechan
ni almacenan en graneros; sin embargo, el Padre celestial las alimenta. ¿No
valen ustedes mucho más que ellas?

MATEO 6:25-26 NVI

El Señor habló con Moisés y le dijo: "Ordénales a los israelitas que regresen y acampen frente a Pi Ajirot, entre Migdol y el mar. Que acampen junto al mar, frente a Baal Zefón. El faraón va a pensar: 'Los israelitas andan perdidos en esa tierra. ¡El desierto los tiene acorralados!' Yo, por mi parte, endureceré el corazón del faraón para que él los persiga. Voy a cubrirme de gloria, a costa del faraón y de todo su ejército. ¡Y los egipcios sabrán que yo soy el Señor!"

Así lo hicieron los israelitas.

ÉXODO 14:1–4 NVI

Tú lo traerás y lo plantarás en tu propio monte,
    el lugar, oh Señor, reservado para tu morada,
    el santuario, oh Señor, que tus manos establecieron.

ÉXODO 15:17 NTV

Acuérdate de los tremendos horrores que el Señor tu Dios envió contra ellos. ¡Tú lo viste todo con tus propios ojos! Y recuerda las señales milagrosas y las maravillas, y la mano fuerte y el brazo poderoso con que él te sacó de Egipto. El Señor tu Dios usará ese mismo poder contra toda la gente a la que tú temes.

DEUTERONOMIO 7:19 NTV

Por eso Samuel le dijo al pueblo: "Si ustedes desean volverse al Señor de todo corazón, deshágance de los dioses extranjeros y de las imágenes de Astarté. Dedíquense totalmente a servir solo al Señor, y él los librará del poder de los filisteos".

1 SAMUEL 7:3 NVI

"El Señor es mi roca, mi amparo, mi libertador".

2 SAMUEL 22:2 NVV

Él es el Dios que me vindica,
    el que pone los pueblos a mis pies.
Tú me libras de mis enemigos

2 SAMUEL 22:48, 49A NVI

Mas temed a Jehová vuestro Dios, y él os librará de mano de todos vuestros enemigos.

2 REYES 17:39 RVR1960

Si viene mal sobre nosotros, espada, juicio, pestilencia o hambre, nos presentaremos delante de esta casa y delante de ti (porque tu nombre está en esta casa), y clamaremos a ti en nuestra angustia, y tú oirás y *nos* salvarás.

2 CRÓNICAS 20:9 LBLA

"Él salva al que es inocente,
    y por tu honradez quedarás a salvo".

JOB 22:30 NVI

"Él salva al que es inocente,
    y por tu honradez quedarás a salvo".

JOB 36:15 VI

Tuya es, Señor, la salvación;
    ¡envía tu bendición sobre tu pueblo!

SALMOS 3:8 NVI

En ti esperaron nuestros padres;
Esperaron, y tú los libraste.
Clamaron a ti, y fueron librados;
Confiaron en ti, y no fueron avergonzados.

SALMOS 22:4-5 RVR1960

Muchas son las angustias del justo,
    pero el Señor lo librará de todas ellas.

SALMOS 34:19 NVI

El Señor los ayuda y los libra;
    los libra de los malvados y los salva,
    porque en él ponen su confianza.

SALMOS 37:40 NVI

Solo él puede librarte de las trampas del cazador
y de mortíferas plagas.
SALMOS 91:3 NVI

Escudo mío, en quien he confiado;
El que sujeta a mi pueblo debajo de mí.
SALMOS 144:2 RVR1960

El Señor es clemente y compasivo,
lento para la ira y grande en amor.
SALMOS 145:8 NVI

El justo se salva de la calamidad,
pero la desgracia le sobreviene al malvado.
PROVERBIOS 11:8 NVI

Les diré a los prisioneros: "Salgan en libertad",
y a los que están en tinieblas: "Vengan a la luz".
Ellos serán mis ovejas, que se apacentarán en pastos verdes
y en colinas que antes estaban desiertas.
ISAÍAS 49:9 NTV

Te libraré del poder de los malvados,
¡te salvaré del poder de los violentos!
JEREMÍAS 15:21 DHH

Porque el Señor rescató a Jacob;
lo redimió de una mano más poderosa.
JEREMÍAS 31:11 NVI

"Porque ciertamente te libraré, y no caerás a espada; antes bien, tendrás tu vida por botín, porque confiaste en mí" —declara el Señor.
JEREMÍAS 39:18 LBLA

Los árboles del campo darán su fruto, la tierra entregará sus cosechas, y ellas vivirán seguras en su propia tierra. Y, cuando yo haga pedazos su yugo y las libere de sus tiranos, entonces sabrán que yo soy el Señor.
EZEQUIEL 34:27 NVI

"Porque él es el Dios vivo,
    y permanece para siempre.
Su reino jamás será destruido,
    y su dominio jamás tendrá fin.
Él rescata y salva;
    hace prodigios en el cielo
    y maravillas en la tierra.
¡Ha salvado a Daniel
    de las garras de los leones!"

DANIEL 6:26B–27 NVI

Mas yo soy Jehová tu Dios desde la tierra de Egipto; no conocerás, pues, otro dios fuera de mí, ni otro salvador sino a mí.

OSEAS 13:4 RVR1960

Y todo el que invoque el nombre del Señor
    escapará con vida,
porque en el monte Sión y en Jerusalén
    habrá escapatoria,
    como lo ha dicho el Señor.
Y entre los sobrevivientes
    estarán los llamados del Señor.

JOEL 2:32 NVI

Pero en el monte Sión habrá liberación, y será sagrado.
    El pueblo de Jacob recuperará sus posesiones.

ABDÍAS 17 NVI

Todo el mundo los odiará a ustedes por causa de mi nombre, pero el que se mantenga firme hasta el fin será salvo.

MARCOS 13:13 NVI

Sus padres, hermanos, familiares y amigos los entregarán a las autoridades. A algunos de ustedes los matarán. Todo el mundo los odiará por ser mis discípulos. ¡Pero no se preocupen! Si ustedes se mantienen firmes hasta el fin, se salvarán.

LUCAS 21:16–19 TLA

Jesús se dirigió entonces a los judíos que habían creído en él, y les dijo:

—Si se mantienen fieles a mis enseñanzas, serán realmente mis discípulos; y conocerán la verdad, y la verdad los hará libres.

JUAN 8:31-32 NVI

Porque sostenemos que todos somos justificados por la fe, y no por las obras que la ley exige.

ROMANOS 3:28 NVI

Ahora, por estar unidos a él, el Espíritu Santo nos controla y nos da vida, y nos ha librado del pecado y de la muerte.

ROMANOS 8:2 TLA

Porque el que era esclavo cuando el Señor lo llamó es un liberto del Señor; del mismo modo, el que era libre cuando fue llamado es un esclavo de Cristo.

1 CORINTIOS 7:22 NVI

Cristo nos libertó para que vivamos en libertad. Por lo tanto, manténganse firmes y no se sometan nuevamente al yugo de esclavitud.

GÁLATAS 5:1 NVI

Jesús contestó: Les digo la verdad, todo el que comete pecado es esclavo del pecado. Un esclavo no es un miembro permanente de la familia, pero un hijo sí forma parte de la familia para siempre. Así que, si el Hijo los hace libres, ustedes son verdaderamente libres.

JUAN 8:34-36 NTV

Él nos libró y nos librará de tal peligro de muerte. En él tenemos puesta nuestra esperanza, y él seguirá librándonos.

2 CORINTIOS 1:10 NVI

Así es, y el Señor me librará de todo ataque maligno y me llevará a salvo a su reino celestial. ¡A Dios sea toda la gloria por siempre y para siempre! Amén.

2 TIMOTEO 4:18 NTV

El S<small>EÑOR</small> libra a sus siervos;
   no serán condenados los que en él confían.
   SALMOS 34:22 NVI

Voy a quebrar el yugo que te oprime,
   voy a romper tus ataduras.
   NAHUM 1:13 NVI

El Espíritu del Señor está sobre mí,
Por cuanto me ha ungido para dar buenas nuevas a los pobres;
Me ha enviado a sanar a los quebrantados de corazón;
A pregonar libertad a los cautivos,
Y vista a los ciegos;
A poner en libertad a los oprimidos;
A predicar el año agradable del Señor.
   LUCAS 4:18–19 RVR1960

Ustedes no pudieron ser justificados de esos pecados por la ley de Moisés,
pero todo el que cree es justificado por medio de Jesús.
   HECHOS 13:39 NVI

Pues, si por la transgresión de un solo hombre reinó la muerte, con mayor
razón los que reciben en abundancia la gracia y el don de la justicia reinarán en
vida por medio de un solo hombre, Jesucristo.
   ROMANOS 5:17 NVI

Pues, cuando morimos con Cristo, fuimos liberados del poder del pecado.
   ROMANOS 6:7 NTV

Antes, ustedes eran esclavos del pecado. Pero gracias a Dios que
obedecieron de todo corazón la enseñanza que se les dio. Ahora ustedes se han
librado del pecado, y están al servicio de Dios para hacer el bien.
   ROMANOS 6:17–18 TLA

Dios los ha unido a ustedes con Cristo Jesús. Dios hizo que él fuera la sabiduría misma para nuestro beneficio. Cristo nos hizo justos ante Dios; nos hizo puros y santos y nos liberó del pecado.

1 CORINTIOS 1:30 NTV

Ahora bien, el Señor es el Espíritu; y, donde está el Espíritu del Señor, allí hay libertad.

2 CORINTIOS 3:17 NVI

Cristo nos rescató de la maldición de la ley al hacerse maldición por nosotros, pues está escrito: "Maldito todo el que es colgado de un madero".

GÁLATAS 3:13 NVI

Pero las Escrituras declaran que todos somos prisioneros del pecado, así que recibimos la promesa de libertad que Dios hizo únicamente por creer en Jesucristo.

GÁLATAS 3:22 NTV

Ustedes han muerto con Cristo, y él los ha rescatado de los poderes espirituales de este mundo.

COLOSENSES 2:20 NTV

Al que nos ama y nos libertó de nuestros pecados con su sangre, e hizo de nosotros un reino y sacerdotes para su Dios y Padre, a El sea la gloria y el dominio por los siglos de los siglos. Amén.

APOCALIPSIS 1:5-6 LBLA

"Dale a Josué las debidas instrucciones; anímalo y fortalécelo, porque será él quien pasará al frente de este pueblo y quien les dará en posesión la tierra que vas a ver".

DEUTERONOMIO 3:28 NVI

Y el Señor le dio a Josué hijo de Nun esta orden: "Esfuérzate y sé valiente, porque tú conducirás a los israelitas al territorio que juré darles, y yo mismo estaré contigo".

DEUTERONOMIO 31:23 NVI

El Señor le dijo a Josué: "A partir de hoy, empezaré a convertirte en un gran líder a los ojos de todos los israelitas. Sabrán que yo estoy contigo, tal como estuve con Moisés".

JOSUÉ 3:7 NTV

Pero yo levantaré a un sacerdote fiel, que hará mi voluntad y cumplirá mis deseos. Jamás le faltará descendencia, y vivirá una larga vida en presencia de mi ungido.

1 SAMUEL 2:35 NVI

Luego todas las tribus de Israel fueron a David en Hebrón y le dijeron: "Somos de la misma sangre. En el pasado, cuando Saúl era nuestro rey, en realidad era usted quien dirigía a las fuerzas de Israel. Y el Señor le dijo: 'Tú serás el pastor de mi pueblo Israel; tú serás el líder de Israel'".

2 SAMUEL 5:1-2 NTV

El Señor no quiso destruir a Judá porque le había prometido a su siervo David que sus descendientes seguirían gobernando, brillando como una lámpara por siempre.

2 REYES 8:19 NTV

Y ahora, Señor, Dios de Israel, cumple también la promesa que le hiciste a tu siervo, mi padre David, cuando le dijiste: "Si tus hijos observan una buena conducta, viviendo de acuerdo con mi ley como tú lo has hecho, nunca te faltará un descendiente que ocupe el trono de Israel en mi presencia". Señor, Dios de Israel, ¡confirma ahora esta promesa que le hiciste a tu siervo David!

2 CRÓNICAS 6:16-17 NVI

Yo, el Señor, te he llamado para manifestar mi justicia.
    Te tomaré de la mano y te protegeré,
y te daré a mi pueblo, los israelitas,
    como símbolo de mi pacto con ellos.

ISAÍAS 42:6 NTV

Y serás una luz para guiar a las naciones.
    Abrirás los ojos de los ciegos;
pondrás a los cautivos en libertad,
    soltando a los que están en calabozos oscuros.

ISAÍAS 42:6-7 NTV

Escúchenme, todos ustedes en tierras lejanas;
    presten atención, ustedes que están muy lejos.
El Señor me llamó desde antes que naciera;
    desde el seno de mi madre me llamó por mi nombre.

ISAÍAS 49:1 NTV

Pero el Señor me dijo:
"No digas: 'Soy muy joven', porque vas a ir adondequiera que yo te envíe, y vas a decir todo lo que yo te ordene".

JEREMÍAS 1:7 NVI

Jesús se acercó entonces a ellos y les dijo:
—Se me ha dado toda autoridad en el cielo y en la tierra. Por tanto, vayan y hagan discípulos de todas las naciones, bautizándolos en el nombre del Padre y del Hijo y del Espíritu Santo.

MATEO 28:18-19 NVI

Jesús los llamó: "Vengan, síganme, ¡y yo les enseñaré cómo pescar personas!".

MARCOS 1:17 NTV

—No temas; desde ahora serás pescador de hombres —le dijo Jesús a Simón.

LUCAS 5:10 NVI

A todo el que se le ha dado mucho, se le exigirá mucho; y al que se le ha confiado mucho, se le pedirá aún más.

LUCAS 12:48 NVI

Así como mi Padre me concedió un reino, yo ahora les concedo el derecho de comer y beber a mi mesa en mi reino, y se sentarán sobre tronos y juzgarán a las doce tribus de Israel.

LUCAS 22:29-30 NTV

Les digo la verdad, todo el que crea en mí hará las mismas obras que yo he hecho y aún mayores, porque voy a estar con el Padre.

JUAN 14:12 NTV

—¡La paz sea con ustedes! —repitió Jesús—. Como el Padre me envió a mí, así yo los envío a ustedes.

JUAN 20:21 NVI

A cada uno de nosotros se nos da un don espiritual para que nos ayudemos mutuamente.

1 CORINTIOS 12:7 NTV

Él mismo constituyó a unos, apóstoles; a otros, profetas; a otros, evangelistas; y a otros, pastores y maestros, a fin de capacitar al pueblo de Dios para la obra de servicio, para edificar el cuerpo de Cristo.

EFESIOS 4:11-12 NVI

Hermanos míos, no pretendan muchos de ustedes ser maestros, pues, como saben, seremos juzgados con más severidad.

SANTIAGO 3:1 NVI

Entonces Samuel tomó un frasco de aceite y lo derramó sobre la cabeza de Saúl. Luego lo besó y le dijo:
—¡Es el Señor quien te ha ungido para que gobiernes a su pueblo!

1 SAMUEL 10:1 NVI

Y el Señor dijo: Borraré de la faz de la tierra al hombre que he creado, desde el hombre hasta el ganado, los reptiles y las aves del cielo, porque me pesa haberlos hecho. Mas Noé halló gracia ante los ojos del Señor.

GÉNESIS 6:7-8 LBLA

Yo exigiré la sangre de cualquiera que le quite la vida a otra persona. Si un animal salvaje mata a una persona, ese animal debe morir; y cualquiera que asesine a otro ser humano debe morir. Si alguien quita una vida humana, la vida de esa persona también será quitada por manos humanas. Pues Dios hizo a los seres humanos a su propia imagen.

GÉNESIS 9:5-6 NTV

Mas la luz de los impíos es quitada de ellos,
Y el brazo enaltecido es quebrantado.

JOB 38:15 NVI

Los malvados conciben el mal;
    están preñados de dificultades
    y dan a luz mentiras.
Cavan una fosa profunda para atrapar a otros,
    luego caen en su propia trampa.
Los problemas que provocan a otros se vuelven en su contra;
    la violencia que maquinan les cae sobre su propia cabeza.

SALMOS 7:14-16 NTV

Hará llover carbones encendidos y azufre ardiente sobre los malvados,
    y los castigará con vientos abrasadores.

SALMOS 11:6 NTV

Dentro de poco los malvados dejarán de existir;
    por más que los busques, no los encontrarás.

SALMOS 37:10 NVI

Y castigaré al mundo por su maldad, y a los impíos por su iniquidad; y haré que cese la arrogancia de los soberbios, y abatiré la altivez de los fuertes.

ISAÍAS 13:11 RVR1960

Porque del corazón salen los malos pensamientos, los homicidios, los adulterios, la inmoralidad sexual, los robos, los falsos testimonios y las calumnias. Estas son las cosas que contaminan a la persona, y no el comer sin lavarse las manos.

MATEO 15:19-20 NVI

Y haré maravillas en los cielos y en la tierra:
sangre, fuego y columnas de humo.
El sol se oscurecerá
y la luna se pondrá roja como la sangre
antes de que llegue el grande y terrible día del Señor.

JOEL 2:30-31 NTV

Muéstrale tus prodigios,
como cuando lo sacaste de Egipto.

MIQUEAS 7:15 NVI

El Señor estaba con él y no dejó de mostrarle su amor. Hizo que se ganara la confianza del guardia de la cárcel.

GÉNESIS 39:21 NVI

Y al cabo del tiempo, cuando hayas vivido en medio de todas esas angustias y dolores, volverás al Señor tu Dios y escucharás su voz. Porque el Señor tu Dios es un Dios compasivo, que no te abandonará ni te destruirá, ni se olvidará del pacto que mediante juramento hizo con tus antepasados.

DEUTERONOMIO 4:30-31 NVI

Pero los israelitas rogaron al Señor diciendo: Hemos pecado. Castíganos como bien te parezca, pero rescátanos hoy de nuestros enemigos.

Entonces los israelitas dejaron los dioses ajenos para servir al Señor, y él se entristeció a causa del sufrimiento que experimentaban.

JUECES 10:15-16 NTV

No se alejen de él por seguir a ídolos inútiles, que no los pueden ayudar ni rescatar, pues no sirven para nada.

1 SAMUEL 12:21 NVI

El Señor le dijo: "Ya que procedes de este modo, y no has cumplido con mi pacto ni con los decretos que te he ordenado, puedes estar seguro de que te quitaré el reino y se lo daré a uno de tus siervos. No obstante, por consideración a tu padre David no lo haré mientras tú vivas, sino que lo arrancaré de la mano de tu hijo. Y a este, también por consideración a mi siervo David y a Jerusalén, no le quitaré todo el reino, sino que le dejaré una sola tribu, la cual ya he escogido".

1 REYES 11:11-13 NVI

Y ahora, Señor, Dios de Israel, cumple también la promesa que le hiciste a tu siervo, mi padre David, cuando le dijiste: "Si tus hijos observan una buena conducta, viviendo de acuerdo con mi ley como tú lo has hecho, nunca te faltará un descendiente que ocupe el trono de Israel en mi presencia". Señor, Dios de Israel, ¡confirma ahora esta promesa que le hiciste a tu siervo David!

2 CRÓNICAS 30:9 RVR1960

Me corona de amor y tiernas misericordias.

SALMOS 103:4B NTV

Tan grande es su amor por los que le temen
como alto es el cielo sobre la tierra.

SALMOS 103:11 NVI

Sin embargo, aun en aquellos días no los destruiré por completo —afirma el
Señor—.

JEREMÍAS 5:18 NVI

¿No es aún Israel mi hijo,
mi hijo querido? —dice el Señor—.
A menudo tengo que castigarlo,
pero aun así lo amo.
Por eso mi corazón lo anhela
y ciertamente le tendré misericordia.

JEREMÍAS 31:20 NTV

"En cambio, tendré compasión de la tribu de Judá, y la salvaré; pero no por
medio de arco, ni de espada ni de batallas, ni tampoco por medio de caballos y
jinetes, sino por medio del Señor su Dios".

OSEAS 1:7 NVI

"Yo la sembraré para mí en la tierra;
me compadeceré de la 'Indigna de compasión',
a 'Pueblo ajeno' lo llamaré: 'Pueblo mío';
y él me dirá: 'Mi Dios'".

OSEAS 2:23 NVI

No se desgarren la ropa en su dolor
sino desgarren sus corazones.
Regresen al Señor su Dios,
porque él es misericordioso y compasivo,
lento para enojarse y lleno de amor inagotable.
Está deseoso de desistir y no de castigar.

JOEL 2:13 NTV

Los que rinden culto a dioses falsos
le dan la espalda a todas las misericordias de Dios.

JONÁS 2:8 NTV

¿Dónde hay otro Dios como tú,
que perdona la culpa del remanente
y pasa por alto los pecados de su preciado pueblo?
No seguirás enojado con tu pueblo para siempre,
porque tú te deleitas en mostrar tu amor inagotable.

MIQUEAS 7:18 NTV

Por lo tanto, así dice el Señor:
"Volveré a compadecerme de Jerusalén.
Allí se reconstruirá mi templo,
y se extenderá el cordel de medir, afirma el Señor Todopoderoso".

ZACARÍAS 1:16 NVI

Bienaventurados los humildes, pues ellos heredarán la tierra.

MATEO 5:7 LBLA

Al oír esto, Jesús les contestó: No son los sanos los que necesitan médico, sino los enfermos. Pero vayan y aprendan qué significa esto: "Lo que pido de ustedes es misericordia y no sacrificios". Porque no he venido a llamar a justos, sino a pecadores.

MATEO 9:12-13 NVI

De generación en generación se extiende su misericordia a los que le temen.

LUCAS 1:50 NVI

Por lo tanto, la elección no depende del deseo ni del esfuerzo humano, sino de la misericordia de Dios.

ROMANOS 9:16 NVI

De hecho, en otro tiempo ustedes fueron desobedientes a Dios; pero ahora, por la desobediencia de los israelitas, han sido objeto de su misericordia. Así mismo, estos que han desobedecido recibirán misericordia ahora, como resultado de la misericordia de Dios hacia ustedes.

ROMANOS 11:30-31 NVI

Pero Dios, que es rico en misericordia, por su gran amor por nosotros, nos dio vida con Cristo, aun cuando estábamos muertos en pecados. ¡Por gracia ustedes han sido salvados!

EFESIOS 2:4-5 NVI

Sin embargo, cuando Dios nuestro Salvador dio a conocer su bondad y amor, él nos salvó, no por las acciones justas que nosotros habíamos hecho, sino por su misericordia. Nos lavó, quitando nuestros pecados, y nos dio un nuevo nacimiento y vida nueva por medio del Espíritu Santo.

TITO 3:4-5 NTV

Yo les perdonaré sus iniquidades,
y nunca más me acordaré de sus pecados.

HEBREOS 8:12 NVI

No habrá compasión para quienes no hayan tenido compasión de otros, pero si ustedes han sido compasivos, Dios será misericordioso con ustedes cuando los juzgue.

SANTIAGO 2:13 NTV

¡Alabado sea Dios, Padre de nuestro Señor Jesucristo! Por su gran misericordia, nos ha hecho nacer de nuevo mediante la resurrección de Jesucristo, para que tengamos una esperanza viva y recibamos una herencia indestructible, incontaminada e inmarchitable. Tal herencia está reservada en el cielo para ustedes.

1 PEDRO 1:3-4 NVI

Ustedes antes ni siquiera eran pueblo, pero ahora son pueblo de Dios; antes no habían recibido misericordia, pero ahora ya la han recibido.

1 PEDRO 2:10 NVI

Pero el Señor Dios le advirtió: "Puedes comer libremente del fruto de cualquier árbol del huerto, excepto del árbol del conocimiento del bien y del mal. Si comes de su fruto, sin duda morirás".

GÉNESIS 2:16-17 NTV

Llegarás a la tumba de edad avanzada,
    ¡como una gavilla de grano cosechada a su debido tiempo!

JOB 5:26 NTV

Pero en mi caso, Dios redimirá mi vida;
    me arrebatará del poder de la tumba.

SALMOS 49:15 NTV

Mucho valor tiene a los ojos del Señor
    la muerte de sus fieles.

SALMOS 116:15 NVI

El malvado cae por su propia maldad;
    el justo halla refugio en su integridad.

PROVERBIOS 14:32 NVI

El destruirá la muerte para siempre.

ISAÍAS 25:8A LBLA

Los bebés ya no morirán a los pocos días de haber nacido,
    ni los adultos morirán antes de haber tenido una vida plena.
Nunca más se considerará anciano a alguien que tenga cien años;
    solamente los malditos morirán tan jóvenes.

ISAÍAS 65:20 NTV

"¿Habré de rescatarlos del poder del sepulcro?
   ¿Los redimiré de la muerte?
¿Dónde están, oh muerte, tus plagas?
   ¿Dónde está, oh sepulcro, tu destrucción?
   ¡Vengan, que no les tendré misericordia!"

   OSEAS 13:14 NVI

Y les aseguro que se acerca el tiempo —de hecho, ya ha llegado— cuando los muertos oirán mi voz, la voz del Hijo de Dios, y los que escuchen, vivirán.

   JUAN 5:25 NTV

Ciertamente les aseguro que el que cumple mi palabra nunca morirá.

   JUAN 8:51 NVI

—Yo soy la resurrección y la vida. El que cree en mí vivirá, aunque muera; y todo el que vive y cree en mí no morirá jamás. ¿Crees esto?

   JUAN 11:25-26 NVI

Pues sabemos que Cristo, por haber sido levantado de entre los muertos, ya no puede volver a morir; la muerte ya no tiene dominio sobre él.

   ROMANOS 6:9 NVI

Lo cierto es que Cristo sí resucitó de los muertos. Él es el primer fruto de una gran cosecha, el primero de todos los que murieron.

   1 CORINTIOS 15:20 NTV

Pues nuestros cuerpos mortales tienen que ser transformados en cuerpos que nunca morirán; nuestros cuerpos mortales deben ser transformados en cuerpos inmortales.

Entonces, cuando nuestros cuerpos mortales hayan sido transformados en cuerpos que nunca morirán, se cumplirá la siguiente Escritura:

"La muerte es devorada en victoria.
Oh muerte, ¿dónde está tu victoria?
   Oh muerte, ¿dónde está tu aguijón?"

   1 CORINTIOS 15:53-55 NTV

Porque para mí el vivir es Cristo y el morir es ganancia.

   FILIPENSES 1:21 NVI

Hermanos, no queremos que ignoren lo que va a pasar con los que ya han muerto, para que no se entristezcan como esos otros que no tienen esperanza. ¿Acaso no creemos que Jesús murió y resucitó? Así también Dios resucitará con Jesús a los que han muerto en unión con él.

1 TESALONICENSES 4:13-14 NVI

Ahora todo esto él nos lo ha hecho evidente mediante la venida de Cristo Jesús, nuestro Salvador. Destruyó el poder de la muerte e iluminó el camino a la vida y a la inmortalidad por medio de la Buena Noticia.

2 TIMOTEO 1:10 NTV

Por tanto, ya que ellos son de carne y hueso, él también compartió esa naturaleza humana para anular, mediante la muerte, al que tiene el dominio de la muerte —es decir, al diablo—, y librar a todos los que por temor a la muerte estaban sometidos a esclavitud durante toda la vida.

HEBREOS 2:14-15 NVI

Y oí una voz del cielo que decía: "Escribe lo siguiente: benditos son los que de ahora en adelante mueran en el Señor. El Espíritu dice: 'Sí, ellos son en verdad benditos, porque descansarán de su arduo trabajo, ¡pues sus buenas acciones los siguen!'".

APOCALIPSIS 14:13 NTV

Mas a cuantos lo recibieron, a los que creen en su nombre, les dio el derecho de ser hijos de Dios. Estos no nacen de la sangre, ni por deseos naturales, ni por voluntad humana, sino que nacen de Dios.

JUAN 1:12-13 NVI

Ustedes bien saben que, por medio del bautismo, nos hemos unido a Cristo en su muerte. 4 Al ser bautizados, morimos y somos sepultados con él; pero morimos para nacer a una vida totalmente diferente. Eso mismo pasó con Jesús, cuando Dios el Padre lo resucitó con gran poder.

ROMANOS 6:3-4 TLA

Los que son espirituales pueden evaluar todas las cosas, pero ellos mismos no pueden ser evaluados por otros.

1 CORINTIOS 2:15 NTV

Por su propia voluntad nos hizo nacer mediante la palabra de verdad, para que fuéramos como los primeros y mejores frutos de su creación.

SANTIAGO 1:18 NVI

Si reconocen que Jesucristo es justo, reconozcan también que todo el que practica la justicia ha nacido de él.

1 JUAN 2:29 NVI

Ninguno que haya nacido de Dios practica el pecado, porque la semilla de Dios permanece en él; no puede practicar el pecado, porque ha nacido de Dios.

1 JUAN 3:9 NVI

Queridos hermanos, amémonos los unos a los otros, porque el amor viene de Dios, y todo el que ama ha nacido de él y lo conoce.

1 JUAN 4:7 NVI

Todo el que cree que Jesús es el Cristo ha nacido de Dios, y todo el que ama al padre ama también a sus hijos.

1 JUAN 5:1 NVI

Cuando Abram tenía noventa y nueve años, el Señor se le apareció y le dijo:

—Yo soy el Dios Todopoderoso. Vive en mi presencia y sé intachable. Así confirmaré mi pacto contigo, y multiplicaré tu descendencia en gran manera.

GÉNESIS 17:1-2 NVI

Les dijo: "Yo soy el Señor su Dios. Si escuchan mi voz y hacen lo que yo considero justo, y si cumplen mis leyes y mandamientos, no traeré sobre ustedes ninguna de las enfermedades que traje sobre los egipcios. Yo soy el Señor, que les devuelve la salud".

ÉXODO 15:26 NVI

"'Ahora bien, si me obedecen y cumplen mi pacto, ustedes serán mi tesoro especial entre todas las naciones de la tierra; porque toda la tierra me pertenece. Ustedes serán mi reino de sacerdotes, mi nación santa'. Este es el mensaje que debes transmitir a los hijos de Israel".

ÉXODO 19:5-6 NTV

"No te hagas ninguna clase de ídolo ni imagen de ninguna cosa que está en los cielos, en la tierra o en el mar. No te inclines ante ellos ni les rindas culto, porque yo, el Señor tu Dios, soy Dios celoso, quien no tolerará que entregues tu corazón a otros dioses. Extiendo los pecados de los padres sobre sus hijos; toda la familia de los que me rechazan queda afectada, hasta los hijos de la tercera y la cuarta generación. Pero derramo amor inagotable por mil generaciones sobre los que me aman y obedecen mis mandatos".

ÉXODO 20:4-6 NTV

Si obedecen mis decretos y mis ordenanzas, encontrarán vida por medio de ellos. Yo soy el Señor.

LEVÍTICO 18:5 NTV

Ustedes obedezcan mis estatutos y preceptos. Ni los nativos ni los extranjeros que vivan entre ustedes deben practicar ninguna de estas abominaciones, pues las practicaron los que vivían en esta tierra antes que ustedes, y la tierra se contaminó. Si ustedes contaminan la tierra, ella los vomitará como vomitó a las naciones que la habitaron antes que ustedes.

LEVÍTICO 18:26-28 NVI

Si siguen mis decretos y se aseguran de obedecer mis mandatos, les enviaré las lluvias de temporada. Entonces la tierra les dará sus cosechas y los árboles del campo producirán su fruto. La temporada de la trilla continuará aun después del comienzo de la cosecha de la uva, y la cosecha de la uva continuará aun después de la temporada de la siembra del grano. Comerán hasta saciarse y vivirán en seguridad dentro de su tierra.

LEVÍTICO 26:3-5 NTV

"Entonces recuerda lo siguiente y tenlo siempre presente: el Señor es Dios en los cielos y en la tierra, y no hay otro. Si obedeces todos los decretos y los mandatos que te entrego hoy, les irá bien en todo a ti y a tus hijos. Te doy estas instrucciones para que disfrutes de una larga vida en la tierra que el Señor tu Dios te da para siempre".

DEUTERONOMIO 4:39-40 NTV

Pero derramo amor inagotable por mil generaciones sobre los que me aman y obedecen mis mandatos.

DEUTERONOMIO 5:10 NTV

Tengan, pues, cuidado de hacer lo que el Señor su Dios les ha mandado; no se desvíen ni a la derecha ni a la izquierda. Sigan por el camino que el Señor su Dios les ha trazado, para que vivan, prosperen y disfruten de larga vida en la tierra que van a poseer.

DEUTERONOMIO 5:32-33 NVI

Escucha con atención, pueblo de Israel, y asegúrate de obedecer. Entonces todo te saldrá bien, y tendrás muchos hijos en la tierra donde fluyen la leche y la miel, tal como el Señor, Dios de tus antepasados, te lo prometió.

DEUTERONOMIO 6:3 NTV

Pero que destruye a quienes lo odian y no se tarda en darles su merecido. Por eso debes obedecer los mandamientos, los preceptos y las normas que hoy te mando que cumplas.

DEUTERONOMIO 7:10-11 NVI

Asegúrate de obedecer todos los mandatos que te entrego hoy. Entonces vivirás y te multiplicarás, y entrarás en la tierra que el Señor juró dar a tus antepasados y la poseerás.

DEUTERONOMIO 8:1 NTV

Por eso, cumplan todos los mandamientos que hoy les mando, para que sean fuertes y puedan cruzar el Jordán y tomar posesión de la tierra, y para que vivan mucho tiempo en esa tierra que el Señor juró dar a los antepasados de ustedes y a sus descendientes, tierra donde abundan la leche y la miel.

DEUTERONOMIO 11:8-9 NVI

Cuidado! No se dejen seducir. No se descarríen ni adoren a otros dioses, ni se inclinen ante ellos, porque entonces se encenderá la ira del Señor contra ustedes, y cerrará los cielos para que no llueva; el suelo no dará sus frutos, y pronto ustedes desaparecerán de la buena tierra que les da el Señor.

DEUTERONOMIO 11:16-17 NVI

Y sucederá que si obedeces diligentemente al Señor tu Dios, cuidando de cumplir todos sus mandamientos que yo te mando hoy, el Señor tu Dios te pondrá en alto sobre todas las naciones de la tierra.

DEUTERONOMIO 28:1 LBLA

Además, todas estas bendiciones vendrán sobre ti y te alcanzarán por haber obedecido al Señor tu Dios.

DEUTERONOMIO 28:2 DHH

El Señor te establecerá como su pueblo santo, conforme a su juramento, si cumples sus mandamientos y andas en sus caminos. Todas las naciones de la tierra te respetarán al reconocerte como el pueblo del Señor.

DEUTERONOMIO 28:9-10 NVI

Este mandamiento que hoy te ordeno obedecer no es superior a tus fuerzas ni está fuera de tu alcance. ¡No! La palabra está muy cerca de ti; la tienes en la boca y en el corazón, para que la obedezcas.

DEUTERONOMIO 30:11, 14 NVI

Si ustedes y el rey que los gobierne temen al Señor su Dios, y le sirven y le obedecen, acatando sus mandatos y manteniéndose fieles a él, ¡magnífico! En cambio, si lo desobedecen y no acatan sus mandatos, él descargará su mano sobre ustedes como la descargó contra sus antepasados.

1 SAMUEL 12:14-15 NVI

Pero los exhorto a temer al Señor y a servirle fielmente y de todo corazón, recordando los grandes beneficios que él ha hecho en favor de ustedes. Si persisten en la maldad, tanto ustedes como su rey serán destruidos.

1 SAMUEL 12:24-25 NVI

Pero Samuel respondió:
—¿Qué es lo que más le agrada al Señor:
    tus ofrendas quemadas y sacrificios,
    o que obedezcas a su voz?
¡Escucha! La obediencia es mejor que el sacrificio,
    y la sumisión es mejor que ofrecer la grasa de carneros.

1 SAMUEL 15:22 NTV

Y si tú anduvieres delante de mí como anduvo David tu padre, en integridad de corazón y en equidad, haciendo todas las cosas que yo te he mandado, y guardando mis estatutos y mis decretos, yo afirmaré el trono de tu reino sobre Israel para siempre, como hablé a David tu padre, diciendo: No faltará varón de tu descendencia en el trono de Israel.

1 REYES 9:4-5 RVR1960

Si haces todo lo que te ordeno, y sigues mis caminos, haciendo lo que me agrada y cumpliendo mis decretos y mandamientos, como lo hizo David mi siervo, estaré contigo. Estableceré para ti una dinastía tan firme como la que establecí para David; y te daré Israel.

1 REYES 11:38 NVI

"Estableceré su reino para siempre si se mantiene firme en cumplir mis mandamientos y mis ordenanzas, como en este día."

1 CRÓNICAS 28:7 LBLA

En cuanto a ti, si me sigues como lo hizo tu padre David, y me obedeces en todo lo que yo te ordene y cumples mis decretos y leyes, yo afirmaré tu trono real, como pacté con tu padre David cuando le dije: "Nunca te faltará un descendiente en el trono de Israel".

2 CRÓNICAS 7:17-18 NVI

Les hace prestar oído a la corrección
    y les pide apartarse del mal.
Si ellos le obedecen y le sirven,
    pasan el resto de su vida en prosperidad,
    pasan felices los años que les quedan.
Pero, si no le hacen caso,
    sin darse cuenta cruzarán el umbral de la muerte.

JOB 36:10-12 NVI

Quien me ofrece su gratitud, me honra;
    al que enmiende su conducta le mostraré mi salvación.

SALMOS 50:23 NVI

¡Qué feliz es el que teme al Señor,
    todo el que sigue sus caminos!
Gozarás del fruto de tu trabajo;
    ¡qué feliz y próspero serás!

SALMOS 128:1-2 NTV

Y ahora, hijos míos, escúchenme:
    dichosos los que van por mis caminos.

PROVERBIOS 8:32 NVI

La honestidad guía a la gente buena;
    la deshonestidad destruye a los traicioneros.

PROVERBIOS 11:3 NTV

Aquí culmina el relato. Mi conclusión final es la siguiente: teme a Dios y obedece sus mandatos, porque ese es el deber que tenemos todos.

ECLESIASTÉS 12:13 NTV

¿Están ustedes dispuestos a obedecer? ¡Comerán lo mejor de la tierra!

ISAÍAS 1:19 NVI

Así dice el Señor:
"Observen el derecho y practiquen la justicia,
porque mi salvación está por llegar;
  mi justicia va a manifestarse.
Dichoso el que así actúa,
  y se mantiene firme en sus convicciones;
el que observa el sábado sin profanarlo,
  y se cuida de hacer lo malo".

ISAÍAS 56:1-2 NVI

Pues esto dice el Señor:
Bendeciré a los eunucos que guardan como santos mis días de descanso,
que deciden hacer lo que a mí me agrada
  y me entregan su vida.
Les daré —dentro de las paredes de mi casa—
  un recordatorio y un nombre,
  mucho más grande del que hijos o hijas pudieran darles.
Pues el nombre que les doy es eterno,
  ¡nunca desaparecerá!

ISAÍAS 56:4-5 NTV

Compartan su comida con los hambrientos
  y den refugio a los que no tienen hogar;
denles ropa a quienes la necesiten
  y no se escondan de parientes que precisen su ayuda.
Entonces su salvación llegará como el amanecer,
  y sus heridas sanarán con rapidez;
su justicia los guiará hacia adelante
  y atrás los protegerá la gloria del Señor.

ISAÍAS 58:7-8 NTV

Así dice el Señor:
Como cuando se encuentra mosto en el racimo
y alguien dice: "No lo destruyas,
porque en él hay bendición",
así haré yo por mis siervos
para no destruirlos a todos.
Sacaré de Jacob descendencia
y de Judá heredero de mis montes;
mis escogidos la heredarán,
y mis siervos morarán allí.

ISAÍAS 65:8-9 LBLA

Corran por todas las calles de Jerusalén —dice el Señor—,
    busquen arriba y abajo, ¡busquen por toda la ciudad!
Si encuentran aunque sea a una sola persona justa y honrada
    no destruiré la ciudad.

JEREMÍAS 5:1 NTV

Si en verdad enmiendan su conducta y sus acciones, si en verdad practican la justicia los unos con los otros, si no oprimen al extranjero ni al huérfano ni a la viuda, si no derraman sangre inocente en este lugar, ni siguen a otros dioses para su propio mal, entonces los dejaré seguir viviendo en este país, en la tierra que di a sus antepasados para siempre.

JEREMÍAS 7:5-7 NVI

Esto les dije: "Obedézcanme, y yo seré su Dios, y ustedes serán mi pueblo. ¡Hagan todo lo que les diga y les irá bien!".

JEREMÍAS 7:23 NTV

Jeremías le contestó:
—Obedezca Su Majestad la voz del Señor que yo le estoy comunicando, y no caerá en manos de los babilonios. Así le irá bien a usted, y salvará su vida.

JEREMÍAS 38:20 NVI

Obedece mis decretos y cumple fielmente mis leyes. Tal persona es justa, y ciertamente vivirá. Lo afirma el Señor omnipotente.

EZEQUIEL 18:9 NVI

Allí en el desierto les dije a sus descendientes: "No sigan los preceptos de sus padres; no obedezcan sus leyes ni se contaminen con sus ídolos. Yo soy el Señor su Dios. Sigan mis decretos, obedezcan mis leyes".

EZEQUIEL 20:18-19 NVI

Infundiré mi Espíritu en ustedes, y haré que sigan mis preceptos y obedezcan mis leyes.

EZEQUIEL 36:27 NVI

¡No! Oh pueblo, el Señor te ha dicho lo que es bueno,
    y lo que él exige de ti:
que hagas lo que es correcto, que ames la compasión
    y que camines humildemente con tu Dios.

MIQUEAS 6:8 NTV

—Dichosos más bien —contestó Jesús— los que oyen la palabra de Dios y la obedecen.

LUCAS 11:28 NVI

—Mi enseñanza no es mía —replicó Jesús—, sino del que me envió. El que esté dispuesto a hacer la voluntad de Dios reconocerá si mi enseñanza proviene de Dios o si yo hablo por mi propia cuenta.

JUAN 7:16-17 NVI

El que es de Dios escucha lo que Dios dice. Pero ustedes no escuchan, porque no son de Dios.

JUAN 8:47 NVI

Si alguno escucha mis palabras, pero no las obedece, no seré yo quien lo juzgue; pues no vine a juzgar al mundo, sino a salvarlo. El que me rechaza y no acepta mis palabras tiene quien lo juzgue. La palabra que yo he proclamado lo condenará en el día final. Yo no he hablado por mi propia cuenta; el Padre que me envió me ordenó qué decir y cómo decirlo.

JUAN 12:47-49 NVI

Ustedes son mis amigos si hacen lo que yo les mando.

JUAN 15:14 NVI

Por último, hermanos, consideren bien todo lo verdadero, todo lo respetable, todo lo justo, todo lo puro, todo lo amable, todo lo digno de admiración, en fin, todo lo que sea excelente o merezca elogio. Pongan en práctica lo que de mí han aprendido, recibido y oído, y lo que han visto en mí, y el Dios de paz estará con ustedes.

FILIPENSES 4:8-9 NVI

¿Cómo sabemos si hemos llegado a conocer a Dios? Si obedecemos sus mandamientos.

1 JUAN 2:3 NVI

Porque nada de lo que hay en el mundo —los malos deseos del cuerpo, la codicia de los ojos y la arrogancia de la vida— proviene del Padre, sino del mundo. El mundo se acaba con sus malos deseos, pero el que hace la voluntad de Dios permanece para siempre.

1 JUAN 2:16-17 NVI

Y este es su mandamiento: que creamos en el nombre de su Hijo Jesucristo, y que nos amemos los unos a los otros, pues así lo ha dispuesto. El que obedece sus mandamientos permanece en Dios, y Dios en él. ¿Cómo sabemos que él permanece en nosotros? Por el Espíritu que nos dio.

1 JUAN 3:23-24 NVI

Amar a Dios significa obedecer sus mandamientos, y sus mandamientos no son una carga difícil de llevar.

1 JUAN 5:3 NTV

Todo el que se desvía y no permanece en la enseñanza de Cristo, no tiene a Dios; el que permanece en la enseñanza tiene tanto al Padre como al Hijo.

2 JUAN 9 LBLA

"Dichoso el que cumple las palabras del mensaje profético de este libro".

APOCALIPSIS 22:7 NVI

Bienaventurados los que lavan sus vestiduras para tener derecho al árbol de la vida y para entrar por las puertas a la ciudad. Afuera están los perros, los hechiceros, los inmorales, los asesinos, los idólatras y todo el que ama y practica la mentira.

APOCALIPSIS 22:14-15 LBLA

¿Qué otra nación hay tan grande como la nuestra? ¿Qué nación tiene dioses tan cerca de ella como lo está de nosotros el Señor nuestro Dios cada vez que lo invocamos?

DEUTERONOMIO 4:7 NVI

Elí respondió y dijo: Ve en paz, y el Dios de Israel te otorgue la petición que le has hecho.

1 SAMUEL 1:17 RVR1960

Él fue quien oró al Dios de Israel diciendo: "¡Ay, si tú me bendijeras y extendieras mi territorio! ¡Te ruego que estés conmigo en todo lo que haga, y líbrame de toda dificultad que me cause dolor!"; y Dios le concedió lo que pidió.

1 CRÓNICAS 4:10 NTV

Mantendré abiertos mis ojos, y atentos mis oídos a las oraciones que se eleven en este lugar. Desde ahora y para siempre escojo y consagro este templo para habitar en él. Mis ojos y mi corazón siempre estarán allí.

2 CRÓNICAS 7:15-16 NVI

En el Todopoderoso te deleitarás;
    ante Dios levantarás tu rostro.
Cuando ores, él te escuchará,
    y tú le cumplirás tus votos.

JOB 22:26-27 NVI

No pequen al dejar que el enojo los controle;
    reflexionen durante la noche y quédense en silencio.

SALMOS 4:3 NTV

Por la mañana, Señor, escuchas mi clamor;
    por la mañana te presento mis ruegos,
    y quedo a la espera de tu respuesta.

SALMOS 5:3 NVI

El Señor ha escuchado mi ruego;
el Señor responderá a mi oración.
SALMOS 6:9 NTV

A ti clamo, Señor, roca mía;
no te desentiendas de mí,
porque, si guardas silencio,
ya puedo contarme entre los muertos.
SALMOS 28:1 NVI

Mañana, tarde y noche
clamo angustiado, y él me escucha.
SALMOS 55:17 NVI

¡Dios, que reina para siempre,
habrá de oírme y los afligirá!
Esa gente no cambia de conducta,
no tiene temor de Dios.
SALMOS 55:19 NVI

Tú, oh Dios y Salvador nuestro,
nos respondes con imponentes obras de justicia.
SALMOS 65:5 NVI

En el día de mi angustia te invoco,
porque tú me respondes.
SALMOS 86:7 NVI

Él me invocará, y yo le responderé;
estaré con él en momentos de angustia;
lo libraré y lo llenaré de honores.
SALMOS 91:15 NVI

Escuchará las oraciones de los desposeídos;
no rechazará sus ruegos.
SALMOS 102:17 NTV

A voz en cuello, al Señor le pido ayuda;
a voz en cuello, al Señor le pido compasión.
Ante él expongo mis quejas;
ante él expreso mis angustias.
Cuando ya no me queda aliento,
tú me muestras el camino.
Por la senda que transito
algunos me han tendido una trampa.

SALMOS 142:1-3 NVI

El Señor está cerca de quienes lo invocan,
de quienes lo invocan en verdad.

SALMOS 145:18 NVI

El sacrificio de los impíos es abominación al Señor,
mas la oración de los rectos es su deleite.

PROVERBIOS 15:8 LBLA

El Señor se mantiene lejos de los impíos,
pero escucha las oraciones de los justos.

PROVERBIOS 15:29 NVI

Oh pueblo de Sion, morador de Jerusalén, no llorarás más. Ciertamente se
apiadará de ti a la voz de tu clamor; cuando la oiga, te responderá.

ISAÍAS 30:19 LBLA

Ve y di a Ezequías: "Así dice el Señor, Dios de tu padre David: 'He escuchado tu
oración y he visto tus lágrimas; he aquí, añadiré quince años a tus días. Y te libraré
a ti y a esta ciudad de la mano del rey de Asiria, y defenderé esta ciudad.'"

ISAÍAS 38:5-6 LBLA

Entonces invocarás, y el Señor responderá;
clamarás, y El dirá: "Heme aquí."
Si quitas de en medio de ti el yugo,
el amenazar con el dedo y el hablar iniquidad.

ISAÍAS 58:9 LBLA

Antes que me llamen,
yo les responderé;
todavía estarán hablando
cuando ya los habré escuchado.

ISAÍAS 65:24 NVI

Entonces ustedes me invocarán, y vendrán a suplicarme, y yo los escucharé. Me buscarán y me encontrarán cuando me busquen de todo corazón.

JEREMÍAS 29:12-13 NVI

"Clama a mí y te responderé, y te daré a conocer cosas grandes y ocultas que tú no sabes".

JEREMÍAS 33:3 NVI

En mi gran aflicción clamé al Señor
y él me respondió.
Desde la tierra de los muertos te llamé,
¡y tú, Señor, me escuchaste!

JONÁS 2:2 NTV

Entonces ellos me invocarán
y yo les responderé.
Yo diré: "Ellos son mi pueblo",
y ellos dirán: "El Señor es nuestro Dios".

ZACARÍAS 13:9 NVI

Pero tú, cuando te pongas a orar, entra en tu cuarto, cierra la puerta y ora a tu Padre, que está en lo secreto. Así tu Padre, que ve lo que se hace en secreto, te recompensará.

MATEO 6:6 NVI

No seas como ellos, porque tu Padre sabe exactamente lo que necesitas, incluso antes de que se lo pidas.

MATEO 6:8 NTV

Pidan, y se les dará; busquen, y encontrarán; llamen, y se les abrirá. Porque todo el que pide, recibe; el que busca, encuentra; y al que llama, se le abre.

MATEO 7:7-8 NVI

Les aseguro que si dos de ustedes se ponen de acuerdo, aquí en la tierra, para pedirle algo a Dios que está en el cielo, él se lo dará. Porque allí donde dos o tres de ustedes se reúnan en mi nombre, allí estaré yo.

MATEO 18:19-20 TLA

Les digo, ustedes pueden orar por cualquier cosa y si creen que la han recibido, será suya.

MARCOS 11:24 NTV

Así que yo les digo: Pidan, y se les dará; busquen, y encontrarán; llamen, y se les abrirá la puerta. Porque todo el que pide recibe; el que busca encuentra; y al que llama, se le abre.

LUCAS 11:9-10 NVI

Pueden pedir cualquier cosa en mi nombre, y yo la haré, para que el Hijo le dé gloria al Padre.

JUAN 14:13 NTV

Si ustedes permanecen en mí y mis palabras permanecen en ustedes, pueden pedir lo que quieran, ¡y les será concedido!

JUAN 15:7 NTV

Cuando venga ese día, ustedes ya no me preguntarán nada. Les aseguro que, por ser mis discípulos, mi Padre les dará todo lo que pidan. Hasta ahora ustedes no han pedido nada en mi nombre. Háganlo, y Dios les dará lo que pidan; así serán completamente felices.

JUAN 16:23-24 TLA

En él, mediante la fe, disfrutamos de libertad y confianza para acercarnos a Dios.

EFESIOS 3:12 NVI

Codiciáis y no tenéis, *por eso* cometéis homicidio. Sois envidiosos y no podéis obtener, *por eso* combatís y hacéis guerra. No tenéis, porque no pedís. Pedís y no recibís, porque pedís con malos propósitos, para gastar*lo* en vuestros placeres.

SANTIAGO 4:2-3 LBLA

Pero ahora se jactan en sus fanfarronerías. Toda esta jactancia es mala.

SANTIAGO 5:16 NVI

De igual manera, ustedes esposos, sean comprensivos en su vida conyugal, tratando cada uno a su esposa con respeto, ya que como mujer es más delicada, y ambos son herederos del grato don de la vida. Así nada estorbará las oraciones de ustedes.

1 PEDRO 3:7 NVI

Los ojos del Señor están sobre los que hacen lo bueno,
    y sus oídos están abiertos a sus oraciones.
Pero el Señor aparta su rostro
    de los que hacen lo malo.

1 PEDRO 3:12 NTV

Queridos amigos, si no nos sentimos culpables, podemos acercarnos a Dios con plena confianza. Y recibiremos de él todo lo que le pidamos porque lo obedecemos y hacemos las cosas que le agradan.

1 JUAN 3:21-22 NTV

Y esta es la confianza que tenemos delante de El, que si pedimos cualquier cosa conforme a su voluntad, El nos oye.

1 JUAN 5:14 LBLA

Encamíname en tu verdad, ¡enséñame!
Tú eres mi Dios y Salvador;
¡en ti pongo mi esperanza todo el día!

SALMOS 25:5 NVI

Esperamos confiados en el Señor;
él es nuestro socorro y nuestro escudo.
En él se regocija nuestro corazón,
porque confiamos en su santo nombre.

SALMOS 33:20-21 NVI

Pues a ti te espero, oh Señor.
Tú debes responder por mí, oh Señor mi Dios.

SALMOS 38:15 NTV

Solo en Dios halla descanso mi alma;
de él viene mi esperanza.

SALMOS 62:5 NVI

Fuera de ti, desde tiempos antiguos
nadie ha escuchado ni percibido,
ni ojo alguno ha visto,
a un Dios que, como tú,
actúe en favor de quienes en él confían.

ISAÍAS 64:4 NVI

Bueno es el Señor con quienes en él confían,
con todos los que lo buscan.
Bueno es esperar calladamente
que el Señor venga a salvarnos.

LAMENTACIONES 3:25-26 NVI

Pero yo he puesto mi esperanza en el Señor;
yo espero en el Dios de mi salvación.
¡Mi Dios me escuchará!

MIQUEAS 7:7 NVI

El Señor no se tarda en cumplir su promesa, según algunos entienden la tardanza, sino que es paciente para con vosotros, no queriendo que nadie perezca, sino que todos vengan al arrepentimiento.

2 PEDRO 3:9 LBLA

Y recuerden que la paciencia de nuestro Señor da tiempo para que la gente sea salva.

2 PEDRO 3:15 NTV

Entonces habló Dios a Noé y a sus hijos *que estaban* con él, diciendo: He aquí, yo establezco mi pacto con vosotros, y con vuestra descendencia después de vosotros, y con todo ser viviente que está con vosotros: aves, ganados y todos los animales de la tierra que están con vosotros; todos los que han salido del arca, todos los animales de la tierra. Yo establezco mi pacto con vosotros, y nunca más volverá a ser exterminada toda carne por las aguas del diluvio, ni habrá más diluvio para destruir la tierra.

GÉNESIS 9:8–11 LBLA

Y dijo Dios: Esta es la señal del pacto que hago entre yo y vosotros y todo ser viviente que está con vosotros, por todas las generacione: pongo mi arco en las nubes y será por señal del pacto entre yo y la tierra. Y acontecerá que cuando haga venir nubes sobre la tierra, se verá el arco en las nubes, y me acordaré de mi pacto que hay entre yo y vosotros y entre todo ser viviente de toda carne; y nunca más se convertirán las aguas en diluvio para destruir toda carne. Cuando el arco esté en las nubes, lo miraré para acordarme del pacto eterno entre Dios y todo ser viviente de toda carne que está sobre la tierra.

GÉNESIS 9:12–16 LBLA

"Yo confirmaré mi pacto contigo y con tus descendientes después de ti, de generación en generación. Este es el pacto eterno: yo siempre seré tu Dios y el Dios de todos tus descendientes, y les daré a ti y a tus descendientes toda la tierra de Canaán, donde ahora vives como extranjero. Será posesión de ellos para siempre, y yo seré su Dios".

GÉNESIS 17:7–8 NTV

El Señor dijo:
"Pongan atención: yo hago ahora una alianza ante todo tu pueblo. Voy a hacer cosas maravillosas que no han sido hechas en ninguna otra nación de la tierra, y toda la gente entre la que ustedes se encuentran verá lo que el Señor puede hacer, pues será maravilloso lo que yo haré con ustedes".

ÉXODO 34:10 DHH

Si prestas atención a estas normas, y las cumples y las obedeces, entonces el Señor tu Dios cumplirá el pacto que bajo juramento hizo con tus antepasados, y te mostrará su amor fiel.

DEUTERONOMIO 7:12 NVI

Pero no es solo contigo que hago este pacto con sus maldiciones. Lo hago tanto contigo, que hoy estás en la presencia del Señor tu Dios, como también con las generaciones futuras, que no están aquí hoy.

DEUTERONOMIO 29:14-15 NTV

Porque tú estableciste a tu pueblo Israel por pueblo tuyo para siempre; y tú, oh Jehová, fuiste a ellos por Dios.

2 SAMUEL 7:24 RVR1960

Sin embargo, el Señor tuvo misericordia de ellos. Por causa del pacto que había hecho con Abraham, Isaac y Jacob, se compadeció de los israelitas y los preservó, y hasta el día de hoy no ha querido destruirlos ni arrojarlos de su presencia.

2 REYES 13:23 NVI

Él se acuerda siempre de su pacto,
    de la palabra que dio a mil generaciones;
del pacto que hizo con Abraham,
    y del juramento que le hizo a Isaac,

1 CRÓNICAS 16:15-16 NVI

Adoptaste a Israel para que fuera tu pueblo para siempre, y para que tú, Señor, fueras su Dios.

1 CRÓNICAS 17:22 NVI

Mas Jehová no quiso destruir la casa de David, a causa del pacto que había hecho con David, y porque le había dicho que le daría lámpara a él y a sus hijos perpetuamente.

2 CRÓNICAS 21:7 RVR1960

¡Escucha mi oración! Mírame y verás que oro día y noche por tu pueblo Israel. Confieso que hemos pecado contra ti. ¡Es cierto, incluso mi propia familia y yo hemos pecado!

NEHEMÍAS 1:6 NTV

Eres el Señor Dios, quien eligió a Abram y lo sacó de Ur de los caldeos y le dio un nuevo nombre, Abraham. Cuando demostró ser fiel, hiciste un pacto con él para darle a él y a sus descendientes la tierra de los cananeos, de los hititas, de los amorreos, de los ferezeos, de los jebuseos y de los gergeseos; y has cumplido lo que prometiste, porque tú siempre eres fiel a tu palabra.

NEHEMÍAS 9:7-8 NTV

Yo proclamaré el decreto del Señor:
"Tú eres mi hijo", me ha dicho;
"hoy mismo te he engendrado.
Pídeme,
y como herencia te entregaré las naciones;
¡tuyos serán los confines de la tierra!"

SALMOS 2:7-8 NVI

Dijiste: "He hecho un pacto con mi escogido;
le he jurado a David mi siervo:
'Estableceré tu dinastía para siempre,
y afirmaré tu trono por todas las generaciones'".

SALMOS 89:3-4 NVI

Y él clamará a mí: "Tú eres mi Padre,
mi Dios y la Roca de mi salvación".
Lo convertiré en mi primer hijo varón,
el rey más poderoso de la tierra.
Lo amaré y le daré mi bondad para siempre;
mi pacto con él nunca tendrá fin.

SALMOS 89:26-28 NTV

Él siempre tiene presente su pacto,
la palabra que ordenó para mil generaciones.
Es el pacto que hizo con Abraham,
el juramento que le hizo a Isaac.
Se lo confirmó a Jacob como un decreto,
a Israel como un pacto eterno

SALMOS 105:8-10 NVI

Y este es mi pacto con ellos —dice el Señor—. Mi Espíritu no los dejará, ni tampoco estas palabras que les he dado. Estarán en sus labios y en los labios de sus hijos, y de los hijos de sus hijos, para siempre. ¡Yo, el Señor, he hablado!

ISAÍAS 59:21 NTV

"Se acerca el día —dice el Señor—, en que haré un nuevo pacto con el pueblo de Israel y de Judá. Este pacto no será como el que hice con sus antepasados cuando los tomé de la mano y los saqué de la tierra de Egipto. Ellos rompieron ese pacto, a pesar de que los amé como un hombre ama a su esposa", dice el Señor.

JEREMÍAS 31:31-32 NTV

Haré con ellos un pacto eterno, por el que no me apartaré de ellos, para hacerles bien, e infundiré mi temor en sus corazones para que no se aparten de mí. Me regocijaré en ellos haciéndoles bien, y ciertamente los plantaré en esta tierra, con todo mi corazón y con toda mi alma.

JEREMÍAS 32:40-41 LBLA

Y oré a Jehová mi Dios e hice confesión diciendo:
Ahora, Señor, Dios grande, digno de ser temido, que guardas el pacto y la misericordia con los que te aman y guardan tus mandamientos.

DANIEL 9:4 RVR1960

Aquel día haré en tu favor un pacto
   con los animales del campo,
con las aves de los cielos
   y con los reptiles de la tierra.
Eliminaré del país arcos, espadas y guerra,
   para que todos duerman seguros.
Yo te haré mi esposa para siempre,
   y te daré como dote el derecho y la justicia,
   el amor y la compasión.
Te daré como dote mi fidelidad,
   y entonces conocerás al Señor.

OSEAS 2:18-20 NVI

Hermanos, quiero que entiendan este misterio para que no se vuelvan presuntuosos. Parte de Israel se ha endurecido, y así permanecerá hasta que haya entrado la totalidad de los gentiles. De esta manera todo Israel será salvo, como está escrito:

"El redentor vendrá de Sión
    y apartará de Jacob la impiedad.
Y este será mi pacto con ellos
    cuando perdone sus pecados".

ROMANOS 11:25-27 NVI

Pero ahora a Jesús, nuestro Sumo Sacerdote, se le ha dado un ministerio que es muy superior al sacerdocio antiguo porque él es mediador a nuestro favor de un mejor pacto con Dios basado en promesas mejores.

HEBREOS 8:6 NTV

Pero este es el nuevo pacto que haré
    con el pueblo de Israel en ese día, dice el Señor:
Pondré mis leyes en su mente
    y las escribiré en su corazón.
Yo seré su Dios,
    y ellos serán mi pueblo.

HEBREOS 8:10 NTV

Por eso él es el mediador de un nuevo pacto entre Dios y la gente, para que todos los que son llamados puedan recibir la herencia eterna que Dios les ha prometido. Pues Cristo murió para librarlos del castigo por los pecados que habían cometido bajo ese primer pacto.

HEBREOS 9:15 NTV

Y haré con ellos un pacto de paz. Será un pacto eterno. Haré que se multipliquen, y para siempre colocaré mi santuario en medio de ellos.

EZEQUIEL 37:26 NVI

Y a ti te daré descanso de todos tus enemigos.

2 SAMUEL 7:11 NVI

Pero tendrás un hijo que será un hombre pacífico; yo haré que los países vecinos que sean sus enemigos lo dejen en paz; por eso se llamará Salomón. Durante su reinado, yo le daré a Israel paz y tranquilidad.

1 CRÓNICAS 22:9 NVI

Pues aun con las piedras del campo tendrás tu pacto,
Y las fieras del campo estarán en paz contigo.

JOB 5:23 RVR1960

El Señor bendice a su pueblo con la paz.

SALMOS 29:11B NVI

Los humildes poseerán la tierra
    y vivirán en paz y prosperidad.

SALMOS 37:11 NTV

Mas el que me oyere, habitará confiadamente
Y vivirá tranquilo, sin temor del mal.

PROVERBIOS 1:33 RVR1960

Juzgará entre las naciones,
    y hará decisiones por muchos pueblos.
Forjarán sus espadas en rejas de arado,
    y sus lanzas en podaderas.
No alzará espada nación contra nación,
    ni se adiestrarán más para la guerra.

ISAÍAS 2:4 LBLA

El lobo vivirá con el cordero,
    el leopardo se echará con el cabrito,
y juntos andarán el ternero y el cachorro de león,
    y un niño pequeño los guiará.
La vaca pastará con la osa,
    sus crías se echarán juntas,
    y el león comerá paja como el buey.
Jugará el niño de pecho
    junto a la cueva de la cobra,
y el recién destetado meterá la mano
    en el nido de la víbora.
No harán ningún daño ni estrago
    en todo mi monte santo,
porque rebosará la tierra
    con el conocimiento del Señor
    como rebosa el mar con las aguas.

    ISAÍAS 11:6-9 NVI

¡Tú guardarás en perfecta paz
    a todos los que confían en ti;
    a todos los que concentran en ti sus pensamientos!

    ISAÍAS 26:3 NTV

El producto de la justicia será la paz;
    tranquilidad y seguridad perpetuas serán su fruto.

    ISAÍAS 32:17 NVI

El Señor mismo instruirá a todos tus hijos,
    y grande será su bienestar.

    ISAÍAS 54:13 NVI

"El lobo y el cordero pacerán juntos;
    el león comerá paja como el buey,
    y la serpiente se alimentará de polvo.
En todo mi monte santo
    no habrá quien haga daño ni destruya", dice el Señor.

    ISAÍAS 65:25 NVI

Estableceré con ellas un pacto de paz: haré desaparecer del país a las bestias feroces, para que mis ovejas puedan habitar seguras en el desierto y dormir tranquilas en los bosques.

EZEQUIEL 34:25 NVI

El Señor mediará entre los pueblos
y resolverá conflictos entre naciones poderosas y lejanas.
Ellos forjarán sus espadas para convertirlas en rejas de arado
y sus lanzas en podaderas.
No peleará más nación contra nación,
ni seguirán entrenándose para la guerra.

MIQUEAS 4:3 NTV

¡Él traerá la paz!
Si Asiria llegara a invadir nuestro país
para pisotear nuestras fortalezas,
le haremos frente con siete pastores,
y aun con ocho líderes del pueblo.

MIQUEAS 5:5 NVI

"La futura gloria de este templo será mayor que su pasada gloria, dice el Señor de los Ejércitos Celestiales, y en este lugar, traeré paz. ¡Yo, el Señor de los Ejércitos Celestiales, he hablado!".

HAGEO 2:9 NTV

Dios bendice a los que procuran la paz,
porque serán llamados hijos de Dios.

MATEO 5:9 NTV

La paz les dejo; mi paz les doy. Yo no se la doy a ustedes como la da el mundo. No se angustien ni se acobarden.

JUAN 14:27 NVI

Por lo tanto, ya que fuimos declarados justos a los ojos de Dios por medio de la fe, tenemos paz con Dios gracias a lo que Jesucristo nuestro Señor hizo por nosotros.

ROMANOS 5:1 NTV

Cristo les trajo la Buena Noticia de paz tanto a ustedes, los gentiles, que estaban lejos de él, como a los judíos, que estaban cerca.

EFESIOS 2:17 NTV

No se inquieten por nada; más bien, en toda ocasión, con oración y ruego, presenten sus peticiones a Dios y denle gracias. Y la paz de Dios, que sobrepasa todo entendimiento, cuidará sus corazones y sus pensamientos en Cristo Jesús.

FILIPENSES 4:6-7 NVI

"Por causa de lo que has hecho,
   ¡maldita serás entre todos los animales,
   tanto domésticos como salvajes!
Te arrastrarás sobre tu vientre, y comerás polvo todos los días de tu vida.
Pondré enemistad entre tú y la mujer, y entre tu simiente y la de ella;
   su simiente te aplastará la cabeza, pero tú le morderás el talón".
   GÉNESIS 3:14–15 NVI

Si hicieras lo bueno, podrías andar con la frente en alto. Pero, si haces lo malo, el pecado te acecha, como una fiera lista para atraparte. No obstante, tú puedes dominarlo.
   GÉNESIS 4:7 NVI

Pero como Abimélec todavía no se había acostado con ella, le contestó:
—Señor, ¿acaso vas a matar al inocente? Como Abraham me dijo que ella era su hermana, y ella me lo confirmó, yo hice todo esto de buena fe y sin mala intención.
—Sí, ya sé que has hecho todo esto de buena fe —le respondió Dios en el sueño—; por eso no te permití tocarla, para que no pecaras contra mí. Pero ahora devuelve esa mujer a su esposo, porque él es profeta y va a interceder por ti para que vivas. Si no lo haces, ten por seguro que morirás junto con todos los tuyos.
   GÉNESIS 20:3–7 NVI

El Señor le respondió a Moisés:
—Solo borraré de mi libro a quien haya pecado contra mí. Tú ve y lleva al pueblo al lugar del que te hablé. Delante de ti irá mi ángel. Llegará el día en que deba castigarlos por su pecado, y entonces los castigaré.
   ÉXODO 32:33–34 NVI

Si alguien peca inadvertidamente e incurre en algo que los mandamientos del Señor prohíben, es culpable y sufrirá las consecuencias de su pecado.
   LEVÍTICO 5:17 NVI

Para que el pueblo de Israel ya no se aparte de mí ni vuelva a mancharse con sus pecados. Entonces ellos serán mi pueblo y yo seré su Dios. Lo afirma el Señor omnipotente.

EZEQUIEL 14:11 NVI

Si el justo se aparta de la justicia y hace lo malo y practica los mismos actos repugnantes del malvado, ¿merece vivir? No, sino que morirá por causa de su infidelidad y de sus pecados, y no se recordará ninguna de sus obras justas.

EZEQUIEL 18:24 NVI

¿No se dan cuenta de que todo lo que entra en la boca va al estómago y después se echa en la letrina? Pero lo que sale de la boca viene del corazón y contamina a la persona.

MATEO 15:17-18 NVI

Pues todos han pecado y están privados de la gloria de Dios

ROMANOS 3:23 NVI

¡Claro que no! Nosotros ya hemos muerto respecto al pecado; ¿cómo, pues, podremos seguir viviendo en pecado?

ROMANOS 6:2 NVI

Si hemos muerto con Cristo, confiamos que también viviremos con él.

ROMANOS 6:11 NVI

Si después de recibir el conocimiento de la verdad pecamos obstinadamente, ya no hay sacrificio por los pecados. Solo queda una terrible expectativa de juicio, el fuego ardiente que ha de devorar a los enemigos de Dios.

HEBREOS 10:26-27 NVI

Pero si vivimos en la luz, así como Dios está en la luz, entonces hay unión entre nosotros, y la sangre de su Hijo Jesús nos limpia de todo pecado.

1 JUAN 1:7 DHH

Pero ustedes saben que Jesucristo se manifestó para quitar nuestros pecados. Y él no tiene pecado.

1 JUAN 3:5 NVI

Mientras pasaba delante de Moisés, Dios dijo en voz alta: "¡Soy el Dios de Israel! ¡Yo soy es el nombre con que me di a conocer! Soy un Dios tierno y bondadoso. No me enojo fácilmente, y mi amor por mi pueblo es muy grande. Mi amor es siempre el mismo, y siempre estoy dispuesto a perdonar a quienes hacen lo malo. Pero también sé castigar al culpable, y a sus hijos, nietos, bisnietos y tataranietos".

ÉXODO 34:6-7 TLA

"Le llevará al sacerdote un carnero sin defecto, cuyo precio será fijado como sacrificio por la culpa. Así el sacerdote hará expiación por el pecado que esa persona cometió inadvertidamente, y ese pecado le será perdonado. Es un sacrificio por la culpa, de la que se hizo acreedor por pecar contra el Señor".

LEVÍTICO 5:18-19 NVI

El Señor le respondió: Me pides que los perdone, y los perdono.

NÚMEROS 14:20 NVI

Si un individuo comete un pecado involuntariamente, la persona culpable llevará una cabra de un año como ofrenda por el pecado. El sacerdote la sacrificará para purificar a la persona culpable ante el Señor, y la persona será perdonada.

NÚMEROS 15:27-28 NTV

Por amor a su gran nombre, el Señor no rechazará a su pueblo; de hecho él se ha dignado hacerlos a ustedes su propio pueblo.

1 SAMUEL 12:22 NVI

Entonces dijo David a Natán: Pequé contra Jehová. Y Natán dijo a David: También Jehová ha remitido tu pecado; no morirás.

2 SAMUEL 12:13 RVR1960

Si mi pueblo, que lleva mi nombre, se humilla y ora, y me busca y abandona su mala conducta, yo lo escucharé desde el cielo, perdonaré su pecado y restauraré su tierra.

2 CRÓNICAS 7:14 NVI

"Si ustedes pecan, yo los dispersaré entre las naciones: pero, si se vuelven a mí, y obedecen y ponen en práctica mis mandamientos, aunque hayan sido llevados al lugar más apartado del mundo los recogeré y los haré volver al lugar donde he decidido habitar".

NEHEMÍAS 1:8-9 NVI

Tú eres Dios de perdón, bondadoso y misericordioso, lento para enojarte y rico en amor inagotable. No los abandonaste

NEHEMÍAS 9:17 NTV

Tú, Señor, eres bueno y perdonador;
    grande es tu amor por todos los que te invocan.

SALMOS 86:5 NVI

Él perdona todos mis pecados.

SALMOS 103:3A NTV

No sostiene para siempre su querella
    ni guarda rencor eternamente.

SALMOS 103:9 NVI

Tan lejos de nosotros echó nuestras transgresiones
    como lejos del oriente está el occidente.

SALMOS 103:12 NVI

Vengan, pongamos las cosas en claro —dice el Señor—.
¿Son sus pecados como escarlata?
    ¡Quedarán blancos como la nieve!
¿Son rojos como la púrpura?
    ¡Quedarán como la lana!

ISAÍAS 1:18 NVI

El pueblo de Israel ya no dirá:
    "Estamos enfermos e indefensos",
porque el Señor perdonará sus pecados.

ISAÍAS 33:24 NTV

He disipado tus transgresiones como el rocío,
    y tus pecados como la bruma de la mañana.
        Vuelve a mí, que te he redimido.

ISAÍAS 44:22 NVI

El Señor te llamará como a esposa abandonada;
como a mujer angustiada de espíritu,
    como a esposa que se casó joven
    tan solo para ser rechazada —dice tu Dios—.

ISAÍAS 54:6 NVI

Que los malvados cambien sus caminos
    y alejen de sí hasta el más mínimo pensamiento de hacer el mal.
Que se vuelvan al Señor, para que les tenga misericordia.
    Sí, vuélvanse a nuestro Dios, porque él perdonará con generosidad.

ISAÍAS 55:7 NTV

Porque no contenderé para siempre,
ni estaré siempre enojado,
pues el espíritu desfallecería ante mí,
y el aliento *de los que* yo he creado.

ISAÍAS 57:16 LBLA

Todos los que invoquen una bendición o hagan un juramento
    lo harán por el Dios de la verdad.
Dejaré a un lado mi enojo
    y olvidaré la maldad de los tiempos pasados.

ISAÍAS 65:16 NTV

Yo les perdonaré su iniquidad, y nunca más me acordaré de sus pecados.

JEREMÍAS 31:34 NVI

He aquí, los reuniré de todas las tierras a las cuales los he echado en mi ira,
en mi furor y con gran enojo, y los haré volver a este lugar y los haré morar
seguros. Ellos serán mi pueblo, y yo seré su Dios; y les daré un solo corazón y
un solo camino, para que me teman siempre, para bien de ellos y de sus hijos
después de ellos.

JEREMÍAS 32:37-39 LBLA

Y haré volver los cautivos de Judá y los cautivos de Israel, y los restableceré como al principio.

JEREMÍAS 33:7 RVR1960

"Permanezcan aquí en esta tierra. Si lo hacen, los edificaré y no los derribaré; los plantaré y no los desarraigaré. Pues lamento todo el castigo que tuve que traer sobre ustedes."

JEREMÍAS 42:10 NTV

En esos días —dice el Señor—,
    no se encontrará pecado en Israel ni en Judá,
    porque perdonaré al remanente que yo guarde.

JEREMÍAS 50:20 NTV

Por lo tanto, esto dice el Señor Soberano: te daré tu merecido, pues tomaste tus votos solemnes a la ligera al romper el pacto. Sin embargo, recordaré el pacto que hice contigo cuando eras joven y estableceré contigo un pacto eterno.

EZEQUIEL 16:59-60 NTV

Pero, aun cuando nos hemos rebelado contra ti, tú, Señor nuestro, eres un Dios compasivo y perdonador.

DANIEL 9:9 NVI

La indignación del Señor soportaré,
    porque he pecado contra El,
    hasta que defienda mi causa y establezca mi derecho.
El me sacará a la luz,
y yo veré su justicia.

MIQUEAS 7:9 LBLA

El Señor es lento para la ira y grande en poder,
    y ciertamente el Señor no dejará impune *al culpable*.
En el torbellino y la tempestad está su camino,
    y las nubes son el polvo de sus pies.

NAHUM 1:3 LBLA

El Señor te ha levantado el castigo,
  ha puesto en retirada a tus enemigos.
El Señor, rey de Israel, está en medio de ti:
  nunca más temerás mal alguno.
  SOFONÍAS 3:15 NVI

Si perdonas a los que pecan contra ti, tu Padre celestial te perdonará a ti;
pero si te niegas a perdonar a los demás, tu Padre no perdonará tus pecados.
  MATEO 6:14-15 NLT

Por tanto, todo el que me confiese delante de los hombres, yo también le
confesaré delante de mi Padre que está en los cielos. Pero cualquiera que me
niegue delante de los hombres, yo también lo negaré delante de mi Padre que
está en los cielos.
  MATEO 10:32-33 LBLA

Por eso les digo que a todos se les podrá perdonar todo pecado y toda
blasfemia, pero la blasfemia contra el Espíritu no se le perdonará a nadie.
A cualquiera que pronuncie alguna palabra contra el Hijo del hombre se le
perdonará, pero el que hable contra el Espíritu Santo no tendrá perdón ni en este
mundo ni en el venidero.
  MATEO 12:31-32 NVI

Así también mi Padre celestial hará con vosotros si no perdonáis de todo
corazón cada uno a su hermano sus ofensas.
  MATEO 18:35 RVR1960

¿Qué es más fácil, decirle al paralítico: "Tus pecados son perdonados",
o decirle: "Levántate, toma tu camilla y anda"? Pues para que sepan que el
Hijo del hombre tiene autoridad en la tierra para perdonar pecados —se dirigió
entonces al paralítico—: A ti te digo, levántate, toma tu camilla y vete a tu casa.
  MARCOS 2:9-11 NVI

"Les digo la verdad, cualquier pecado y blasfemia pueden ser perdonados,
pero todo el que blasfeme contra el Espíritu Santo jamás será perdonado. Este
es un pecado que acarrea consecuencias eternas".
  MARCOS 3:28-29 NTV

Cuando estén orando, primero perdonen a todo aquel contra quien guarden rencor, para que su Padre que está en el cielo también les perdone a ustedes sus pecados.

MARCOS 11:25 NTV

Tú, hijito mío, serás llamado profeta del Altísimo,
    porque irás delante del Señor para prepararle el camino.
Darás a conocer a su pueblo la salvación
    mediante el perdón de sus pecados.

LUCAS 1:76-77 NVI

Jesús supo lo que pensaban, así que les preguntó: "¿Por qué cuestionan eso en su corazón? ¿Qué es más fácil decir: 'Tus pecados son perdonados' o 'Ponte de pie y camina'? Así que les demostraré que el Hijo del Hombre tiene autoridad en la tierra para perdonar pecados". Entonces Jesús miró al paralítico y dijo: "¡Ponte de pie, toma tu camilla y vete a tu casa!".

LUCAS 5:22-24 NTV

No juzguen, y no se les juzgará. No condenen, y no se les condenará. Perdonen, y se les perdonará.

LUCAS 6:37 NVI

Y todo el que pronuncie alguna palabra contra el Hijo del hombre será perdonado, pero el que blasfeme contra el Espíritu Santo no tendrá perdón.

LUCAS 12:10 NVI

Al día siguiente Juan vio a Jesús que se acercaba a él, y dijo: "¡Aquí tienen al Cordero de Dios, que quita el pecado del mundo!"

JUAN 1:29 NVI

A quienes les perdonen sus pecados, les serán perdonados; a quienes no se los perdonen, no les serán perdonados.

JUAN 20:23 NVI

Por tanto, para que sean borrados sus pecados, arrepiéntanse y vuélvanse a Dios, a fin de que vengan tiempos de descanso de parte del Señor, enviándoles el Mesías que ya había sido preparado para ustedes, el cual es Jesús.

HECHOS 3:19-20 NVI

Hermanos, ¡escuchen! Estamos aquí para proclamar que, por medio de este hombre Jesús, ustedes tienen el perdón de sus pecados.

HECHOS 13:38 NTV

"¡Dichosos aquellos
    a quienes se les perdonan las transgresiones
    y se les cubren los pecados!
¡Dichoso aquel
    cuyo pecado el Señor no tomará en cuenta!"

ROMANOS 4:7-8 NVI

Dios es tan rico en gracia y bondad que compró nuestra libertad con la sangre de su Hijo y perdonó nuestros pecados.

EFESIOS 1:7 NTV

Quien por su muerte nos salvó y perdonó nuestros pecados.

COLOSENSES 1:14 TLA

Ustedes estaban muertos a causa de sus pecados y porque aún no les habían quitado la naturaleza pecaminosa. Entonces Dios les dio vida con Cristo al perdonar todos nuestros pecados. Él anuló el acta con los cargos que había contra nosotros y la eliminó clavándola en la cruz.

COLOSENSES 2:13-14 NTV

Y cuando los pecados han sido perdonados, ya no hace falta ofrecer más sacrificios.

HEBREOS 10:18 NTV

Él mismo cargó nuestros pecados
    sobre su cuerpo en la cruz,
para que nosotros podamos estar muertos al pecado
    y vivir para lo que es recto.
Por sus heridas, ustedes son sanados.

1 PEDRO 2:24 NTV

Les escribo a ustedes, queridos hijos,
    porque sus pecados han sido perdonados por el nombre de Cristo.

1 JUAN 2:12 NVI

Dichosos los perseguidos por causa de la justicia,
porque el reino de los cielos les pertenece.
MATEO 5:10 NVI

Dios los bendice a ustedes cuando la gente les hace burla y los persigue y miente acerca de ustedes y dice toda clase de cosas malas en su contra porque son mis seguidores. ¡Alégrense! ¡Estén contentos, porque les espera una gran recompensa en el cielo! Y recuerden que a los antiguos profetas los persiguieron de la misma manera.
MATEO 5:11-12 NTV

Pero ustedes cuídense. Los entregarán a los tribunales y los azotarán en las sinagogas. Por mi causa comparecerán ante gobernadores y reyes para dar testimonio ante ellos.
MARCOS 13:9 NVI

Qué bendiciones les esperan cuando la gente los odie y los excluya, cuando se burlen de ustedes y los maldigan, como si fueran gente maligna, porque siguen al Hijo del Hombre. Cuando les suceda eso, pónganse contentos. ¡Sí, salten de alegría, porque les espera una gran recompensa en el cielo! Y recuerden que los antepasados de ellos trataron a los antiguos profetas de la misma manera.
LUCAS 6:22-23 NTV

"Cuando los lleven a las sinagogas, o ante los jueces y las autoridades, para ser juzgados, no se preocupen por lo que van a decir o cómo van a defenderse. Porque en el momento preciso, el Espíritu Santo les dirá lo que deben decir."
LUCAS 12:11-12 TLA

Pero antes de esto, a ustedes les echarán mano y los perseguirán. Los llevarán a juzgar en las sinagogas, los meterán en la cárcel y los presentarán ante reyes y gobernadores por causa mía. Así tendrán oportunidad de dar testimonio de mí. Háganse el propósito de no preparar de antemano su defensa, porque yo les daré palabras tan llenas de sabiduría que ninguno de sus enemigos podrá resistirlos ni contradecirlos en nada.

LUCAS 21:12-15 DHH

Recuerden lo que les dije: "Ningún siervo es más que su amo". Si a mí me han perseguido, también a ustedes los perseguirán. Si han obedecido mis enseñanzas, también obedecerán las de ustedes. Los tratarán así por causa de mi nombre, porque no conocen al que me envió.

JUAN 15:20-21 NVI

Y Dios usará esa persecución para mostrar su justicia y para hacerlos dignos de su reino, por el cual sufren. En su justicia él les dará su merecido a quienes los persiguen.

2 TESALONICENSES 1:5-6 NTV

Es cierto, y todo el que quiera vivir una vida de sumisión a Dios en Cristo Jesús sufrirá persecución; pero los malos y los impostores serán cada vez más fuertes. Engañarán a otros, y ellos mismos serán engañados.

2 TIMOTEO 3:12-13 NTV

Dichosos ustedes si los insultan por causa del nombre de Cristo, porque el glorioso Espíritu de Dios reposa sobre ustedes.

1 PEDRO 4:14 NVI

Pues, si somos fieles hasta el fin, confiando en Dios con la misma firmeza que teníamos al principio, cuando creímos en él, entonces tendremos parte en todo lo que le pertenece a Cristo.

HEBREOS 3:14 NTV

Porque os es necesaria la paciencia, para que habiendo hecho la voluntad de Dios, obtengáis la promesa.
Porque aún un poquito,
Y el que ha de venir vendrá, y no tardará.
Mas el justo vivirá por fe;
Y si retrocediere, no agradará a mi alma.

HEBREOS 10:36-38 RVR1960

Pero si miras atentamente en la ley perfecta que te hace libre y la pones en práctica y no olvidas lo que escuchaste, entonces Dios te bendecirá por tu obediencia.

SANTIAGO 1:25 NTV

El que tenga oídos, que oiga lo que el Espíritu dice a las iglesias. Al que salga vencedor le daré derecho a comer del árbol de la vida, que está en el paraíso de Dios.

APOCALIPSIS 2:7 NVI

No tengas miedo de lo que estás por sufrir. Te advierto que a algunos de ustedes el diablo los meterá en la cárcel para ponerlos a prueba, y sufrirán persecución durante diez días. Sé fiel hasta la muerte, y yo te daré la corona de la vida.

APOCALIPSIS 2:10 NVI

El que tenga oídos, que oiga lo que el Espíritu dice a las iglesias. El que salga vencedor no sufrirá daño alguno de la segunda muerte.

APOCALIPSIS 2:11 NVI

El que tenga oídos, que oiga lo que el Espíritu dice a las iglesias. Al que salga vencedor le daré del maná escondido, y le daré también una piedrecita blanca en la que está escrito un nombre nuevo que solo conoce el que lo recibe.

APOCALIPSIS 2:17 NVI

A todos los que salgan vencedores y me obedezcan hasta el final:
Les daré autoridad sobre todas las naciones.

APOCALIPSIS 2:26 NTV

Todos los que salgan vencedores serán vestidos de blanco. Nunca borraré sus nombres del libro de la vida, sino que anunciaré delante de mi Padre y de sus ángeles que ellos me pertenecen.

APOCALIPSIS 3:5 NTV

Dado que has obedecido mi mandato de perseverar, yo te protegeré del gran tiempo de prueba que vendrá sobre el mundo entero para probar a los que pertenecen a este mundo.

APOCALIPSIS 3:10 NTV

A los que triunfen sobre las dificultades y mantengan su confianza en mí, les daré un lugar importante en el templo de mi Dios, y nunca tendrán que salir de allí. En ellos escribiré el nombre de mi Dios y el de la ciudad celestial, que es la Nueva Jerusalén que vendrá. También escribiré en ellos mi nuevo nombre.

APOCALIPSIS 3:12 TLA

Todos los que salgan vencedores se sentarán conmigo en mi trono, tal como yo salí vencedor y me senté con mi Padre en su trono.

APOCALIPSIS 3:21 NVI

"Ustedes serán mi pueblo,
y yo seré su Dios".

JEREMÍAS 30:22 NVI

Pero no se alegren de que los espíritus malignos los obedezcan; alégrense porque sus nombres están escritos en el cielo.

LUCAS 10:20 NTV

Por lo tanto, Jesús y los que él hace santos tienen el mismo Padre. Por esa razón, Jesús no se avergüenza de llamarlos sus hermanos.

HEBREOS 2:11 NTV

Que frustra los pensamientos de los astutos,
Para que sus manos no hagan nada.

JOB 5:12 RVR1960

Pon todo lo que hagas en manos del Señor,
y tus planes tendrán éxito.

PROVERBIOS 16:3 NTV

El corazón del hombre traza su rumbo,
pero sus pasos los dirige el Señor.

PROVERBIOS 16:9 NVI

El corazón humano genera muchos proyectos,
pero al final prevalecen los designios del Señor.

PROVERBIOS 19:21 NVI

Si lo ha determinado el Señor Todopoderoso,
¿quién podrá impedirlo?
Si él ha extendido su mano,
¿quién podrá detenerla?

ISAÍAS 14:27 NVI

Así dice el Señor: "Cuando a Babilonia se le hayan cumplido los setenta años,
yo los visitaré; y haré honor a mi promesa en favor de ustedes, y los haré volver
a este lugar. Porque yo sé muy bien los planes que tengo para ustedes —afirma
el Señor—, planes de bienestar y no de calamidad, a fin de darles un futuro y una
esperanza".

JEREMÍAS 29:10-11 NVI

"Alabado sea el nombre de Dios por siempre y para siempre,
    porque a él pertenecen toda la sabiduría y todo el poder.
Él controla el curso de los sucesos del mundo;
    él quita reyes y pone otros reyes.
Él da sabiduría a los sabios
    y conocimiento a los estudiosos".

DANIEL 2:20-21 NTV

En verdad, nada hace el Señor omnipotente
    sin antes revelar sus designios
    a sus siervos los profetas.
Ruge el león;
    ¿quién no temblará de miedo?
Habla el Señor omnipotente;
    ¿quién no profetizará?

AMÓS 3:7-8 NVI

POBREZA

El Señor hace a algunos pobres y a otros ricos;
　　a unos derriba y a otros levanta.
Él levanta al pobre del polvo
　　y al necesitado del basurero.
Los pone entre los príncipes
　　y los coloca en los asientos de honor.
Pues toda la tierra pertenece al Señor,
　　y él puso en orden el mundo.

　　1 SAMUEL 2:7-8 NTV

Ustedes frustran los planes de los pobres,
　　pero el Señor los protege.

　　SALMOS 14:6 NVI

El Señor lo protegerá y lo mantendrá con vida;
　　lo hará dichoso en la tierra
　　y no lo entregará al capricho de sus adversarios.

　　SALMOS 41:2 NVI

Pues el Señor oye el clamor de los necesitados;
　　no desprecia a su pueblo encarcelado.

　　SALMOS 69:33 NTV

Se compadecerá del desvalido y del necesitado,
　　y a los menesterosos les salvará la vida.

　　SALMOS 72:13 NVI

Dios los bendice a ustedes, que son pobres,
　　porque el reino de Dios les pertenece.

　　LUCAS 6:20 NTV

PODER

Yo soy la vid y ustedes son las ramas. El que permanece en mí, como yo en él, dará mucho fruto; separados de mí no pueden ustedes hacer nada.

JUAN 15:5 NVI

—No les toca a ustedes conocer la hora ni el momento determinados por la autoridad misma del Padre —les contestó Jesús—. Pero, cuando venga el Espíritu Santo sobre ustedes, recibirán poder y serán mis testigos tanto en Jerusalén como en toda Judea y Samaria, y hasta los confines de la tierra.

HECHOS 1:7-8 NVI

Ahora tenemos esta luz que brilla en nuestro corazón, pero nosotros mismos somos como frágiles vasijas de barro que contienen este gran tesoro. Esto deja bien claro que nuestro gran poder proviene de Dios, no de nosotros mismos.

2 CORINTIOS 4:7 NTV

Pues aunque andamos en la carne, no militamos según la carne; porque las armas de nuestra milicia no son carnales, sino poderosas en Dios para la destrucción de fortalezas, derribando argumentos y toda altivez que se levanta contra el conocimiento de Dios, y llevando cautivo todo pensamiento a la obediencia a Cristo

2 CORINTIOS 10:3-5 RVR1960

[Cristo] Porque aunque fue crucificado en debilidad, vive por el poder de Dios. Pues también nosotros somos débiles en él, pero viviremos con él por el poder de Dios para con vosotros.

2 CORINTIOS 13:4 RVR1960

También pido en oración que entiendan la increíble grandeza del poder de Dios para nosotros, los que creemos en él. Es el mismo gran poder que levantó a Cristo de los muertos y lo sentó en el lugar de honor, a la derecha de Dios, en los lugares celestiales.

EFESIOS 1:19-20 NTV

Y ahora, que toda la gloria sea para Dios, quien puede lograr mucho más de lo que pudiéramos pedir o incluso imaginar mediante su gran poder, que actúa en nosotros.

EFESIOS 3:20 NTV

Pues Dios no nos ha dado un espíritu de timidez, sino de poder, de amor y de dominio propio.

2 TIMOTEO 1:7 NVI

Su divino poder, al darnos el conocimiento de aquel que nos llamó por su propia gloria y excelencia, nos ha concedido todas las cosas que necesitamos para vivir como Dios manda.

2 PEDRO 1:3 NVI

El Señor observa desde el cielo
   y ve a toda la humanidad;
él contempla desde su trono
   a todos los habitantes de la tierra.
Él es quien formó el corazón de todos,
   y quien conoce a fondo todas sus acciones.
   SALMOS 33:13-15 NVI

Pero el Señor vela por los que le temen,
   por aquellos que confían en su amor inagotable.
   SALMOS 33:18 NTV

Cuando pases por aguas profundas,
   yo estaré contigo.
Cuando pases por ríos de dificultad,
   no te ahogarás.
Cuando pases por el fuego de la opresión,
   no te quemarás;
   las llamas no te consumirán.
   ISAÍAS 43:2 NTV

Grabada te llevo en las palmas de mis manos;
   tus muros siempre los tengo presentes.
   ISAÍAS 49:16 NVI

"Pelearán contra ti, pero no podrán vencerte, porque yo estoy contigo para
librarte", afirma el Señor.
   JEREMÍAS 1:19 NVI

Habitaré entre ellos, y yo seré su Dios y ellos serán mi pueblo. Y, cuando mi
santuario esté para siempre en medio de ellos, las naciones sabrán que yo, el
Señor, he hecho de Israel un pueblo santo.
   EZEQUIEL 37:27-28 NVI

Entonces, después de hacer todas esas cosas,
derramaré mi Espíritu sobre toda la gente.
Sus hijos e hijas profetizarán.
Sus ancianos tendrán sueños
y sus jóvenes tendrán visiones.
En esos días derramaré mi Espíritu
aun sobre los sirvientes, hombres y mujeres por igual.

JOEL 2:28-29 NTV

Entonces Hageo su mensajero comunicó al pueblo el mensaje del Señor: "Yo estoy con ustedes. Yo, el Señor, lo afirmo".

HAGEO 1:13 NVI

Mi Espíritu permanece entre ustedes, así como lo prometí cuando salieron de Egipto. Por lo tanto, no teman.

HAGEO 2:5 NTV

¡Grita de alegría, hija de Sión!
¡Yo vengo a habitar en medio de ti! —afirma el Señor—.
En aquel día,
muchas naciones se unirán al Señor.
Ellas serán mi pueblo,
y yo habitaré entre ellas.
"Así sabrán que el Señor Todopoderoso es quien me ha enviado a ustedes. El Señor tomará posesión de Judá, su porción en tierra santa, y de nuevo escogerá a Jerusalén. ¡Que todo el mundo guarde silencio ante el Señor, que ya avanza desde su santa morada!"

ZACARÍAS 2:10-13 NVI

Así dice el Señor:
"Regresaré a Sión,
y habitaré en Jerusalén.
Y Jerusalén será conocida
como la Ciudad de la Verdad,
y el monte del Señor Todopoderoso
como el Monte de la Santidad".

ZACARÍAS 8:3 NVI

El rey David dijo lo siguiente acerca de él:

"Veo que el Señor siempre está conmigo.

No seré sacudido, porque él está aquí a mi lado.

¡Con razón mi corazón está contento,

y mi lengua grita sus alabanzas!

Mi cuerpo descansa en esperanza.

Pues tú no dejarás mi alma entre los muertos

ni permitirás que tu Santo se pudra en la tumba.

Me has mostrado el camino de la vida

y me llenarás con la alegría de tu presencia".

HECHOS 2:25-28 NTV

A partir de una sola persona, hizo a toda la gente del mundo, y a cada nación le dijo cuándo y dónde debía vivir. Dios hizo esto para que todos lo busquen y puedan encontrarlo. Aunque lo cierto es que no está lejos de nosotros.

HECHOS 17:26-27 TLA

Alégrense siempre en el Señor. Insisto: ¡Alégrense! Que su amabilidad sea evidente a todos. El Señor está cerca.

FILIPENSES 4:4-5 NVI

El S<small>EÑOR</small> les dijo: "Escuchen lo que voy a decirles:
Cuando un profeta del S<small>EÑOR</small>
   se levanta entre ustedes,
yo le hablo en visiones
   y me revelo a él en sueños.
Pero esto no ocurre así
   con mi siervo Moisés,
porque en toda mi casa
   él es mi hombre de confianza.
Con él hablo cara a cara,
   claramente y sin enigmas.
Él contempla la imagen del S<small>EÑOR</small>.
   ¿Cómo se atreven a murmurar
   contra mi siervo Moisés?"

NÚMEROS 12:6-8 NVI

"Pero el profeta que se atreva a hablar en mi nombre y diga algo que yo no le haya mandado decir morirá. La misma suerte correrá el profeta que hable en nombre de otros dioses".

DEUTERONOMIO 18:20 NVI

Si el profeta habla en el nombre del S<small>EÑOR</small>, pero su profecía no se cumple ni ocurre lo que predice, ustedes sabrán que ese mensaje no proviene del S<small>EÑOR</small>. Ese profeta habló sin el respaldo de mi autoridad, y no tienen que temerle.

DEUTERONOMIO 18:22 NTV

Entonces el Espíritu del S<small>EÑOR</small> vendrá sobre ti con poder, y tú profetizarás con ellos y serás una nueva persona. Cuando se cumplan estas señales que has recibido, podrás hacer todo lo que esté a tu alcance, pues Dios estará contigo.

1 SAMUEL 10:6-7 NVI

En los últimos días —dice Dios—,
   derramaré mi Espíritu sobre toda la gente.
Sus hijos e hijas profetizarán.
   Sus jóvenes tendrán visiones,
   y sus ancianos tendrán sueños.
En esos días derramaré mi Espíritu
   aun sobre mis siervos —hombres y mujeres por igual—
   y profetizarán.
Y haré maravillas arriba en los cielos
   y señales abajo en la tierra:
   sangre, fuego y nubes de humo.
   HECHOS 2:17-19 NTV

Sobre todo, tienen que entender que ninguna profecía de la Escritura jamás surgió de la comprensión personal de los profetas ni por iniciativa humana. Al contrario, fue el Espíritu Santo quien impulsó a los profetas y ellos hablaron de parte de Dios.
   2 PEDRO 1:20-21 NTV

Él será quien me construya un templo. Él será para mí como un hijo, y yo seré para él como un padre. Yo afirmaré para siempre el trono de su reino en Israel.

1 CRÓNICAS 22:10 NVI

"Ahora el Señor ha cumplido su promesa: Tal como lo prometió, he sucedido a mi padre David en el trono de Israel, y he construido el templo en honor del Señor, Dios de Israel. Allí he colocado el arca, en la cual está el pacto que el Señor hizo con los israelitas".

2 CRÓNICAS 6:10-11 NVI

Cuando Mardoqueo se enteró de lo que había dicho Ester, mandó a decirle: "No te imagines que por estar en la casa del rey serás la única que escape con vida de entre todos los judíos. Si ahora te quedas absolutamente callada, de otra parte vendrán el alivio y la liberación para los judíos, pero tú y la familia de tu padre perecerán. ¡Quién sabe si no has llegado al trono precisamente para un momento como este!"

ESTER 4:12-14 NVI

Pero los planes del Señor quedan firmes para siempre;
    los designios de su mente son eternos.

SALMOS 33:11 TPT

Tu lengua, como navaja afilada,
    trama destrucción y practica el engaño.

SALMOS 52:2 NVI

El Señor llevará a cabo los planes que tiene para mi vida,
    pues tu fiel amor, oh Señor, permanece para siempre.
    No me abandones, porque tú me creaste.

SALMOS 138:8 NTV

Toda obra del Señor tiene un propósito;
    ¡hasta el malvado fue hecho para el día del desastre!

PROVERBIOS 16:4 NVI

Mas ahora, oh Señor, tú eres nuestro Padre,
nosotros el barro, y tú nuestro alfarero;
obra de tus manos somos todos nosotros.

ISAÍAS 64:8 LBLA

Luego extendió el Señor la mano y, tocándome la boca, me dijo: "He puesto en tu boca mis palabras. Mira, hoy te doy autoridad sobre naciones y reinos, para arrancar y derribar, para destruir y demoler, para construir y plantar".

JEREMÍAS 1:9-10 NVI

Te daré las llaves del reino de los cielos; todo lo que ates en la tierra quedará atado en el cielo, y todo lo que desates en la tierra quedará desatado en el cielo.

MATEO 16:19 NVI

El cielo y la tierra pasarán, mas mis palabras no pasarán.

MATEO 24:35 LBLA

—Sí —les dijo—. Vi a Satanás caer del cielo como un rayo. Miren, les he dado autoridad sobre todos los poderes del enemigo; pueden caminar entre serpientes y escorpiones y aplastarlos. Nada les hará daño.

LUCAS 10:18-19 NTV

Y sabemos que Dios hace que todas las cosas cooperen para el bien de quienes lo aman y son llamados según el propósito que él tiene para ellos.

ROMANOS 8:28 NTV

Así es, el cuerpo consta de muchas partes diferentes, no de una sola parte. Si el pie dijera: "No formo parte del cuerpo porque no soy mano", no por eso dejaría de ser parte del cuerpo. Y si la oreja dijera: "No formo parte del cuerpo porque no soy ojo", ¿dejaría por eso de ser parte del cuerpo?

1 CORINTIOS 12:14-16 NTV

En una casa grande no solo hay vasos de oro y de plata, sino también de madera y de barro, unos para los usos más nobles y otros para los usos más bajos. Si alguien se mantiene limpio, llegará a ser un vaso noble, santificado, útil para el Señor y preparado para toda obra buena.

2 TIMOTEO 2:20-21 NVI

Yo les mostraré mi favor. Yo los haré fecundos. Los multiplicaré, y mantendré mi pacto con ustedes. Todavía estarán comiendo de la cosecha del año anterior cuando tendrán que sacarla para dar lugar a la nueva. Estableceré mi morada en medio de ustedes, y no los aborreceré. Caminaré entre ustedes. Yo seré su Dios, y ustedes serán mi pueblo.

LEVÍTICO 26:9-12 NVI

Asegúrate de obedecer todos mis mandatos, para que te vaya bien a ti y a todos tus descendientes, porque así estarás haciendo lo que es bueno y agradable ante el Señor tu Dios.

DEUTERONOMIO 12:28 NTV

Entonces el Señor tu Dios te prosperará en todo lo que hagas. Te dará muchos hijos, una gran cantidad de animales y hará que tus campos produzcan cosechas abundantes, porque el Señor volverá a deleitarse en ser bondadoso contigo como lo fue con tus antepasados. El Señor tu Dios se deleitará en ti si obedeces su voz y cumples los mandatos y los decretos escritos en este libro de instrucción, y si te vuelves al Señor tu Dios con todo tu corazón y con toda tu alma.

DEUTERONOMIO 30:9-10 NTV

Recita siempre el libro de la ley y medita en él de día y de noche; cumple con cuidado todo lo que en él está escrito. Así prosperarás y tendrás éxito.

JOSUÉ 1:8 NVI

El Espíritu de Dios vino sobre Zacarías, hijo del sacerdote Joyadá, y este, presentándose ante el pueblo, declaró: "Así dice Dios el Señor: ¿Por qué desobedecen mis mandamientos? De ese modo no prosperarán. Como me han abandonado, yo también los abandonaré".

2 CRÓNICAS 24:20 NVI

—El Dios del cielo nos concederá salir adelante. Nosotros, sus siervos, vamos a comenzar la reconstrucción. Ustedes no tienen arte ni parte en este asunto, ni raigambre en Jerusalén.

NEHEMÍAS 2:20 NVI

Sométete a Dios; ponte en paz con él,
    y volverá a ti la prosperidad.

JOB 22:21 NVI

Es como el árbol
    plantado a la orilla de un río
que, cuando llega su tiempo, da fruto
    y sus hojas jamás se marchitan.
    ¡Todo cuanto hace prospera!

SALMOS 1:3 NVI

Tendrá una vida placentera,
    y sus descendientes heredarán la tierra.

SALMOS 25:13 NVI

Teman al SEÑOR, ustedes los de su pueblo santo,
    pues los que le temen tendrán todo lo que necesitan.

SALMOS 34:9 NTV

¿Quieres vivir una vida
    larga y próspera?
¡Entonces refrena tu lengua de hablar el mal
    y tus labios de decir mentiras!
Apártate del mal y haz el bien;
    busca la paz y esfuérzate por mantenerla.

SALMOS 34:12-14 NTV

Como palmeras florecen los justos;
    como cedros del Líbano crecen.
Plantados en la casa del SEÑOR,
    florecen en los atrios de nuestro Dios.

SALMOS 92:12-13 NVI

Hijo mío, nunca olvides las cosas que te he enseñado;
    guarda mis mandatos en tu corazón.
Si así lo haces, vivirás muchos años,
    y tu vida te dará satisfacción.
    PROVERBIOS 3:1-2 NTV

Con la mano derecha ofrece larga vida;
    con la izquierda, honor y riquezas.
    PROVERBIOS 3:16 NVI

Conmigo están las riquezas y la honra,
    la prosperidad y los bienes duraderos.
    PROVERBIOS 8:18 NVI

La verdadera humildad y el temor del Señor
    conducen a riquezas, a honor y a una larga vida.
    PROVERBIOS 22:4 NTV

Así dice el Señor Todopoderoso, el Dios de Israel: "Cuando yo cambie su
suerte, en la tierra de Judá y en sus ciudades volverá a decirse:
'Monte santo, morada de justicia:
    ¡que el Señor te bendiga!'"
    JEREMÍAS 31:23 NVI

Así dice el Señor: Tal como traje esta gran calamidad sobre este pueblo, yo
mismo voy a traer sobre ellos todo el bien que les he prometido.
    JEREMÍAS 32:42 NVI

Todos vivirán en paz y prosperidad;
    disfrutarán de sus propias vides e higueras
    porque no habrá nada que temer.
¡El Señor de los Ejércitos Celestiales
    ha hecho esta promesa!
    MIQUEAS 4:4 NTV

"Proclama además lo siguiente de parte del Señor Todopoderoso:
'Otra vez mis ciudades rebosarán de bienes,
	otra vez el Señor consolará a Sión,
	otra vez escogerá a Jerusalén'".
	ZACARÍAS 1:17 NVI

Pero ahora no trataré al remanente de mi pueblo como lo hice antes, dice
el Señor de los Ejércitos Celestiales. Pues estoy plantando semillas de paz
y prosperidad entre ustedes. Las vides estarán cargadas de fruta, la tierra
producirá sus cosechas y los cielos soltarán el rocío. Una vez más yo haré que
el remanente de Judá y de Israel herede estas bendiciones.
	ZACARÍAS 8:11-12 NTV

Efectivamente, serán enriquecidos en todo sentido para que siempre puedan
ser generosos; y cuando llevemos sus ofrendas a los que las necesitan, ellos
darán gracias a Dios.
	2 CORINTIOS 9:11 NTV

El Señor respondió: No, porque yo castigaré siete veces a cualquiera que te mate. Entonces el Señor le puso una marca a Caín como advertencia para cualquiera que intentara matarlo.

GÉNESIS 4:15 NTV

Entonces Dios le dijo a Noé: He decidido destruir a todas las criaturas vivientes, porque han llenado la tierra de violencia. Así es, ¡los borraré a todos y también destruiré la tierra!

Construye una gran barca de madera de ciprés y recúbrela con brea por dentro y por fuera para que no le entre agua. Luego construye pisos y establos por todo su interior. Haz la barca de ciento treinta y ocho metros de longitud, veintitrés metros de anchura y catorce metros de altura. Deja una abertura de cuarenta y seis centímetros por debajo del techo, alrededor de toda la barca. Pon la puerta en uno de los costados y construye tres pisos dentro de la barca: inferior, medio y superior.

¡Mira! Estoy a punto de cubrir la tierra con un diluvio que destruirá a todo ser vivo que respira. Todo lo que hay en la tierra morirá, pero confirmaré mi pacto contigo. Así que entren en la barca tú y tu mujer, y tus hijos y sus esposas.

GÉNESIS 6:13-18 NTV

Luego Noé construyó un altar al Señor, y sobre ese altar ofreció como holocausto animales puros y aves puras. Cuando el Señor percibió el grato aroma, se dijo a sí mismo: Aunque las intenciones del ser humano son perversas desde su juventud, nunca más volveré a maldecir la tierra por culpa suya. Tampoco volveré a destruir a todos los seres vivientes, como acabo de hacerlo.

Mientras la tierra exista,
    habrá siembra y cosecha,
frío y calor,
    verano e invierno,
    y días y noches.

GÉNESIS 8:20-22 NVI

Después de esto, la palabra del Señor vino a Abram en una visión:
"No temas, Abram.
Yo soy tu escudo,
y muy grande será tu recompensa".

GÉNESIS 15:1 NVI

Moisés edificó un altar y lo llamó "El Señor es mi estandarte". Y exclamó:
"¡Echa mano al estandarte del Señor! ¡La guerra del Señor contra Amalec será de
generación en generación!"

ÉXODO 17:15 NVI

Les daré paz en la tierra y podrán dormir sin temor alguno. Libraré la tierra
de animales salvajes y mantendré a sus enemigos fuera del país. De hecho,
perseguirán a sus enemigos y los masacrarán a filo de espada. ¡Cinco de
ustedes perseguirán a cien, y cien de ustedes perseguirán a diez mil! Todos sus
enemigos caerán bajo su espada.

LEVÍTICO 26:6-8 NTV

Durante todos los días de tu vida, nadie será capaz de enfrentarse a ti. Así
como estuve con Moisés, también estaré contigo; no te dejaré ni te abandonaré.

JOSUÉ 1:5 NVI

Porque ¿quién es Dios, sino sólo Jehová?
¿Y qué roca hay fuera de nuestro Dios?

2 SAMUEL 22:32 RVR1960

Pues me dio vergüenza pedirle al rey soldados y jinetes que nos
acompañaran y nos protegieran de los enemigos durante el viaje. Después de
todo, ya le habíamos dicho al rey que "la mano protectora de nuestro Dios está
sobre todos los que lo adoran, pero su enojo feroz se desata contra quienes lo
abandonan".

ESDRAS 8:22 NTV

Porque el Señor cuida el camino de los justos,
mas la senda de los malos lleva a la perdición.

SALMOS 1:6 NVI

Pero que se alegren todos los que en ti se refugian;
que canten alegres alabanzas por siempre.
Cúbrelos con tu protección,
para que todos los que aman tu nombre estén llenos de alegría.

SALMOS 5:11 NTV

Por lo tanto, Señor, sabemos que protegerás a los oprimidos;
los guardarás para siempre de esta generación mentirosa,

SALMOS 12:7 NTV

Por eso mi corazón se alegra,
y se regocijan mis entrañas;
todo mi ser se llena de confianza.
No dejarás que mi vida termine en el sepulcro;
no permitirás que sufra corrupción tu siervo fiel.

SALMOS 16:9-10 NVI

Rescátame de la trampa que me tendieron mis enemigos,
porque solo en ti encuentro protección.

SALMOS 31:4 NTV

¡Amen al Señor todos los justos!
Pues el Señor protege a los que le son leales,
pero castiga severamente a los arrogantes.

SALMOS 31:23 NTV

El ángel del Señor acampa en torno a los que le temen;
a su lado está para librarlos.

SALMOS 34:7 NVI

Pues el Señor protege los huesos de los justos;
¡ni uno solo es quebrado!

SALMOS 34:20 NTV

Los malvados acechan a los justos
   con la intención de matarlos,
pero el Señor no los dejará caer en sus manos
   ni permitirá que los condenen en el juicio.
   SALMOS 37:32-33 NVI

Solo él es mi roca y mi salvación;
   él es mi protector
   y no habré de caer.
   SALMOS 62:6 NVI

Oh Señor, a ti acudo en busca de protección;
   no permitas que me avergüencen.
   SALMOS 71:1 NTV

Ya que has puesto al Señor por tu refugio,
   al Altísimo por tu protección,
ningún mal habrá de sobrevenirte,
   ninguna calamidad llegará a tu hogar.
   SALMOS 91:9-10 NVI

Yo lo libraré, porque él se acoge a mí;
   lo protegeré, porque reconoce mi nombre.
   SALMOS 91:14 NVI

¡Oh sacerdotes, descendientes de Aarón, confíen en el Señor!
   Él es su ayudador y su escudo.
   SALMOS 115:10 NTV

No permitirá que tu pie resbale;
   jamás duerme el que te cuida.
Jamás duerme ni se adormece
   el que cuida de Israel.
   SALMOS 121:3-4 NVI

¡El Señor mismo te cuida!
El Señor está a tu lado como tu sombra protectora.
El sol no te hará daño durante el día,
ni la luna durante la noche.

SALMOS 121:5-6 NTV

Los que confían en el Señor están seguros como el monte Sión;
no serán vencidos, sino que permanecerán para siempre.
Así como las montañas rodean a Jerusalén,
así rodea el Señor a su pueblo, ahora y siempre.

SALMOS 125:1-2 NTV

El Señor cuida a todos los que lo aman,
pero aniquilará a todos los impíos.

SALMOS 145:20 NVI

El Señor protege a los extranjeros que viven entre nosotros.

SALMOS 146:9 NTV

El temor al hombre es un lazo,
pero el que confía en el Señor estará seguro

PROVERBIOS 29:25 LBLA

Toda palabra de Dios demuestra ser verdadera.
Él es un escudo para todos los que buscan su protección.

PROVERBIOS 30:5 NTV

Como pastor apacentará su rebaño,
en su brazo recogerá los corderos,
y en su seno los llevará;
guiará con cuidado a las recién paridas.

ISAÍAS 40:11 LBLA

Pero no tendrán que apresurarse ni salir huyendo,
porque el Señor marchará a la cabeza;
¡el Dios de Israel les cubrirá la espalda!

ISAÍAS 52:12 NVI

No prevalecerá ninguna arma que se forje contra ti;
   toda lengua que te acuse será refutada.
Esta es la herencia de los siervos del Señor,
   la justicia que de mí procede —afirma el Señor—.
   ISAÍAS 54:17 NVI

El Señor de los Ejércitos Celestiales protegerá a su pueblo,
   quien derrotará a sus enemigos lanzándoles grandes piedras.
Gritarán en la batalla como si estuvieran borrachos con vino.
   Se llenarán de sangre como si fueran un tazón,
   empapados con sangre como las esquinas del altar.
   ZACARÍAS 9:15 NTV

Por tanto, todo el que me oye estas palabras y las pone en práctica es como un hombre prudente que construyó su casa sobre la roca. Cayeron las lluvias, crecieron los ríos, y soplaron los vientos y azotaron aquella casa; con todo, la casa no se derrumbó porque estaba cimentada sobre la roca.
   MATEO 7:24-25 NVI

Pónganse toda la armadura de Dios para que puedan hacer frente a las artimañas del diablo.
   EFESIOS 6:11 NVI

Entonces Dios dijo: "¡Miren! Les he dado todas las plantas con semilla que hay sobre la tierra y todos los árboles frutales para que les sirvan de alimento. Y he dado toda planta verde como alimento para todos los animales salvajes, para las aves del cielo y para los animales pequeños que corren por el suelo, es decir, para todo lo que tiene vida"; y eso fue lo que sucedió.

GÉNESIS 1:29-30 NTV

Dios bendijo a Noé y a sus hijos con estas palabras: "Sean fecundos, multiplíquense y llenen la tierra. Todos los animales de la tierra sentirán temor y miedo ante ustedes: las aves, las bestias salvajes, los animales que se arrastran por el suelo, y los peces del mar. Todos estarán bajo su dominio. Todo lo que se mueve y tiene vida, al igual que las verduras, les servirá de alimento. Yo les doy todo esto".

GÉNESIS 9:1-3 NVI

Allí el Señor se le apareció a Abram y le dijo: "Yo le daré esta tierra a tu descendencia". Entonces Abram erigió un altar al Señor, porque se le había aparecido.

GÉNESIS 12:7 NVI

Después de que Lot se separó de Abram, el Señor le dijo: "Abram, levanta la vista desde el lugar donde estás, y mira hacia el norte y hacia el sur, hacia el este y hacia el oeste. Yo te daré a ti y a tu descendencia, para siempre, toda la tierra que abarca tu mirada. Multiplicaré tu descendencia como el polvo de la tierra. Si alguien puede contar el polvo de la tierra, también podrá contar tus descendientes. ¡Ve y recorre el país a lo largo y a lo ancho, porque a ti te lo daré!"

GÉNESIS 13:14-17 NVI

Entonces el Señor hizo un pacto con Abram aquel día y dijo: "Yo he entregado esta tierra a tus descendientes, desde la frontera de Egipto hasta el gran río Éufrates".

GÉNESIS 15:18 NTV

En ese tiempo hubo mucha hambre en aquella región, además de la que hubo en tiempos de Abraham. Por eso Isaac se fue a Guerar, donde se encontraba Abimélec, rey de los filisteos. Allí el Señor se le apareció y le dijo: "No vayas a Egipto. Quédate en la región de la que te he hablado. Vive en ese lugar por un tiempo. Yo estaré contigo y te bendeciré, porque a ti y a tu descendencia les daré todas esas tierras. Así confirmaré el juramento que le hice a tu padre Abraham. Multiplicaré a tus descendientes como las estrellas del cielo, y les daré todas esas tierras. Por medio de tu descendencia todas las naciones de la tierra serán bendecidas, porque Abraham me obedeció y cumplió mis preceptos y mis mandamientos, mis normas y mis enseñanzas".

GÉNESIS 26:1-5 NVI

También veía que el Señor estaba de pie junto a él, y que le decía: "Yo soy el Señor, el Dios de tu abuelo Abraham y de tu padre Isaac. A ti y a tus descendientes les daré la tierra en donde estás acostado. Ellos llegarán a ser tantos como el polvo de la tierra, y se extenderán al norte y al sur, al este y al oeste, y todas las familias del mundo serán bendecidas por medio de ti y de tus descendientes. Yo estoy contigo; voy a cuidarte por dondequiera que vayas, y te haré volver a esta tierra. No voy a abandonarte sin cumplir lo que te he prometido."

GÉNESIS 28:13-15 DHH

Y fijaré tus límites desde el Mar Rojo hasta el mar de los filisteos, y desde el desierto hasta el Eufrates; porque pondré en tus manos a los moradores de la tierra, y tú los echarás de delante de ti.

ÉXODO 23:31 RVR1960

El Señor le dio más instrucciones a Aarón: "Yo mismo te he puesto a cargo de todas las ofrendas sagradas que me trae el pueblo de Israel. A ti y a tus hijos les he dado todas estas ofrendas consagradas como su porción perpetua. A ti te corresponde la porción de las ofrendas sumamente santas que no se quema en el fuego. Esta porción de todas las ofrendas sumamente santas —las ofrendas de grano, las ofrendas por el pecado y las ofrendas por la culpa— será sumamente santa y te pertenece a ti y a tus hijos. La comerás como una ofrenda sumamente santa. Todo varón puede comer de ella y deben tratarla como sumamente santa".

NÚMEROS 18:8-10 NTV

También te corresponderán las contribuciones de todas las ofrendas mecidas que me presenten los israelitas. A ti y a tus hijos y a tus hijas se las he dado, como estatuto perpetuo.

NÚMEROS 18:11 NVI

También te doy las ofrendas de la cosecha que el pueblo presenta al Señor: lo mejor del aceite de oliva y del vino nuevo y del grano. Todas las primeras cosechas de la tierra que el pueblo presente al Señor te pertenecen. Todo miembro de tu familia que esté ceremonialmente puro podrá comer de estos alimentos.

NÚMEROS 18:12-13 NTV

Todo lo que en Israel haya sido dedicado por completo al Señor será tuyo.

NÚMEROS 18:14 NVI

"La carne de estos animales será tuya, así como el pecho y el muslo derecho que se presentan al levantarlos como una ofrenda especial ante el altar. Así es, te doy todas estas ofrendas sagradas que el pueblo de Israel lleva al Señor. Son para ti y tus hijos e hijas, para que las coman como su porción perpetua. Este es un pacto eterno e inquebrantable entre tú y el Señor y también se aplica a tus descendientes".

NÚMEROS 18:18-19 NTV

Y he aquí que yo he dado a los hijos de Leví todos los diezmos en Israel por heredad, a cambio de su ministerio en el cual sirven, el ministerio de la tienda de reunión.

NÚMEROS 18:21 LBLA

"Porque yo les he dado como herencia los diezmos que los israelitas ofrecen al Señor como contribución. Por eso he decidido que no tengan herencia entre los israelitas".

NÚMEROS 18:24 NVI

Y les dirás: "Cuando hayáis ofrecido de ello lo mejor, entonces el resto será contado a los levitas como el producto de la era o como el producto del lagar. Lo comeréis en cualquier lugar, vosotros y vuestras casas, porque es vuestra remuneración a cambio de vuestro ministerio en la tienda de reunión. Y no llevaréis pecado por ello, cuando hayáis ofrecido lo mejor; así no profanaréis las cosas consagradas de los hijos de Israel, y no moriréis."

NÚMEROS 18:30-32 LBLA

El Señor le dijo a Moisés: "Toma la vara y reúne a la asamblea. En presencia de esta, tú y tu hermano le ordenarán a la roca que dé agua. Así harán que de ella brote agua, y darán de beber a la asamblea y a su ganado".

NÚMEROS 20:7-8 NVI

Y de allí continuaron hasta Beer; este es el pozo donde el Señor le dijo a Moisés: Reúne al pueblo y les daré agua.

NÚMEROS 21:16 LBLA

Entonces el Señor le dijo a Moisés: "Reparte la tierra entre las tribus y distribuye las porciones de tierra de acuerdo a la población de las tribus, conforme al número de los nombres en la lista. Da una mayor porción de tierra a las tribus más numerosas y una menor a las más pequeñas, de modo que cada una reciba una porción de tierra en proporción al tamaño de su población. Sin embargo, asigna la tierra por sorteo y dale a cada tribu patriarcal su porción según el número de nombres en la lista. Cada porción de tierra se asignará por sorteo entre las tribus más grandes y las más pequeñas".

NÚMEROS 26:52-56 NTV

Moisés les contestó:
—Si están dispuestos a hacerlo así, tomen las armas y marchen al combate. Crucen con sus armas el Jordán, y con la ayuda del Señor luchen hasta que él haya quitado del camino a sus enemigos. Cuando a su paso el Señor haya sometido la tierra, entonces podrán ustedes regresar a casa, pues habrán cumplido con su deber hacia el Señor y hacia Israel. Y con la aprobación del Señor esta tierra será de ustedes.

NÚMEROS 32:20-22 NVI

Entonces habló el SEÑOR a Moisés en las llanuras de Moab, junto al Jordán, *frente* a Jericó, diciendo: Habla a los hijos de Israel, y diles: "Cuando crucéis el Jordán a la tierra de Canaán, expulsaréis a todos los habitantes de la tierra delante de vosotros, y destruiréis todas sus piedras grabadas, y destruiréis todas sus imágenes fundidas, y demoleréis todos sus lugares altos; y tomaréis posesión de la tierra y habitaréis en ella, porque os he dado la tierra para que la poseáis".

NÚMEROS 33:50-53 LBLA

El SEÑOR habló a Moisés en las llanuras de Moab, junto al Jordán, frente a Jericó, diciendo: Manda a los hijos de Israel que de la herencia de su posesión den a los levitas ciudades en que puedan habitar; también daréis a los levitas tierras de pasto alrededor de las ciudades. Y las ciudades serán suyas para habitar; y sus tierras de pasto serán para sus animales, para sus ganados y para todas sus bestias.

NÚMEROS 35:1-3 LBLA

De las ciudades que recibirán los levitas, seis serán ciudades de refugio. A ellas podrá huir cualquiera que haya matado a alguien. Además de estas seis ciudades, les entregarán otras cuarenta y dos.

Estas seis ciudades les servirán de refugio a los israelitas y a los extranjeros, sean estos inmigrantes o residentes. Cualquiera que inadvertidamente dé muerte a alguien podrá refugiarse en estas ciudades.

NÚMEROS 35:6, 15 NVI

"¡Miren, les doy toda esta tierra! Entren y tomen posesión de ella, porque es la tierra que el SEÑOR juró dar a sus antepasados —Abraham, Isaac y Jacob— y a todos los descendientes de ellos".

DEUTERONOMIO 1:8 NTV

Cuando el SEÑOR oyó lo que ustedes dijeron, se enojó e hizo este juramento: "Ni un solo hombre de esta generación perversa verá la buena tierra que juré darles a sus antepasados. Solo la verá Caleb hijo de Jefone. A él y a sus descendientes les daré la tierra que han tocado sus pies, porque fue fiel al SEÑOR".

DEUTERONOMIO 1:34-36 NVI

Además, el S<small>EÑOR</small> se enojó conmigo por culpa de ustedes. Me dijo: "Moisés, ¡tú tampoco entrarás en la Tierra Prometida! En cambio, será tu ayudante Josué, hijo de Nun, quien guiará al pueblo hasta llegar a la tierra. Anímalo, porque él irá al frente cuando los israelitas tomen posesión de ella. Daré la tierra a los pequeños del pueblo, a los niños inocentes. Ustedes tenían miedo de que los pequeños fueran capturados, pero serán ellos los que entrarán a poseerla".

DEUTERONOMIO 1:37–39 NTV

Ustedes cruzarán el Jordán para apoderarse de la tierra, pero yo no. En cambio, moriré aquí, al oriente del río.

DEUTERONOMIO 4:22 NTV

Cuando el S<small>EÑOR</small> tu Dios haya extendido tus fronteras como te ha prometido, y tú digas: "Comeré carne", porque deseas comer carne, entonces podrás comer carne, toda la que desees.

DEUTERONOMIO 12:20 LBLA

Estás por entrar en la tierra que el S<small>EÑOR</small> tu Dios te da.

DEUTERONOMIO 17:14 NTV

Del ganado, las ovejas y las cabras que el pueblo traiga como ofrenda, los sacerdotes podrán tomar para sí la espaldilla, la quijada y el estómago. También les darás a los sacerdotes la primera porción de los granos, del vino nuevo, del aceite de oliva y de la lana que obtengas en la temporada de esquila. Pues el S<small>EÑOR</small> tu Dios eligió a la tribu de Leví, de entre todas tus tribus, para que sirva en nombre del S<small>EÑOR</small> por siempre.

DEUTERONOMIO 18:3–5 NTV

"Ve a Moab, a las montañas que están al oriente del río, y sube el monte Nebo, que está frente a Jericó. Contempla la tierra de Canaán, la tierra que le doy al pueblo de Israel como su preciada posesión".

DEUTERONOMIO 32:49 NTV

Tal como le prometí a Moisés, yo les entregaré a ustedes todo lugar que toquen sus pies.

JOSUÉ 1:3 NVI

"Vayan por todo el campamento y díganle al pueblo que prepare provisiones, porque dentro de tres días cruzará el río Jordán para tomar posesión del territorio que Dios el Señor le da como herencia".

JOSUÉ 1:11 NVI

De esa manera el Señor dio a Israel toda la tierra que había jurado dar a sus padres, y la poseyeron y habitaron en ella.

JOSUÉ 21:43 LBLA

"Quedarás embarazada y darás a luz un hijo, a quien jamás se le debe cortar el cabello. Pues él será consagrado a Dios como nazareo desde su nacimiento. Él comenzará a rescatar a Israel de manos de los filisteos".

JUECES 13:5 NTV

Y todo el pueblo que estaba en el atrio, y los ancianos, dijeron: Testigos somos. Haga el Señor a la mujer que entra en tu casa como a Raquel y a Lea, las cuales edificaron la casa de Israel; y que tú adquieras riquezas en Efrata y seas célebre en Belén. Además, sea tu casa como la casa de Fares, el que Tamar dio a luz a Judá, por medio de la descendencia que el Señor te dará de esta joven.

RUT 4:11-12 LBLA

También voy a designar un lugar para mi pueblo Israel, y allí los plantaré para que puedan vivir sin sobresaltos. Sus malvados enemigos no volverán a humillarlos como lo han hecho desde el principio, desde el día en que nombré gobernantes sobre mi pueblo Israel.

2 SAMUEL 7:10-11 NVI

—Como has pedido esto, y no larga vida ni riquezas para ti, ni has pedido la muerte de tus enemigos, sino discernimiento para administrar justicia, voy a concederte lo que has pedido. Te daré un corazón sabio y prudente, como nadie antes de ti lo ha tenido ni lo tendrá después. Además, aunque no me lo has pedido, te daré tantas riquezas y esplendor que en toda tu vida ningún rey podrá compararse contigo.

1 REYES 3:11-13 NVI

"Esto te será por señal: Este año comeréis lo que crezca espontáneamente; el segundo año lo que nazca de por sí, y en el tercer año sembrad, segad, plantad viñas y comed su fruto."

2 REYES 19:29 LBLA

"A ti te daré la tierra de Canaán
    como la herencia que te corresponde".
Cuando apenas eran un puñado de vivientes,
    unos cuantos extranjeros en la tierra.

1 CRÓNICAS 16:18–19 NVI

Yo derrotaré a todos tus enemigos. Te anuncio, además, que yo, el Señor, te edificaré una casa. Cuando tu vida llegue a su fin y vayas a reunirte con tus antepasados, yo pondré en el trono a uno de tus descendientes, a uno de tus hijos, y afirmaré su reino. Será él quien construya una casa en mi honor, y yo afirmaré su trono para siempre. Yo seré su padre, y él será mi hijo. Jamás le negaré mi amor, como se lo negué a quien reinó antes que tú. Al contrario, para siempre lo estableceré en mi casa y en mi reino, y su trono será firme para siempre.

1 CRÓNICAS 17:10–14 NVI

Dios le dijo a Salomón: Por cuanto tu mayor deseo es ayudar a tu pueblo, y no pediste abundancia ni riquezas ni fama ni siquiera la muerte de tus enemigos o una larga vida, sino que has pedido sabiduría y conocimiento para gobernar a mi pueblo como es debido, ciertamente te daré la sabiduría y el conocimiento que pediste. ¡Pero también te daré abundancia, riquezas y fama como nunca las tuvo ningún otro rey antes que tú y como ninguno las tendrá en el futuro!

2 CRÓNICAS 1:11–12 NTV

Él derrama lluvia sobre la tierra
    y envía agua sobre los campos.

JOB 5:10 NVI

Tú, Señor, eres mi porción y mi copa;
    eres tú quien ha afirmado mi suerte.

SALMOS 16:5 NVI

El Señor es mi pastor;
tengo todo lo que necesito.
SALMOS 23:1 NTV

Los leoncillos se debilitan y tienen hambre,
pero a los que buscan al Señor nada les falta.
SALMOS 34:10 NVI

Deléitate en el Señor,
y él te concederá los deseos de tu corazón.
SALMOS 37:4 NTV

En tiempos difíciles serán prosperados;
en épocas de hambre tendrán abundancia.
SALMOS 37:19 NVI

Pon tu esperanza en el Señor
y marcha con paso firme por su camino.
Él te honrará al darte la tierra
y verás destruidos a los perversos.
SALMOS 37:34 NTV

Señor Todopoderoso,
¡dichosos los que en ti confían!
SALMOS 84:12 NVI

Da de comer a quienes le temen;
siempre recuerda su pacto.
SALMOS 111:5 NVI

Él provee alimento a todo ser viviente.
Su fiel amor perdura para siempre.
SALMOS 136:25 NTV

Los que no pueden andar
saltarán como venados,
y los que no pueden hablar
gritarán de alegría.
En medio del árido desierto
brotará agua en abundancia;
en medio de la tierra seca
habrá muchos lagos y manantiales;
crecerán cañas y juncos
donde ahora habitan los chacales

ISAÍAS 35:6-7 TLA

La gente pobre y sin recursos busca agua
y no la encuentra.
Tienen la lengua reseca por la sed;
pero yo, el Señor, los atenderé,
yo, el Dios de Israel, no los abandonaré.

ISAÍAS 41:17 DHH

No tendrán hambre ni sed,
    no los abatirá el sol ni el calor,
porque los guiará quien les tiene compasión,
    y los conducirá junto a manantiales de agua.

ISAÍAS 49:10 NVI

¡Vengan a las aguas
    todos los que tengan sed!
¡Vengan a comprar y a comer
    los que no tengan dinero!
Vengan, compren vino y leche
    sin pago alguno.
¿Por qué gastan dinero en lo que no es pan,
    y su salario en lo que no satisface?
Escúchenme bien, y comerán lo que es bueno,
    y se deleitarán con manjares deliciosos.

ISAÍAS 55:1-2 NVI

Mis siervos comerán,
  pero ustedes pasarán hambre;
mis siervos beberán,
  pero ustedes sufrirán de sed;
mis siervos se alegrarán,
  pero ustedes serán avergonzados.

ISAÍAS 65:13 NVI

En aquel día, Jerusalén será conocida como "el Trono del SEÑOR". Todas las naciones acudirán a Jerusalén para honrar al SEÑOR. Ya no seguirán tercamente sus propios malos deseos. En aquellos días la gente de Judá y la gente de Israel volverán juntas del destierro del norte. Regresarán a la tierra que les di a los antepasados de ustedes como herencia perpetua.

JEREMÍAS 3:17-18 NTV

Adviérteles también que así dice el SEÑOR omnipotente: "Yo los reuniré de entre las naciones; los juntaré de los países donde han estado dispersos, y les daré la tierra de Israel".

EZEQUIEL 11:17 NVI

Pues los recogeré de entre todas las naciones y los haré regresar a su tierra.

EZEQUIEL 36:24 NTV

Mi siervo David será su rey, y todos tendrán un solo pastor. Caminarán según mis leyes, y cumplirán mis preceptos y los pondrán en práctica. Habitarán en la tierra que le di a mi siervo Jacob, donde vivieron sus antepasados. Ellos, sus hijos y sus nietos vivirán allí para siempre, y mi siervo David será su príncipe eterno.

EZEQUIEL 37:24-25 NVI

"Pero al final, el reino será entregado al pueblo santo del Altísimo y los santos gobernarán por siempre y para siempre".

DANIEL 7:18 NTV

"Pero tú, persevera hasta el fin y descansa, que al final de los tiempos te levantarás para recibir tu recompensa".

DANIEL 12:13 NVI

En aquel día las montañas destilarán vino dulce
  y de los montes fluirá leche.
El agua llenará los arroyos de Judá
  y del templo del Señor brotará una fuente
  que regará el árido valle de las acacias.
  JOEL 3:18 NTV

¿Quién de ustedes, por mucho que se preocupe, puede añadir una sola hora al curso de su vida? ¿Y por qué se preocupan por la ropa? Observen cómo crecen los lirios del campo. No trabajan ni hilan; sin embargo, les digo que ni siquiera Salomón, con todo su esplendor, se vestía como uno de ellos. Si así viste Dios a la hierba que hoy está en el campo y mañana es arrojada al horno, ¿no hará mucho más por ustedes, gente de poca fe?
  MATEO 6:27-30 NVI

Busquen el reino de Dios por encima de todo lo demás y lleven una vida justa, y él les dará todo lo que necesiten.
  MATEO 6:33 NTV

Pues si ustedes, aun siendo malos, saben dar cosas buenas a sus hijos, ¡cuánto más su Padre que está en el cielo dará cosas buenas a los que le pidan!
  MATEO 7:11 NVI

A los hambrientos los colmó de bienes,
  y a los ricos los despidió con las manos vacías.
  LUCAS 1:53 NVI

"¿Quién de ustedes que sea padre, si su hijo le pide un pescado, le dará en cambio una serpiente? ¿O, si le pide un huevo, le dará un escorpión? Pues, si ustedes, aun siendo malos, saben dar cosas buenas a sus hijos, ¡cuánto más el Padre celestial dará el Espíritu Santo a quienes se lo pidan!"
  LUCAS 11:11-13 NVI

Busquen el reino de Dios por encima de todo lo demás, y él les dará todo lo que necesiten.
  LUCAS 12:31 NTV

El que no escatimó ni a su propio Hijo, sino que lo entregó por todos nosotros, ¿cómo no habrá de darnos generosamente, junto con él, todas las cosas?

ROMANOS 8:32 NVI

Y Dios proveerá con generosidad todo lo que necesiten. Entonces siempre tendrán todo lo necesario y habrá bastante de sobra para compartir con otros.

2 CORINTIOS 9:8 NTV

Así que mi Dios les proveerá de todo lo que necesiten, conforme a las gloriosas riquezas que tiene en Cristo Jesús.

FILIPENSES 4:19 NVI

Toda buena dádiva y todo don perfecto descienden de lo alto, donde está el Padre que creó las lumbreras celestes, y que no cambia como los astros ni se mueve como las sombras.

SANTIAGO 1:17 NVI

Entonces el S<small>EÑOR</small> le dijo a Moisés: "Mira, haré llover alimento del cielo para ustedes. Cada día la gente podrá salir a recoger todo el alimento necesario para ese día. Con esto los pondré a prueba para ver si siguen o no mis instrucciones. El sexto día juntarán el alimento y cuando preparen la comida habrá el doble de lo normal".

ÉXODO 16:4-5 NTV

Pero a esa parte restante la pasaré por el fuego;
    la refinaré como se refina la plata,
    la probaré como se prueba el oro.

ZACARÍAS 13:9 NVI

Ustedes no han pasado por ninguna tentación que otros no hayan tenido. Y pueden confiar en Dios, pues él no va a permitir que sufran más tentaciones de las que pueden soportar. Además, cuando vengan las tentaciones, Dios mismo les mostrará cómo vencerlas, y así podrán resistir.

1 CORINTIOS 10:13 TLA

Por haber sufrido él mismo la tentación, puede socorrer a los que son tentados.

HEBREOS 2:18 NVI

Por lo tanto, ya que tenemos un gran Sumo Sacerdote que entró en el cielo, Jesús el Hijo de Dios, aferrémonos a lo que creemos. Nuestro Sumo Sacerdote comprende nuestras debilidades, porque enfrentó todas y cada una de las pruebas que enfrentamos nosotros, sin embargo, él nunca pecó.

HEBREOS 4:14-15 NTV

El que toque el cadáver de un ser humano quedará ceremonialmente impuro durante siete días. Esta persona debe purificarse el tercer y el séptimo día con el agua de la purificación; entonces quedará purificada; pero si no lo hace el tercer y el séptimo día, quedará impura aun después del séptimo día. El que toque un cadáver y no se purifique de la debida manera contamina el tabernáculo del Señor y será excluido de la comunidad de Israel. Ya que no se roció con el agua de la purificación, su contaminación continúa.

NÚMEROS 19:11-13 NTV

Y si alguien en el campo abierto toca el cadáver de alguien que mataron a espada o que murió de muerte natural, o si alguien toca un hueso de ser humano o una tumba, esa persona quedará contaminada durante siete días.

NÚMEROS 19:16 NTV

Limpio te mostrarás para con el limpio,
Y rígido serás para con el perverso.

2 SAMUEL 22:27 RVR1960

Con los puros te muestras puro,
    pero te muestras astuto con los tramposos.

SALMOS 18:26 NTV

Quién puede subir al monte del Señor?
    ¿Quién puede estar en su lugar santo?
Solo el de manos limpias y corazón puro,
    el que no adora ídolos vanos
    ni jura por dioses falsos.

SALMOS 24:3-4 NVI

¿Cómo puede el joven llevar una vida íntegra?
    Viviendo conforme a tu palabra.

SALMOS 119:9 NVI

El Señor detesta el camino de los perversos,
pero ama a quienes siguen la justicia.
PROVERBIOS 15:9 NTV

Los purificaré de todas las iniquidades que cometieron contra mí; les perdonaré todos los pecados con que se rebelaron contra mí.
JEREMÍAS 33:8 NVI

Dichosos los de corazón limpio,
porque ellos verán a Dios.
MATEO 5:8 NVI

Dichosos los de corazón limpio,
porque ellos verán a Dios.
MATEO 15:11 NVI

Luego Jesús llamó a la gente, y dijo:
—Escúchenme todos, y entiendan: Nada de lo que entra de afuera puede hacer impuro al hombre. Lo que sale del corazón del hombre es lo que lo hace impuro.
MARCOS 7:14-15 DHH

La voluntad de Dios es que sean santificados; que se aparten de la inmoralidad sexual.
1 TESALONICENSES 4:3 NVI

Restaura a los de corazón quebrantado
  y cubre con vendas sus heridas.
    SALMOS 147:3 NVI

El Espíritu del Señor Soberano está sobre mí,
  porque el Señor me ha ungido
  para llevar buenas noticias a los pobres.
Me ha enviado para consolar a los de corazón quebrantado
  y a proclamar que los cautivos serán liberados
  y que los prisioneros serán puestos en libertad.
Él me ha enviado para anunciar a los que se lamentan
  que ha llegado el tiempo del favor del Señor
  junto con el día de la ira de Dios contra sus enemigos.
    ISAÍAS 61:1-2 NTV

Que el Señor recompense tu obra y que tu remuneración sea completa de parte del Señor, Dios de Israel, bajo cuyas alas has venido a refugiarte.

RUT 2:12 LBLA

Dios paga al hombre según sus obras;
lo trata como se merece.

JOB 34:11 NVI

El amor inagotable, oh Señor, es tuyo;
ciertamente tú pagas a todos de acuerdo a lo que hayan hecho.

SALMOS 62:12 NTV

Los sabios heredan honra,
¡pero los necios son avergonzados!

PROVERBIOS 3:35 NTV

"Yo, el Señor, sondeo el corazón
y examino los pensamientos,
para darle a cada uno según sus acciones
y según el fruto de sus obras".

JEREMÍAS 17:10 NVI

¡Tengan cuidado! No hagan sus buenas acciones en público para que los demás los admiren, porque perderán la recompensa de su Padre, que está en el cielo.

MATEO 6:1 NTV

Por eso, cuando des a los necesitados, no lo anuncies al son de trompeta, como lo hacen los hipócritas en las sinagogas y en las calles para que la gente les rinda homenaje. Les aseguro que ellos ya han recibido toda su recompensa. Más bien, cuando des a los necesitados, que no se entere tu mano izquierda de lo que hace la derecha, para que tu limosna sea en secreto. Así tu Padre, que ve lo que se hace en secreto, te recompensará.

MATEO 6:2-4 NVI

Cuando ayunen, no pongan cara triste como hacen los hipócritas, que demudan sus rostros para mostrar que están ayunando. Les aseguro que estos ya han obtenido toda su recompensa. Pero tú, cuando ayunes, perfúmate la cabeza y lávate la cara para que no sea evidente ante los demás que estás ayunando, sino solo ante tu Padre, que está en lo secreto; y tu Padre, que ve lo que se hace en secreto, te recompensará.

MATEO 6:17-18 NVI

"Quien los recibe a ustedes me recibe a mí; y quien me recibe a mí recibe al que me envió. Cualquiera que recibe a un profeta por tratarse de un profeta recibirá recompensa de profeta; y el que recibe a un justo por tratarse de un justo recibirá recompensa de justo. Y quien dé siquiera un vaso de agua fresca a uno de estos pequeños por tratarse de uno de mis discípulos, les aseguro que no perderá su recompensa".

MATEO 10:40-42 NVI

—Les aseguro —respondió Jesús— que en la renovación de todas las cosas, cuando el Hijo del hombre se siente en su trono glorioso, ustedes que me han seguido se sentarán también en doce tronos para gobernar a las doce tribus de Israel. Y todo el que por mi causa haya dejado casas, hermanos, hermanas, padre, madre, hijos o terrenos recibirá cien veces más y heredará la vida eterna.

MATEO 19:28-29 NVI

Jesús dijo: En verdad os digo: No hay nadie que haya dejado casa, o hermanos, o hermanas, o madre, o padre, o hijos o tierras por causa de mí y por causa del evangelio, que no reciba cien veces más ahora en este tiempo: casas, y hermanos, y hermanas, y madres, e hijos, y tierras junto con persecuciones; y en el siglo venidero, la vida eterna.

MARCOS 10:29-30 LBLA

Si lo que alguien ha construido permanece, recibirá su recompensa, pero, si su obra es consumida por las llamas, él sufrirá pérdida. Será salvo, pero como quien pasa por el fuego.

1 CORINTIOS 3:14-15 NVI

Y ahora que pertenecen a Cristo, son verdaderos hijos de Abraham. Son sus herederos, y la promesa de Dios a Abraham les pertenece a ustedes.

GÁLATAS 3:29 NTV

Cuiden como pastores el rebaño de Dios que está a su cargo, no por obligación ni por ambición de dinero, sino con afán de servir, como Dios quiere. No sean tiranos con los que están a su cuidado, sino sean ejemplos para el rebaño. Así, cuando aparezca el Pastor supremo, ustedes recibirán la inmarcesible corona de gloria.

1 PEDRO 5:2-4 NVI

"Las naciones se han enfurecido;
    pero ha llegado tu castigo,
el momento de juzgar a los muertos,
    y de recompensar a tus siervos los profetas,
a tus santos y a los que temen tu nombre,
    sean grandes o pequeños,
y de destruir a los que destruyen la tierra".

APOCALIPSIS 11:18 NVI

"Miren, yo vengo pronto, y traigo la recompensa conmigo para pagarle a cada uno según lo que haya hecho".

APOCALIPSIS 22:12 NTV

Y no solo esto, sino que también nos regocijamos en Dios por nuestro Señor Jesucristo, pues gracias a él ya hemos recibido la reconciliación.

ROMANOS 5:11 NVI

Y todo esto procede de Dios, quien nos reconcilió consigo mismo por medio de Cristo, y nos dio el ministerio de la reconciliación.

2 CORINTIOS 5:18 LBLA

Eso los incluye a ustedes, que antes estaban lejos de Dios. Eran sus enemigos, separados de él por sus malos pensamientos y acciones; pero ahora él los reconcilió consigo mediante la muerte de Cristo en su cuerpo físico. Como resultado, los ha trasladado a su propia presencia, y ahora ustedes son santos, libres de culpa y pueden presentarse delante de él sin ninguna falta.

COLOSENSES 1:21-22 NTV

Así arrasó Dios a las ciudades de la llanura, pero se acordó de Abraham y sacó a Lot de en medio de la catástrofe que destruyó a las ciudades en que había habitado.

GÉNESIS 19:29 NVI

El Señor se ha acordado de nosotros; El nos bendecirá;
bendecirá a la casa de Israel;
bendecirá a la casa de Aarón.

SALMOS 115:12 LBLA

Pues los traeré del norte
    y de los extremos más lejanos de la tierra.
No me olvidaré del ciego ni del cojo,
    ni de las mujeres embarazadas ni de las que están en trabajo de parto.
    ¡Volverá un enorme grupo!

JEREMÍAS 31:8 NTV

Al sentir que se me iba la vida,
    me acordé del Señor,
y mi oración llegó hasta ti,
    hasta tu santo templo.

JONÁS 2:7 NVI

Que el Señor le pague a cada uno según su rectitud y lealtad, pues hoy él lo había puesto a usted en mis manos, pero yo ni siquiera me atreví a tocar al ungido del Señor.

1 SAMUEL 26:23 NVI

De hecho, en el evangelio se revela la justicia que proviene de Dios, la cual es por fe de principio a fin, tal como está escrito: "El justo vivirá por la fe".

ROMANOS 1:17 NVI

La Biblia misma nos enseña claramente que ahora Dios nos acepta sin necesidad de cumplir la ley. Dios acepta a todos los que creen y confían en Jesucristo, sin importar si son judíos o no lo son..

ROMANOS 3:21-22 TLA

Ante la promesa de Dios no vaciló como un incrédulo, sino que se reafirmó en su fe y dio gloria a Dios, plenamente convencido de que Dios tenía poder para cumplir lo que había prometido. Por eso se le tomó en cuenta su fe como justicia. Y esto de que "se le tomó en cuenta" no se escribió solo para Abraham, sino también para nosotros.

ROMANOS 4:20-24 NVI

Entonces, como se nos declaró justos a los ojos de Dios por la sangre de Cristo, con toda seguridad él nos salvará de la condenación de Dios.

ROMANOS 5:9 NTV

Porque así como por la desobediencia de uno solo muchos fueron constituidos pecadores, también por la obediencia de uno solo muchos serán constituidos justos.

ROMANOS 5:19 NVI

Después de haberlos elegido, Dios los llamó para que se acercaran a él; y una vez que los llamó, los puso en la relación correcta con él; y luego de ponerlos en la relación correcta con él, les dio su gloria.

ROMANOS 8:30 NTV

Sin embargo, Cristo ya cumplió el propósito por el cual se entregó la ley. Como resultado, a todos los que creen en él se les declara justos a los ojos de Dios.

ROMANOS 10:4 NTV

Y llegar a ser uno con él. Ya no me apoyo en mi propia justicia, por medio de obedecer la ley; más bien, llego a ser justo por medio de la fe en Cristo. Pues la forma en que Dios nos hace justos delante de él se basa en la fe.

FILIPENSES 3:9 NTV

He peleado la buena batalla, he terminado la carrera y he permanecido fiel. Ahora me espera el premio, la corona de justicia que el Señor, el Juez justo, me dará el día de su regreso; y el premio no es solo para mí, sino para todos los que esperan con anhelo su venida.

2 TIMOTEO 4:7-8 NTV

Pero nosotros esperamos con entusiasmo los cielos nuevos y la tierra nueva que él prometió, un mundo lleno de la justicia de Dios.

2 PEDRO 3:13 NTV

Así que ve y diles a los israelitas: "Yo soy el Señor, y voy a quitarles de encima la opresión de los egipcios. Voy a librarlos de su esclavitud; voy a liberarlos con gran despliegue de poder y con grandes actos de justicia. Haré de ustedes mi pueblo; y yo seré su Dios. Así sabrán que yo soy el Señor su Dios, que los libró de la opresión de los egipcios. Y los llevaré a la tierra que bajo juramento prometí darles a Abraham, Isaac y Jacob. Yo, el Señor, les daré a ustedes posesión de ella".

ÉXODO 6:6-8 NVI

El Señor se encariñó contigo y te eligió, aunque no eras el pueblo más numeroso, sino el más insignificante de todos. Lo hizo porque te ama y quería cumplir su juramento a tus antepasados; por eso te rescató del poder del faraón, el rey de Egipto, y te sacó de la esclavitud con gran despliegue de fuerza.

DEUTERONOMIO 7:7-8 NVI

Me redime de la muerte
    y me corona de amor y tiernas misericordias.

SALMOS 103:4 NTV

Mas ahora, así dice el Señor tu Creador, oh Jacob,
y el que te formó, oh Israel:
No temas, porque yo te he redimido,
te he llamado por tu nombre; mío eres tú.

ISAÍAS 43:1 LBLA

Él se entregó por nosotros para rescatarnos de toda maldad y purificar para sí un pueblo elegido, dedicado a hacer el bien.

TITO 2:14 NVI

Entonces Cristo ahora ha llegado a ser el Sumo Sacerdote por sobre todas las cosas buenas que han venido. Él entró en ese tabernáculo superior y más perfecto que está en el cielo, el cual no fue hecho por manos humanas ni forma parte del mundo creado. Con su propia sangre —no con la sangre de cabras ni de becerros— entró en el Lugar Santísimo una sola vez y para siempre, y aseguró nuestra redención eterna.

HEBREOS 9:11-12 NTV

Y cantaban un nuevo canto con las siguientes palabras:
"Tú eres digno de tomar el rollo
    y de romper los sellos y abrirlo.
Pues tú fuiste sacrificado y tu sangre pagó el rescate para Dios
    de gente de todo pueblo, tribu, lengua y nación.
Y la has transformado
    en un reino de sacerdotes para nuestro Dios.
    Y reinarán sobre la tierra".

APOCALIPSIS 5:9-10 NTV

El es escudo a todos los que a El se acogen.

2 SAMUEL 22:31 LBLA

Dios es el que me ciñe de fuerza,
Y quien despeja mi camino;

2 SAMUEL 22:33 RVR1960

¡Dichosos los que en él buscan refugio!

SALMOS 2:12 NVI

El Señor es un refugio para los oprimidos,
un lugar seguro en tiempos difíciles.

SALMOS 9:9 NTV

Escudo es Dios a los que en él se refugian.

SALMOS 18:30 NVI

El Señor le da fuerza a su pueblo;
es una fortaleza segura para su rey ungido.

SALMOS 28:8 NTV

Guíame, pues eres mi roca y mi fortaleza,
dirígeme por amor a tu nombre.

SALMOS 31:3 NVI

Tú eres mi refugio;
tú me protegerás del peligro
y me rodearás con cánticos de liberación.

SALMOS 32:7 NVI

Prueben y vean que el Señor es bueno;
dichosos los que en él se refugian.
SALMOS 34:8 NVI

Cuán precioso, oh Dios, es tu gran amor!
Todo ser humano halla refugio
a la sombra de tus alas.
SALMOS 36:7 NVI

Pero yo le cantaré a tu poder,
y por la mañana alabaré tu amor;
porque tú eres mi protector,
mi refugio en momentos de angustia.
SALMOS 59:16 NVI

Desde los extremos de la tierra,
clamo a ti por ayuda
cuando mi corazón está abrumado.
Guíame a la imponente roca de seguridad,
porque tú eres mi amparo seguro,
una fortaleza donde mis enemigos no pueden alcanzarme.
SALMOS 61:2-3 NTV

Solo él es mi roca y mi salvación,
mi fortaleza donde jamás seré sacudido.
SALMOS 62:7 NTV

Declaro lo siguiente acerca del Señor:
Solo él es mi refugio, mi lugar seguro;
él es mi Dios y en él confío.
SALMOS 91:2 NTV

Es mejor refugiarse en el Señor
que confiar en el hombre.
Es mejor refugiarse en el Señor
que fiarse de los poderosos.
SALMOS 118:8-9 NVI

Mi escudo, en quien me refugio.
Él es quien pone los pueblosa mis pies.

SALMOS 144:2 NVI

El camino del Señor es refugio de los justos
y ruina de los malhechores.

PROVERBIOS 10:29 NVI

Cuando grites pidiendo ayuda,
¡que te salve tu colección de ídolos!
A todos ellos se los llevará el viento;
con un simple soplo desaparecerán.
Pero el que se refugia en mí
recibirá la tierra por herencia
y tomará posesión de mi monte santo.

ISAÍAS 57:13 NVI

La voz del Señor pronto rugirá desde Sión
y tronará desde Jerusalén
y los cielos y la tierra temblarán;
pero el Señor será un refugio para su pueblo,
una fortaleza firme para el pueblo de Israel.

JOEL 3:16 NTV

"Entonces se dará a los santos,
    que son el pueblo del Altísimo,
la majestad y el poder
    y la grandeza de los reinos.
Su reino será un reino eterno,
    y lo adorarán y obedecerán
    todos los gobernantes de la tierra".

DANIEL 7:27 NVI

"Arrepiéntanse de sus pecados y vuelvan a Dios, porque el reino del cielo está cerca".

MATEO 3:2 NTV

Entonces los justos brillarán como el sol en el reino de su Padre. ¡El que tenga oídos para oír, que escuche y entienda!

MATEO 13:43 NTV

Entonces dijo:
—Les aseguro que a menos que ustedes cambien y se vuelvan como niños, no entrarán en el reino de los cielos. Por tanto, el que se humilla como este niño será el más grande en el reino de los cielos.

MATEO 18:3-4 NVI

Pero Jesús les dijo: "Dejen que los niños vengan a mí. ¡No los detengan! Pues el reino del cielo pertenece a los que son como estos niños".

MATEO 19:14 NTV

Entonces dirá el Rey a los que estén a su derecha: "Vengan ustedes, a quienes mi Padre ha bendecido; reciban su herencia, el reino preparado para ustedes desde la creación del mundo".

MATEO 25:34 NVI

"A ustedes se les ha revelado el secreto del reino de Dios."

MARCOS 4:11 NVI

Cuando Jesús se dio cuenta, se indignó y les dijo: "Dejen que los niños vengan a mí, y no se lo impidan, porque el reino de Dios es de quienes son como ellos. Les aseguro que el que no reciba el reino de Dios como un niño de ninguna manera entrará en él".

MARCOS 10:14–15 NVI

Y vendrán del oriente y del occidente, del norte y del sur, y se sentarán a la mesa en el reino de Dios. Y he aquí, hay últimos que serán primeros, y hay primeros que serán últimos.

LUCAS 13:29–30 LBLA

Mas Jesús, llamándolos a su lado, dijo: Dejad que los niños vengan a mí, y no se lo impidáis, porque de los que son como éstos es el reino de Dios. En verdad os digo: el que no recibe el reino de Dios como un niño, no entrará en él.

LUCAS 18:16–17 LBLA

Jesús le respondió:

—Te digo la verdad, a menos que nazcas de nuevo, no puedes ver el reino de Dios.

JUAN 3:3 NTV

¿No saben que los malvados no heredarán el reino de Dios? ¡No se dejen engañar! Ni los fornicarios, ni los idólatras, ni los adúlteros, ni los sodomitas, ni los pervertidos sexuales, ni los ladrones, ni los avaros, ni los borrachos, ni los calumniadores, ni los estafadores heredarán el reino de Dios.

1 CORINTIOS 6:9–10 NVI

Así que nosotros, que estamos recibiendo un reino inconmovible, seamos agradecidos. Inspirados por esta gratitud, adoremos a Dios como a él le agrada, con temor reverente, porque nuestro "Dios es fuego consumidor".

HEBREOS 12:28–29 NVI

Todos ustedes son hijos de Dios mediante la fe en Cristo Jesús.

GÁLATAS 3:26 NVI

Pero ahora en Cristo Jesús, a ustedes que antes estaban lejos, Dios los ha acercado mediante la sangre de Cristo.

EFESIOS 2:13 NVI

Así que ahora ustedes, los gentiles, ya no son unos desconocidos ni extranjeros. Son ciudadanos junto con todo el pueblo santo de Dios. Son miembros de la familia de Dios.

EFESIOS 2:19 NTV

Así Dios nos ha entregado sus preciosas y magníficas promesas para que ustedes, luego de escapar de la corrupción que hay en el mundo debido a los malos deseos, lleguen a tener parte en la naturaleza divina.

2 PEDRO 1:4 NVI

Lo que pido de ustedes es amor y no sacrificios,
conocimiento de Dios y no holocaustos.

OSEAS 6:6 NVI

Aborrecí, aboniné vuestras solemnidades, y no me complaceré en vuestras asambleas. Y si me ofreciereis vuestros holocaustos y vuestras ofrendas, no los recibiré, ni miraré a las ofrendas de paz de vuestros animales engordados.

AMÓS 5:21-22 RVR1960

Él les respondió: Si tuvieran una oveja y esta cayera en un pozo de agua en el día de descanso, ¿no trabajarían para sacarla de allí? Por supuesto que lo harían. ¡Y cuánto más valiosa es una persona que una oveja! Así es, la ley permite que una persona haga el bien en el día de descanso.

MATEO 12:11-12 NTV

Y El les decía: El día de reposo se hizo para el hombre, y no el hombre para el día de reposo. Por tanto, el Hijo del Hombre es Señor aun del día de reposo.

MARCOS 2:27-28 LBLA

Yo sé —y estoy convencido por la autoridad del Señor Jesús— que ningún alimento en sí mismo está mal; pero si alguien piensa que está mal comerlo, entonces, para esa persona, está mal.

ROMANOS 14:14 NTV

"No tomes en tus manos, no pruebes, no toques" Estos preceptos, basados en reglas y enseñanzas humanas, se refieren a cosas que van a desaparecer con el uso. Tienen sin duda apariencia de sabiduría, con su afectada piedad, falsa humildad y severo trato del cuerpo, pero de nada sirven frente a los apetitos de la naturaleza pecaminosa.

COLOSENSES 2:21-23 NVI

La religión pura y sin mácula delante de Dios el Padre es esta: Visitar a los huérfanos y a las viudas en sus tribulaciones, y guardarse sin mancha del mundo.

SANTIAGO 1:27 RVR1960

El Señor tu Dios cambiará tu corazón y el de tus descendientes, para que lo ames con todo el corazón y con toda el alma, y para que tengas vida.

DEUTERONOMIO 30:6 NTV

Entonces las mujeres dijeron a Noemí: Bendito sea el Señor que no te ha dejado hoy sin redentor; que su nombre sea célebre en Israel. Sea él también para ti restaurador de tu vida y sustentador de tu vejez; porque tu nuera, que te ama y es de más valor para ti que siete hijos, le ha dado a luz.

RUT 4:14-15 LBLA

Y ustedes, los que quedan en Judá,
    los que han escapado de los estragos del ataque,
echarán raíces en su propio suelo,
    crecerán y prosperarán.
Pues desde Jerusalén se extenderá un remanente de mi pueblo,
    un grupo de sobrevivientes, desde el monte Sión.
¡El ferviente compromiso del Señor de los Ejércitos Celestiales
    hará que esto suceda!

2 REYES 19:30-31 NTV

Sin embargo, mira, Dios no rechazará a una persona íntegra,
    tampoco dará una mano a los malvados.

JOB 8:21 NTV

Sus caminos son caminos agradables
    y todas sus sendas, paz.
Es árbol de vida para los que de ella echan mano,
    y felices son los que la abrazan.

PROVERBIOS 3:17-18 LBLA

"Si se caen los ladrillos,
   reconstruiremos con piedra tallada;
si se caen las vigas de higuera,
   las repondremos con vigas de cedro".

ISAÍAS 9:10 NVI

En aquel día ni el remanente de Israel
   ni los sobrevivientes del pueblo de Jacob
volverán a apoyarse
   en quien los hirió de muerte,
sino que su apoyo verdadero
   será el Señor, el Santo de Israel.
Y un remanente volverá;
   un remanente de Jacob volverá al Dios Poderoso.

ISAÍAS 10:20-21 NVI

El Señor herirá a los egipcios con una plaga, y aun hiriéndolos, los sanará.
Ellos se volverán al Señor, y él responderá a sus ruegos y los sanará.

ISAÍAS 19:22 NVI

Reconstruirán las ruinas antiguas,
   y restaurarán los escombros de antaño;
repararán las ciudades en ruinas,
   y los escombros de muchas generaciones.

ISAÍAS 61:4 NVI

Presten atención, que estoy por crear
   un cielo nuevo y una tierra nueva.
No volverán a mencionarse las cosas pasadas,
   ni se traerán a la memoria.

ISAÍAS 65:17 NVI

"Así dice el Señor Todopoderoso, el Dios de Israel: 'Toma la copia sellada y
la copia abierta de esta escritura, y guárdalas en una vasija de barro para que
se conserven mucho tiempo'. Porque así dice el Señor Todopoderoso, el Dios de
Israel: 'De nuevo volverán a comprarse casas, campos y viñedos en esta tierra' ".

JEREMÍAS 32:14-15 NVI

Así dice el Señor: "Ustedes dicen que este lugar está en ruinas, sin gente ni animales. Sin embargo, en las ciudades de Judá y en las calles de Jerusalén, que están desoladas y sin gente ni animales, se oirá de nuevo".

JEREMÍAS 33:10 NVI

Yo les daré un corazón íntegro, y pondré en ellos un espíritu renovado. Les arrancaré el corazón de piedra que ahora tienen, y pondré en ellos un corazón de carne, para que cumplan mis decretos y pongan en práctica mis leyes. Entonces ellos serán mi pueblo, y yo seré su Dios.

EZEQUIEL 11:19-20 NVI

Entonces se dirá: "Esta tierra, que antes yacía desolada, es ahora un jardín de Edén; las ciudades que antes estaban en ruinas, desoladas y destruidas, están ahora habitadas y fortificadas". Entonces las naciones que quedaron a su alrededor sabrán que yo, el Señor, reconstruí lo que estaba derribado y replanté lo que había quedado como desierto. Yo, el Señor, lo he dicho, y lo cumpliré.

EZEQUIEL 36:35-36 NVI

Pues algún día la gente me seguirá.
    Yo, el Señor, rugiré como un león.
Y cuando ruja,
    mi pueblo regresará temblando del occidente.
Vendrán de Egipto como una bandada de aves.
    Regresarán de Asiria temblando como palomas
y los traeré de regreso a casa,
    dice el Señor.

OSEAS 11:10-11 NTV

Seré para Israel
    como un refrescante rocío del cielo.
Israel florecerá como el lirio;
    hundirá sus raíces profundamente en la tierra
    como los cedros del Líbano.

OSEAS 14:5 NTV

"En aquel día —afirma el Señor—
   reuniré a las ovejas lastimadas,
   dispersas y maltratadas.
Con las ovejas heridas formaré un remanente,
   y con las desterradas, una nación poderosa".
   MIQUEAS 4:6-7 NVI

"Quedarán solo los sencillos y los humildes
   porque son ellos quienes confían en el nombre del Señor.
Los del remanente de Israel no harán nada malo;
   nunca mentirán ni se engañarán unos a otros.
Comerán y dormirán seguros,
   sin que nadie los atemorice".
   SOFONÍAS 3:12-13 NTV

Así dice el Señor Todopoderoso:
"Los ancianos y las ancianas volverán a sentarse en las calles de Jerusalén,
cada uno con su bastón en la mano debido a su avanzada edad.
Los niños y las niñas volverán a jugar en las calles de la ciudad".
   ZACARÍAS 8:4-5 NVI

Por tanto, no nos desanimamos. Al contrario, aunque por fuera nos vamos
desgastando, por dentro nos vamos renovando día tras día.
   2 CORINTIOS 4:16 NVI

El que estaba sentado en el trono dijo: "¡Yo hago nuevas todas las cosas!"
Y añadió: "Escribe, porque estas palabras son verdaderas y dignas de
confianza".
   APOCALIPSIS 21:5 NVI

Ya no habrá más maldición sobre ninguna cosa, porque allí estará el trono
de Dios y del Cordero, y sus siervos lo adorarán. Verán su rostro y tendrán su
nombre escrito en la frente. Allí no existirá la noche —no habrá necesidad de
la luz de lámparas ni del sol— porque el Señor Dios brillará sobre ellos. Y ellos
reinarán por siempre y para siempre.
   APOCALIPSIS 22:3-5 NTV

Pero el Señor siguió diciendo:

—Ciertamente he visto la opresión que sufre mi pueblo en Egipto. Los he escuchado quejarse de sus capataces, y conozco bien sus penurias. Así que he descendido para librarlos del poder de los egipcios y sacarlos de ese país, para llevarlos a una tierra buena y espaciosa, tierra donde abundan la leche y la miel. Me refiero al país de los cananeos, hititas, amorreos, ferezeos, heveos y jebuseos. Han llegado a mis oídos los gritos desesperados de los israelitas, y he visto también cómo los oprimen los egipcios. Así que disponte a partir. Voy a enviarte al faraón para que saques de Egipto a los israelitas, que son mi pueblo.

ÉXODO 3:7-10 NVI

El Señor, que me libró de las garras del león y del oso, también me librará del poder de ese filisteo.

—Anda, pues —dijo Saúl—, y que el Señor te acompañe.

1 SAMUEL 17:37 NVI

Invocaré a Jehová, quien es digno de ser alabado,
Y seré salvo de mis enemigos.

2 SAMUEL 22:4 RVR1960

Así libra de la espada al pobre, de la boca de los impíos,
Y de la mano violenta;

JOB 5:15 RVR1960

Te rescatará de seis desastres;
   aun en el séptimo, te guardará del mal.

JOB 5:19 NTV

Cuando haya hambre, te salvará de la muerte;
   cuando haya guerra, te librará de la espada.

JOB 5:20 NVI

Dice el Señor: "Voy ahora a levantarme, y pondré a salvo a los oprimidos, pues al pobre se le oprime, y el necesitado se queja".
SALMOS 12:5 NVI

Rescatas al humilde, pero humillas al orgulloso.
SALMOS 18:27 NTV

Los rescata de la muerte y los mantiene con vida en tiempos de hambre.
SALMOS 33:19 NTV

Los justos claman, y el Señor los oye; los libra de todas sus angustias.
SALMOS 34:17 NVI

Luego llámame cuando tengas problemas,
   y yo te rescataré, y tú me darás la gloria.
SALMOS 50:15 NTV

Nuestro Dios es un Dios que salva;
   el Señor Soberano nos libra de la muerte.
SALMOS 68:20 NVI

Los redimirá de la opresión y la violencia,
   porque sus vidas le son preciosas.
SALMOS 72:14 NTV

Porque él aboga por el necesitado
   para salvarlo de quienes lo condenan.
SALMOS 109:30-31 NVI

Levanta del polvo a los pobres,
   y a los necesitados, del basurero.
Los pone entre príncipes,
   ¡incluso entre los príncipes de su propio pueblo!
SALMOS 113:7-8 NTV

La sabiduría te salvará de la gente mala,
   de los que hablan con palabras retorcidas.
PROVERBIOS 2:12 NTV

En aquel día habrá un altar para el Señor en el corazón mismo de Egipto, y en su frontera un monumento al Señor. Esto servirá en Egipto de señal y testimonio del Señor Todopoderoso. Cuando ellos clamen al Señor por causa de sus opresores, él les enviará un salvador y defensor que los librará.

ISAÍAS 19:19-20 NVI

Pero el Señor dice:
"Los cautivos de los guerreros serán puestos en libertad,
    y se recuperará el botín de los tiranos.
Pues yo pelearé contra quienes peleen contigo,
    y salvaré a tus hijos".

ISAÍAS 49:25 NTV

¡Canten al Señor!
    ¡Alaben al Señor!
Pues al pobre y al necesitado
    los ha rescatado de sus opresores.

JEREMÍAS 20:13 NTV

Por eso —afirma el Señor— vienen días en que ya no se dirá: "Por la vida del Señor, que hizo salir a los israelitas de la tierra de Egipto", sino: "Por la vida del Señor, que hizo salir a los descendientes de la familia de Israel, y los hizo llegar del país del norte, y de todos los países adonde los había expulsado". Y habitarán en su propia tierra.

JEREMÍAS 23:7-8 NVI

Me dejaré encontrar —afirma el Señor—, y los haré volver del cautiverio. Yo los reuniré de todas las naciones y de todos los lugares adonde los haya dispersado, y los haré volver al lugar del cual los deporté, afirma el Señor.

JEREMÍAS 29:14 NVI

Yo mismo apacentaré mi rebaño, y lo llevaré a descansar. Lo afirma el Señor omnipotente. Buscaré a las ovejas perdidas, recogeré a las extraviadas, vendaré a las heridas y fortaleceré a las débiles, pero exterminaré a las ovejas gordas y robustas. Yo las pastorearé con justicia.

EZEQUIEL 34:15-16 NVI

Si se nos arroja al horno en llamas, el Dios al que servimos puede librarnos del horno y de las manos de Su Majestad. Pero, aun si nuestro Dios no lo hace así, sepa usted que no honraremos a sus dioses ni adoraremos a su estatua.

DANIEL 3:17 NVI

En ese tiempo se levantará Miguel, el arcángel que hace guardia sobre tu nación. Entonces habrá un tiempo de angustia, como no lo hubo desde que existen las naciones. Sin embargo, en ese momento, cada uno de tu pueblo que tiene el nombre escrito en el libro será rescatado.

DANIEL 12:1 NTV

"Los que hayan sido rescatados subirán almonte Sión en Jerusalén
para gobernar sobre las montañas de Edom.
¡Y el Señor mismo será rey!".

ABDÍAS 21 NTV

Y ellos pastorearán la tierra de Asiria con espada,
la tierra de Nimrod en sus puertas;
El nos librará del asirio
cuando invada nuestra tierra
y huelle nuestro territorio.

MIQUEAS 5:6 LBLA

"Yo te libraré de las tristezas, que son para ti una carga deshonrosa.
En aquel tiempo yo mismo me ocuparé de todos los que te oprimen;
salvaré a la oveja que cojea y juntaré a la descarriada.
Les daré a ustedes fama y renombre
en los países donde fueron avergonzados".

SOFONÍAS 3:18-19 NVI

Entre las demás naciones, Judá e Israel se convirtieron en símbolo de una nación maldita. ¡Pues ya no lo serán más! Ahora los rescataré y los haré símbolo y fuente de bendición. Así que no tengan miedo. ¡Sean fuertes y sigan con la reconstrucción del templo!

ZACARÍAS 8:13 NTV

En aquel día el Señor su Dios rescatará a su pueblo,
   así como un pastor rescata a sus ovejas.
Brillarán en la tierra del Señor
   como joyas en una corona.
¡Qué espléndidos y hermosos serán!
   Los jóvenes florecerán con la abundancia de grano
   y las jóvenes con el vino nuevo.

   ZACARÍAS 9:16–17 NTV

¿Qué les parece? Si un hombre tiene cien ovejas y se le extravía una de ellas, ¿no dejará las noventa y nueve en las colinas para ir en busca de la extraviada? Y, si llega a encontrarla, les aseguro que se pondrá más feliz por esa sola oveja que por las noventa y nueve que no se extraviaron. Así también, el Padre de ustedes que está en el cielo no quiere que se pierda ninguno de estos pequeños.

   MATEO 18:12–14 NVI

Nos concedió que fuéramos libres del temor,
   al rescatarnos del poder de nuestros enemigos,
para que le sirviéramos con santidad y justicia,
   viviendo en su presencia todos nuestros días.

   LUCAS 1:73–75 NVI

De la misma manera, ¡hay más alegría en el cielo por un pecador perdido que se arrepiente y regresa a Dios que por noventa y nueve justos que no se extraviaron!

   LUCAS 15:7 NTV

Dios no envió a su Hijo al mundo para condenar al mundo, sino para salvarlo por medio de él.

   JUAN 3:17 NTV

¡Soy un pobre desgraciado! ¿Quién me libertará de esta vida dominada por el pecado y la muerte? ¡Gracias a Dios! La respuesta está en Jesucristo nuestro Señor. Así que ya ven: en mi mente de verdad quiero obedecer la ley de Dios, pero a causa de mi naturaleza pecaminosa, soy esclavo del pecado.

   ROMANOS 7:24–25 NTV

No hay diferencia entre judíos y gentiles, pues el mismo Señor es Señor de todos y bendice abundantemente a cuantos lo invocan, porque "todo el que invoque el nombre del Señor será salvo".

ROMANOS 10:12-13 NVI

Que Dios Padre y nuestro Señor Jesucristo les concedan gracia y paz. Tal como Dios nuestro Padre lo planeó, Jesús entregó su vida por nuestros pecados para rescatarnos de este mundo de maldad en el que vivimos.

GÁLATAS 1:3-4 NTV

Él nos libró del dominio de la oscuridad y nos trasladó al reino de su amado Hijo.

COLOSENSES 1:13 NVI

Porque si la sangre de los toros y de los machos cabríos, y las cenizas de la becerra rociadas a los inmundos, santifican para la purificación de la carne, ¿cuánto más la sangre de Cristo, el cual mediante el Espíritu eterno se ofreció a sí mismo sin mancha a Dios, limpiará vuestras conciencias de obras muertas para que sirváis al Dios vivo?

HEBREOS 9:13-14 RVR1960

Hermanos en Cristo, si alguno de ustedes deja de confiar en la verdad que ha aprendido, y otro le devuelve la confianza, quiero que sepan esto: quien hace que un pecador deje de pecar, salva de la muerte al pecador y logra que Dios le perdone sus muchos pecados.

SANTIAGO 5:19-20 TLA

Porque vosotros erais como ovejas descarriadas, pero ahora habéis vuelto al Pastor y Obispo de vuestras almas.

1 PEDRO 2:25 RVR1960

Esto nos demuestra que Dios sabe solucionar los problemas y dificultades que tienen los que lo obedecen, pero que también habrá de castigar a los que hacen lo malo, y lo hará el día en que juzgue a todos.

2 PEDRO 2:9 TLA

Cuando recibas todas estas bendiciones o sufras estas maldiciones de las que te he hablado, y las recuerdes en cualquier nación por donde el Señor tu Dios te haya dispersado; y cuando tú y tus hijos se vuelvan al Señor tu Dios y le obedezcan con todo el corazón y con toda el alma, tal como hoy te lo ordeno, entonces el Señor tu Dios restaurará tu buena fortuna y se compadecerá de ti. ¡Volverá a reunirte de todas las naciones por donde te haya dispersado!

DEUTERONOMIO 30:1-3 NVI

Aunque estés desterrado en los extremos de la tierra, el Señor tu Dios te traerá de allí y te reunirá nuevamente. El Señor tu Dios te hará volver a la tierra que perteneció a tus antepasados, y será tuya de nuevo. ¡Entonces te hará aún más próspero y numeroso que tus antepasados!

DEUTERONOMIO 30:3-5 NTV

Luego el Señor le dijo a Josué: "Hoy he hecho que la vergüenza de su esclavitud en Egipto salga rodando como una piedra". Por eso, ese lugar se llama Gilgal hasta el día de hoy.

JOSUÉ 5:9 NTV

Pero ahora tú, Señor y Dios nuestro, por un breve momento nos has mostrado tu bondad al permitir que un remanente quede en libertad y se establezca en tu lugar santo. Has permitido que nuestros ojos vean una nueva luz, y nos has concedido un pequeño alivio en medio de nuestra esclavitud. Aunque somos esclavos, no nos has abandonado, Dios nuestro, sino que nos has extendido tu misericordia a la vista de los reyes de Persia. Nos has dado nueva vida para reedificar tu templo y reparar sus ruinas, y nos has brindado tu protección en Judá y en Jerusalén.

ESDRAS 9:8-9 NVI

Pero, si tú vuelves la mirada a Dios,
    si le pides perdón al Todopoderoso,
y si eres puro y recto,
    él saldrá en tu defensa
    y te restablecerá en el lugar que te corresponde.
Modestas parecerán tus primeras riquezas,
    comparadas con tu prosperidad futura.

JOB 8:5-7 NVI

Si te vuelves al Todopoderoso, serás restaurado,
    por lo tanto, limpia tu vida.
Si renuncias a tu codicia del dinero
    y arrojas tu precioso oro al río,
el Todopoderoso será tu tesoro.
    ¡Él será tu plata preciosa!

JOB 22:23-25 NTV

Me restaurarás incluso a mayor honor
    y me consolarás una vez más.

SALMOS 71:21 NTV

También volveré mi mano contra ti,
    te limpiaré de tu escoria como con lejía,
    y quitaré toda tu impureza.
Entonces restauraré tus jueces como al principio,
    y tus consejeros como al comienzo;
    después de lo cual serás llamada ciudad de justicia, ciudad fiel.

ISAÍAS 1:25-26 LBLA

Aquel día el Renuevo del Señor será hermoso y lleno de gloria, y el fruto de la tierra *será* el orgullo y adorno de los sobrevivientes de Israel. Y acontecerá que el que sea dejado en Sion y el que quede en Jerusalén será llamado santo: todos los que estén inscritos para vivir en Jerusalén.

ISAÍAS 4:2-3 LBLA

El destruirá la muerte para siempre;
el Señor Dios enjugará las lágrimas de todos los rostros,
y quitará el oprobio de su pueblo de sobre toda la tierra,
porque el Señor ha hablado.

ISAÍAS 25:8 LBLA

¡Mira tú, ciudad afligida,
    atormentada y sin consuelo!
¡Te afirmaré con turquesas,
    y te cimentaré con zafiros!
Con rubíes construiré tus almenas,
    con joyas brillantes tus puertas,
    y con piedras preciosas todos tus muros.

ISAÍAS 54:11-12 NVI

El Alto y Majestuoso que vive en la eternidad,
    el Santo, dice:
Yo vivo en el lugar alto y santo
    con los de espíritu arrepentido y humilde.
Restauro el espíritu destrozado del humilde
    y reavivo el valor de los que tienen un corazón arrepentido.

ISAÍAS 57:15 NTV

"Porque vienen días —afirma el Señor— cuando yo haré volver del cautiverio
a mi pueblo Israel y Judá, y los traeré a la tierra que di a sus antepasados, y la
poseerán", afirma el Señor.

JEREMÍAS 30:3 NVI

Yo te reedificaré, mi virgen Israel.
    Volverás a ser feliz
    y con alegría danzarás con las panderetas.
De nuevo plantarás tus viñedos sobre las montañas de Samaria
    y allí comerás de tus propios huertos.

JEREMÍAS 31:4-5 NTV

"Vienen días —afirma el Señor—, en que la ciudad del Señor será reconstruida, desde la torre de Jananel hasta la puerta de la Esquina. El cordel para medir se extenderá en línea recta, desde allí hasta la colina de Gareb, y luego girará hacia Goa. Y todo el valle donde se arrojan los cadáveres y las cenizas, y todos los campos, hasta el arroyo de Cedrón y hasta la puerta de los Caballos, en la esquina oriental, estarán consagrados al Señor. ¡Nunca más la ciudad será arrancada ni derribada!"

JEREMÍAS 31:38-40 NVI

Se comprarán campos en esta tierra, de la cual ustedes dicen: "Es una tierra desolada, sin gente ni animales, porque fue entregada en manos de los babilonios". En la tierra de Benjamín y en los alrededores de Jerusalén, en las ciudades de Judá, de la región montañosa, de la llanura, y del Néguev, se comprarán campos por dinero, se firmarán escrituras, y se sellarán ante testigos —afirma el Señor—, porque yo cambiaré su suerte.

JEREMÍAS 32:43-44 NVI

Pero tú, Jacob siervo mío, no temas;
    no te asustes, Israel.
Porque te salvaré de un lugar remoto;
    y a tu descendencia, del destierro.
Jacob volverá a vivir en paz;
    estará seguro y tranquilo.

JEREMÍAS 46:27 NVI

Por tanto, se acerca la hora —dice el Señor—, cuando la gente que haga un juramento ya no dirá: "Tan cierto como que el Señor vive, quien rescató al pueblo de Israel de la tierra de Egipto". En cambio, dirán: "Tan cierto como que el Señor vive, quien trajo a Israel de regreso a su propia tierra desde la tierra del norte y de todos los países a donde él los envió al destierro". Pues los traeré nuevamente a esta tierra que les di a sus antepasados.

JEREMÍAS 16:14-15 NTV

Tu castigo se ha cumplido, bella Sión;
    Dios no volverá a desterrarte.

LAMENTACIONES 4:22 NVI

Cuando yo los saque a ustedes y los reúna de todas las naciones y pueblos donde estarán esparcidos, en presencia de las naciones los recibiré como incienso agradable y les manifestaré mi santidad. Y, cuando yo los lleve a la tierra de Israel, al país que con la mano en alto había jurado a sus antepasados que les daría, entonces reconocerán que yo soy el Señor.

EZEQUIEL 20:41-42 NVI

Esto dice el Señor Soberano: el pueblo de Israel volverá a vivir en su propio país, la tierra que le di a mi siervo Jacob. Pues reuniré a los israelitas de entre las tierras lejanas adonde los había esparcido. A la vista de las naciones del mundo, revelaré mi santidad en mi pueblo.

EZEQUIEL 28:25 NTV

Los rociaré con agua pura, y quedarán purificados. Los limpiaré de todas sus impurezas e idolatrías.

EZEQUIEL 36:25 NVI

Esto dice el Señor Soberano: cuando yo los limpie de sus pecados, volveré a poblar sus ciudades y se reconstruirán las ruinas. Los campos que estaban vacíos y desolados, a la vista de todos, se cultivarán de nuevo.

EZEQUIEL 36:33-34 NTV

Esto dice el Señor Soberano: "¡Atención! ¡Pondré aliento dentro de ustedes y haré que vuelvan a vivir! Les pondré carne y músculos y los recubriré con piel. Pondré aliento en ustedes y revivirán. Entonces sabrán que yo soy el Señor".

EZEQUIEL 37:5-6 NTV

Por eso, profetiza y adviérteles que así dice el Señor omnipotente: "Pueblo mío, abriré tus tumbas y te sacaré de ellas, y te haré regresar a la tierra de Israel. Y, cuando haya abierto tus tumbas y te haya sacado de allí, entonces, pueblo mío, sabrás que yo soy el Señor. Pondré en ti mi aliento de vida, y volverás a vivir. Y te estableceré en tu propia tierra. Entonces sabrás que yo, el Señor, lo he dicho, y lo cumpliré. Lo afirma el Señor".

EZEQUIEL 37:12-14 NVI

Con todo, los israelitas serán tan numerosos como la arena del mar, que no se puede medir ni contar. Y en el mismo lugar donde se les llamó: "Pueblo ajeno", se les llamará: "Hijos del Dios viviente". El pueblo de Judá se reunirá con el pueblo de Israel, y nombrarán un solo jefe y resurgirán en su país, porque grande será el día de Jezrel.

OSEAS 1:10-11 NVI

Pero, aunque se los compre entre las naciones,
    de allí volveré a reunirlos;
y comenzarán a retorcerse
    bajo la opresión de un rey poderoso.

OSEAS 8:10 NVI

El Señor dice: "Les devolveré lo que perdieron
    a causa del pulgón, el saltamontes,
la langosta y la oruga.
    Fui yo quién envió ese gran ejército destructor en contra de ustedes".

JOEL 2:25 NTV

"En aquel día restauraré la casa caída de David.
    Repararé sus muros dañados.
De las ruinas, la reedificaré
    y restauraré su gloria anterior.
Israel poseerá lo que quede de Edom
    y todas las naciones que he llamado a ser mías".
El Señor ha hablado y cumplirá estas cosas.

AMÓS 9:11-12 NTV

"Restauraré a mi pueblo Israel;
    ellos reconstruirán las ciudades arruinadas
    y vivirán en ellas.
Plantarán viñedos y beberán su vino;
    cultivarán huertos y comerán sus frutos.
Plantaré a Israel en su propia tierra,
    para que nunca más sea arrancado
    de la tierra que yo le di", dice el Señor tu Dios.

AMÓS 9:13-15 NVI

Algún día, oh Israel, yo te reuniré;
    juntaré al remanente que quedó.
Volveré a reunirlos como ovejas en su redil
    y como un rebaño en su pastizal.
¡Sí, su tierra se llenará nuevamente
    de ruidosas multitudes!
    MIQUEAS 2:12 NTV

Porque el Señor restaura la majestad de Jacob,
    como la majestad de Israel,
pues los destructores lo han arrasado;
    han arruinado sus sarmientos.
    NAHUM 2:2 NVI

Por lo tanto, tengan paciencia —dice el Señor—.
    Pronto me levantaré y acusaré a esas naciones malvadas.
Pues he decidido reunir a los reinos de la tierra
    y descargar mi más feroz ira y furia sobre ellos.
Toda la tierra será consumida
    por el fuego de mi celo.
    SOFONÍAS 3:8 NTV

En aquel tiempo yo los traeré,
    en aquel tiempo los reuniré.
Daré a ustedes fama y renombre
    entre todos los pueblos de la tierra
cuando yo los restaure
ante sus mismos ojos. Así lo ha dicho el Señor.
    SOFONÍAS 3:20 NVI

Vuelvan a su fortaleza,
    cautivos de la esperanza,
pues hoy mismo les hago saber
    que les devolveré el doble.
    ZACARÍAS 9:12 NVI

Yo fortaleceré a la tribu de Judá
    y salvaré a los descendientes de José.
Me he compadecido de ellos
    y los haré volver.
Será como si nunca los hubiera rechazado,
    porque yo soy el Señor su Dios,
    y les responderé.

ZACARÍAS 10:6 NVI

"Después de esto volveré
    y reedificaré la choza caída de David.
Reedificaré sus ruinas,
    y la restauraré,
para que busque al Señor el resto de la humanidad,
    todas las naciones que llevan mi nombre.
Así dice el Señor, que hace estas cosas"
    conocidas desde tiempos antiguos.

HECHOS 15:16-18 NVI

Vi además la ciudad santa, la nueva Jerusalén, que bajaba del cielo, procedente de Dios, preparada como una novia hermosamente vestida para su prometido. Oí una potente voz que provenía del trono y decía: "¡Aquí, entre los seres humanos, está la morada de Dios! Él acampará en medio de ellos, y ellos serán su pueblo; Dios mismo estará con ellos y será su Dios. Él les enjugará toda lágrima de los ojos. Ya no habrá muerte, ni llanto, ni lamento ni dolor, porque las primeras cosas han dejado de existir".

APOCALIPSIS 21:2-4 NVI

Porque así como el Padre resucita a los muertos y les da vida, así también el Hijo da vida a quienes a él le place.

JUAN 5:21 NVI

Porque he bajado del cielo no para hacer mi voluntad, sino la del que me envió. Y esta es la voluntad del que me envió: que yo no pierda nada de lo que él me ha dado, sino que lo resucite en el día final.

JUAN 6:38-39 NVI

Dios lo resucitó para que no volviera jamás a la corrupción. Así se cumplieron estas palabras: "Yo les daré las bendiciones santas y seguras prometidas a David".

HECHOS 13:34 NVI

Dado que fuimos unidos a él en su muerte, también seremos resucitados como él.

ROMANOS 6:5 NTV

Si por medio del bautismo morimos con Cristo, estamos seguros de que también viviremos con él.

ROMANOS 6:8 TLA

Pues así como en Adán todos mueren, también en Cristo todos volverán a vivir, pero cada uno en su debido orden: Cristo, las primicias; después, cuando él venga, los que le pertenecen.

1 CORINTIOS 15:22-23 NVI

Lo mismo sucede con la resurrección de los muertos. Cuando morimos, nuestros cuerpos terrenales son plantados en la tierra, pero serán resucitados para que vivan por siempre. Nuestros cuerpos son enterrados en deshonra, pero serán resucitados en gloria. Son enterrados en debilidad, pero serán resucitados en fuerza. Son enterrados como cuerpos humanos naturales, pero serán resucitados como cuerpos espirituales. Pues, así como hay cuerpos naturales, también hay cuerpos espirituales.

1 CORINTIOS 15:42-44 NTV

Fíjense bien en el misterio que les voy a revelar: No todos moriremos, pero todos seremos transformados, en un instante, en un abrir y cerrar de ojos, al toque final de la trompeta. Pues sonará la trompeta y los muertos resucitarán con un cuerpo incorruptible, y nosotros seremos transformados.

1 CORINTIOS 15:51-52 NVI

Pues sabemos que aquel que resucitó al Señor Jesús nos resucitará también a nosotros con él y nos llevará junto con ustedes a su presencia.

2 CORINTIOS 4:14 NVI

Quiero conocer a Cristo y experimentar el gran poder que lo levantó de los muertos. ¡Quiero sufrir con él y participar de su muerte, para poder experimentar, de una u otra manera, la resurrección de los muertos!

FILIPENSES 3:10-11 NTV

Les decimos lo siguiente de parte del Señor: nosotros, los que todavía estemos vivos cuando el Señor regrese, no nos encontraremos con él antes de los que ya hayan muerto. Pues el Señor mismo descenderá del cielo con un grito de mando, con voz de arcángel y con el llamado de trompeta de Dios. Primero, los creyentes que hayan muerto se levantarán de sus tumbas.

1 TESALONICENSES 4:15-16 NTV

La siguiente declaración es digna de confianza:
Si morimos con él,
    también viviremos con él.

2 TIMOTEO 2:11 NTV

Escucharé lo que hablará Jehová Dios;
Porque hablará paz a su pueblo y a sus santos,
Para que no se vuelvan a la locura.
SALMOS 85:8 RVR1960

Lámpara es a mis pies tu palabra,
    Y lumbrera a mi camino.
SALMOS 119:105 RVR1960

Diles, por tanto: Así ha dicho Jehová el Señor: Haré cesar este refrán, y no repetirán más este refrán en Israel. Diles, pues: Se han acercado aquellos días, y el cumplimiento de toda visión. Porque no habrá más visión vana, ni habrá adivinación de lisonjeros en medio de la casa de Israel. Porque yo Jehová hablaré, y se cumplirá la palabra que yo hable; no se tardará más, sino que en vuestros días, oh casa rebelde, hablaré palabra y la cumpliré, dice Jehová el Señor.
EZEQUIEL 12:23-25 RVR1960

Él controla el curso de los sucesos del mundo;
    él quita reyes y pone otros reyes.
Él da sabiduría a los sabios
    y conocimiento a los estudiosos.
Él revela cosas profundas y misteriosas
    y conoce lo que se oculta en la oscuridad,
    aunque él está rodeado de luz.
DANIEL 2:21-22 NTV

—A ustedes se les ha concedido conocer los secretos del reino de los cielos; pero a ellos no. Al que tiene, se le dará más, y tendrá en abundancia. Al que no tiene, hasta lo poco que tiene se le quitará.
MATEO 13:11-12 NVI

Ahora, Señor, despides a tu siervo en paz,
Conforme a tu palabra;
Porque han visto mis ojos tu salvación,
La cual has preparado en presencia de todos los pueblos;
Luz para revelación a los gentiles,
Y gloria de tu pueblo Israel.

LUCAS 2:29-32 RVR1960

A ustedes se les permite entender los secretos del reino de Dios, pero utilizo parábolas para enseñarles a los demás y para que se cumplan las Escrituras:
"Cuando miren, no verán realmente.
Cuando oigan, no entenderán".

LUCAS 8:10 NTV

Sin embargo, como está escrito:
"Ningún ojo ha visto,
ningún oído ha escuchado,
ninguna mente humana ha concebido
lo que Dios ha preparado para quienes lo aman".
Ahora bien, Dios nos ha revelado esto por medio de su Espíritu, pues el Espíritu lo examina todo, hasta las profundidades de Dios.

1 CORINTIOS 2:9-10 NVI

Cuando Dios creó el mundo, dijo: "Que brille la luz donde ahora hay oscuridad". Y cuando nos permitió entender la buena noticia, también iluminó nuestro entendimiento, para que por medio de Cristo conociéramos su grandeza.

2 CORINTIOS 4:6 LBLA

Él nos hizo conocer el misterio de su voluntad conforme al buen propósito que de antemano estableció en Cristo.

EFESIOS 1:9 NVI

Dios, que muchas veces y de varias maneras habló a nuestros antepasados en otras épocas por medio de los profetas, en estos días finales nos ha hablado por medio de su Hijo. A este lo designó heredero de todo, y por medio de él hizo el universo.

HEBREOS 1:1-2 NVI

Porque

"todo mortal es como la hierba,
   y toda su gloria como la flor del campo;
la hierba se seca y la flor se cae,
   pero la palabra del Señor permanece para siempre".

1 PEDRO 1:24-25 NVI

Yo testifico a todos los que oyen las palabras de la profecía de este libro: Si alguno añade a ellas, Dios traerá sobre él las plagas que están escritas en este libro; y si alguno quita de las palabras del libro de esta profecía, Dios quitará su parte del árbol de la vida y de la ciudad santa descritos en este libro.

APOCALIPSIS 22:18-19 LBLA

Con Dios está la sabiduría y el poder;
Suyo es el consejo y la inteligencia.
Si él derriba, no hay quien edifique;
Encerrará al hombre, y no habrá quien le abra.
JOB 12:13-14 RVR1960

Esto es lo que Dios dice a toda la humanidad:
"El temor del SEÑOR es la verdadera sabiduría;
apartarse del mal es el verdadero entendimiento".
JOB 28:28 NTV

La ley del SEÑOR es perfecta:
infunde nuevo aliento.
El mandato del SEÑOR es digno de confianza:
da sabiduría al sencillo.
SALMOS 19:7 NVI

El principio de la sabiduría es el temor del SEÑOR;
buen juicio demuestran quienes cumplen sus preceptos.
¡Su alabanza permanece para siempre!
SALMOS 111:10 NVI

El temor del SEÑOR es la base del verdadero conocimiento,
pero los necios desprecian la sabiduría y la disciplina.
PROVERBIOS 1:7 NTV

Clama por inteligencia
y pide entendimiento.
Búscalos como si fueran plata,
como si fueran tesoros escondidos.
Entonces comprenderás lo que significa temer al SEÑOR
y obtendrás conocimiento de Dios.
PROVERBIOS 2:3-5 NTV

Él reserva su ayuda para la gente íntegra
    y protege a los de conducta intachable.
Él cuida el sendero de los justos
    y protege el camino de sus fieles.
    PROVERBIOS 2:7-8 NVI

Pues la sabiduría da más ganancia que la plata
    y su paga es mejor que el oro.
La sabiduría es más preciosa que los rubíes;
    nada de lo que desees puede compararse con ella.
    PROVERBIOS 3:14-15 NTV

La sabiduría es lo primero. ¡Adquiere sabiduría!
    Por sobre todas las cosas, adquiere discernimiento.
    PROVERBIOS 4:7 NVI

Si valoras la sabiduría, ella te engrandecerá.
    Abrázala, y te honrará.
    PROVERBIOS 4:8 NTV

Mío es el consejo y la prudencia,
yo soy la inteligencia, el poder es mío.
    PROVERBIOS 8:14 LBLA

Voy por el camino de la rectitud,
    por los senderos de la justicia,
enriqueciendo a los que me aman
    y acrecentando sus tesoros.
    PROVERBIOS 8:20-21 NVI

¡Alegres son los que me escuchan,
    y están atentos a mis puertas día tras día,
    y me esperan afuera de mi casa!
Pues todo el que me encuentra, halla la vida
    y recibe el favor del SEÑOR.
    PROVERBIOS 8:34-35 NTV

El temor del Señor es la base de la sabiduría.
Conocer al Santo da por resultado el buen juicio.
PROVERBIOS 9:10 NTV

El temor del Señor enseña sabiduría;
la humildad precede a la honra.
PROVERBIOS 15:33 NTV

En realidad, Dios da sabiduría, conocimientos y alegría a quien es de su agrado; en cambio, al pecador le impone la tarea de acumular más y más, para luego dárselo todo a quien es de su agrado. Y también esto es absurdo; ¡es correr tras el viento!
ECLESIASTÉS 2:26 NVI

Los entendidos brillarán como el resplandor del firmamento, y los que guiaron a muchos a la justicia, como las estrellas, por siempre jamás.
DANIEL 12:3 LBLA

¿Dónde está el sabio? ¿Dónde el erudito? ¿Dónde el filósofo de esta época? ¿No ha convertido Dios en locura la sabiduría de este mundo?
1 CORINTIOS 1:20 NVI

Desde la niñez, se te han enseñado las sagradas Escrituras, las cuales te han dado la sabiduría para recibir la salvación que viene por confiar en Cristo Jesús.
2 TIMOTEO 3:15 NTV

Si a alguno de ustedes le falta sabiduría, pídasela a Dios, y él se la dará, pues Dios da a todos generosamente sin menospreciar a nadie.
SANTIAGO 1:5 NVI

En cambio, la sabiduría que desciende del cielo es ante todo pura, y además pacífica, bondadosa, dócil, llena de compasión y de buenos frutos, imparcial y sincera. En fin, el fruto de la justicia se siembra en paz para los que hacen la paz.
SANTIAGO 3:17-18 NVI

SACRIFICIO

Y ahora que hemos sido justificados por su sangre, ¡con cuánta más razón, por medio de él, seremos salvados del castigo de Dios!

ROMANOS 5:9 NVI

Pues Dios hizo que Cristo, quien nunca pecó, fuera la ofrenda por nuestro pecado, para que nosotros pudiéramos estar en una relación correcta con Dios por medio de Cristo.

2 CORINTIOS 5:21 NTV

A diferencia de los demás sumos sacerdotes, no tiene necesidad de ofrecer sacrificios cada día. Ellos los ofrecían primero por sus propios pecados y luego por los del pueblo. Sin embargo, Jesús lo hizo una vez y para siempre cuando se ofreció a sí mismo como sacrificio por los pecados del pueblo.

HEBREOS 7:27 NTV

Bajo el antiguo pacto, el sacerdote oficia de pie delante del altar día tras día, ofreciendo los mismos sacrificios una y otra vez, los cuales nunca pueden quitar los pecados; pero nuestro Sumo Sacerdote se ofreció a sí mismo a Dios como un solo sacrificio por los pecados, válido para siempre. Luego se sentó en el lugar de honor, a la derecha de Dios. Allí espera hasta que sus enemigos sean humillados y puestos por debajo de sus pies. Pues mediante esa única ofrenda, él perfeccionó para siempre a los que está haciendo santos.

HEBREOS 10:11-14 NTV

Un día antes de que Saúl llegara, el Señor le había hecho esta revelación a Samuel: "Mañana, a esta hora, te voy a enviar un hombre de la tierra de Benjamín. Lo ungirás como gobernante de mi pueblo Israel, para que lo libre del poder de los filisteos. Me he compadecido de mi pueblo, pues sus gritos de angustia han llegado hasta mí".

1 SAMUEL 9:15–16 NVI

Salvas al pueblo afligido,
pero tus ojos están sobre los altivos
a *quienes* tú humillas.

2 SAMUEL 22:28 LBLA

Viva Jehová, y bendita sea mi roca,
Y engrandecido sea el Dios de mi salvación.

2 SAMUEL 22:47 RVR1960

El es torre de salvación a su rey,
y muestra misericordia a su ungido,
a David y a su descendencia para siempre.

2 SAMUEL 22:51 LBLA

Porque Dios humilla a los altaneros,
    y exalta a los humildes.

JOB 22:29 NVI

Mi escudo está en Dios,
    que salva a los de corazón recto.

SALMOS 7:10 NVI

El Señor es el baluarte de mi vida;
    ¿quién podrá amedrentarme?

SALMOS 27:1B NVI

La salvación de los justos viene del Señor;
  él es su fortaleza en tiempos de angustia.
    SALMOS 37:39 NVI

Pero yo clamaré a Dios,
  y el Señor me salvará.
    SALMOS 55:16 NVI

Solo él es mi roca y mi salvación,
  mi fortaleza donde jamás seré sacudido.
    SALMOS 62:2 NTV

Pues Dios salvará a Jerusalén
  y reconstruirá las ciudades de Judá.
Su pueblo vivirá allí
  y se establecerá en su propia tierra.
Los descendientes de quienes lo obedecen heredarán la tierra,
  y los que lo aman vivirán allí seguros.
    SALMOS 69:35-36 NTV

Muy cercano está para salvar a los que le temen,
  para establecer su gloria en nuestra tierra.
    SALMOS 85:9 NVI

Lo colmaré con muchos años de vida
  y le haré gozar de mi salvación
    SALMOS 91:16 NVI

El Señor protege a la gente sencilla;
  estaba yo muy débil, y él me salvó.
    SALMOS 116:6 NVI

La sabiduría te librará de la mujer inmoral,
  de las palabras seductoras de la mujer promiscua.
    PROVERBIOS 2:16 NTV

Entonces Isaías dijo: "¡Escuchen ahora ustedes, los de la dinastía de David! ¿No les basta con agotar la paciencia de los hombres, que hacen lo mismo con mi Dios? Por eso, el Señor mismo les dará una señal: La virgen concebirá y dará a luz un hijo, y lo llamará Emanuel".

ISAÍAS 7:13-14 NVI

Porque nos ha nacido un niño,
se nos ha concedido un hijo;
la soberanía reposará sobre sus hombros,
y se le darán estos nombres:
Consejero admirable, Dios fuerte,
Padre eterno, Príncipe de paz.
Se extenderán su soberanía y su paz,
y no tendrán fin.
Gobernará sobre el trono de David
y sobre su reino,
para establecerlo y sostenerlo
con justicia y rectitud
desde ahora y para siempre.
Esto lo llevará a cabo
el celo del Señor Todopoderoso.

ISAÍAS 9:6-7 NVI

Del tronco de Isaí brotará un retoño;
un vástago nacerá de sus raíces.
El Espíritu del Señor reposará sobre él:
espíritu de sabiduría y de entendimiento,
espíritu de consejo y de poder,
espíritu de conocimiento y de temor del Señor.
Él se deleitará en el temor del Señor;
no juzgará según las apariencias,
ni decidirá por lo que oiga decir,

ISAÍAS 11:1-3 NVI

"El SEÑOR me salvará,
   y en el templo del SEÑOR
todos los días de nuestra vida
   cantaremos con instrumentos de cuerda".
      ISAÍAS 38:20 NVI

Pero el SEÑOR salvará al pueblo de Israel
   con salvación eterna;
por los siglos de los siglos,
   nunca más será humillado ni avergonzado.
      ISAÍAS 45:17 NTV

Pero toda la descendencia de Israel
   será vindicada y exaltada en el SEÑOR.
      ISAÍAS 45:25 NVI

Alzad vuestros ojos a los cielos,
y mirad la tierra abajo;
porque los cielos como humo se desvanecerán,
y la tierra como un vestido se gastará.
Sus habitantes como mosquitos morirán,
pero mi salvación será para siempre,
y mi justicia no menguará.
      ISAÍAS 51:6 LBLA

Porque como a vestidura los comerá polilla, como a lana los comerá gusano;
pero mi justicia permanecerá perpetuamente, y mi salvación por siglos de siglos.
      ISAÍAS 51:8 RVR1960

El SEÑOR desnudará su santo brazo
   a la vista de todas las naciones,
y todos los confines de la tierra
   verán la salvación de nuestro Dios.
      ISAÍAS 52:10 NVI

Todos nosotros nos hemos extraviado como ovejas;
hemos dejado los caminos de Dios para seguir los nuestros.
Sin embargo, el Señor puso sobre él
los pecados de todos nosotros.

ISAÍAS 53:6 NTV

De nada nos sirve ir a las colinas,
ni lanzar nuestros gritos en las montañas.
Solamente en ti, Dios nuestro,
hallaremos nuestra salvación.

JEREMÍAS 3:23 TLA

Al resto de mis ovejas yo mismo las reuniré de todos los países adonde las expulsé; y las haré volver a sus pastos, donde crecerán y se multiplicarán. Pondré sobre ellas pastores que las pastorearán, y ya no temerán ni se espantarán, ni faltará ninguna de ellas —afirma el Señor—.

JEREMÍAS 23:3-4 NVI

"Porque yo estoy contigo para salvarte —afirma el Señor—.
Destruiré por completo a todas las naciones
entre las que te había dispersado.
Pero a ti no te destruiré del todo,
sino que te castigaré con justicia;
¡de ninguna manera quedarás impune!"

JEREMÍAS 30:11 NVI

Tú, hijo de hombre, diles a los hijos de tu pueblo: "Al justo no lo salvará su propia justicia si comete algún pecado; y la maldad del impío no le será motivo de tropiezo si se convierte. Si el justo peca, no se podrá salvar por su justicia anterior".

EZEQUIEL 33:12 NVI

Voy a salvar a mis ovejas, y ya no les servirán de presa. Yo juzgaré entre ovejas y ovejas.

EZEQUIEL 34:22 NVI

Yo, en cambio, te ofreceré sacrificios
   y cánticos de gratitud.
Cumpliré las promesas que te hice.
   ¡La salvación viene del Señor!
   JONÁS 2:9 NVI

El Señor de los Ejércitos Celestiales dice: pueden estar seguros de que
rescataré a mi pueblo del oriente y del occidente. Yo los haré regresar a casa
para que vivan seguros en Jerusalén. Ellos serán mi pueblo, y como su Dios los
trataré con fidelidad y justicia.
   ZACARÍAS 8:7-8 NTV

—Les aseguro —comentó Jesús a sus discípulos— que es difícil para un rico
entrar en el reino de los cielos. Para los hombres es imposible —aclaró Jesús,
mirándolos fijamente—, mas para Dios todo es posible.
   MATEO 19:23, 26 NVI

Nos envió un poderoso Salvador
   en la casa de David su siervo
(como lo prometió en el pasado por medio de sus santos profetas),
para librarnos de nuestros enemigos
   y del poder de todos los que nos aborrecen;
para mostrar misericordia a nuestros padres
   al acordarse de su santo pacto.
   LUCAS 1:69-72 NVI

—No son los sanos los que necesitan médico, sino los enfermos —les
contestó Jesús—. No he venido a llamar a justos, sino a pecadores para que se
arrepientan.
   LUCAS 5:31-32 NVI

Les aseguro que a cualquiera que me reconozca delante de la gente, también
el Hijo del hombre lo reconocerá delante de los ángeles de Dios. Pero al que me
desconozca delante de la gente se le desconocerá delante de los ángeles de
Dios.
   LUCAS 12:8-9 NVI

Jesús lo vio y dijo: "¡Qué difícil es para los ricos entrar en el reino de Dios! De hecho, ¡es más fácil que un camello pase por el ojo de una aguja que un rico entre en el reino de Dios!".

Los que lo oyeron, dijeron: "Entonces, ¿quién podrá ser salvo?".

Él contestó: "Lo que es imposible para los seres humanos es posible para Dios".

LUCAS 18:24-27 NTV

—Hoy ha llegado la salvación a esta casa —le dijo Jesús—, ya que este también es hijo de Abraham. Porque el Hijo del hombre vino a buscar y a salvar lo que se había perdido.

LUCAS 19:9-10 NVI

Yo soy la puerta; el que entre por esta puerta, que soy yo, será salvo. Se moverá con entera libertad, y hallará pastos.

JUAN 10:9 NVI

Y haré maravillas arriba en los cielos
    y señales abajo en la tierra:
    sangre, fuego y nubes de humo.
El sol se oscurecerá,
    y la luna se pondrá roja como la sangre
    antes de que llegue el grande y glorioso día del Señor.
Pero todo el que invoque el nombre del Señor
    será salvo

HECHOS 2:19-21 NTV

Jesucristo es
"'la piedra que desecharon ustedes los constructores,
    y que ha llegado a ser la piedra angular'.
De hecho, en ningún otro hay salvación, porque no hay bajo el cielo otro nombre dado a los hombres mediante el cual podamos ser salvos".

HECHOS 4:11-12 NVI

Cuando los hermanos judíos oyeron esto, dejaron de discutir y se pusieron a alabar a Dios. Y decían muy admirados: "¡Así que también a los que no son judíos Dios les ha permitido arrepentirse y tener vida eterna!"

HECHOS 11:18 TLA

Sepan ustedes, pues, que de ahora en adelante esta salvación de Dios se ofrece a los no judíos, y ellos sí escucharán.

HECHOS 28:28 DHH

A la verdad, no me avergüenzo del evangelio, pues es poder de Dios para la salvación de todos los que creen: de los judíos primeramente, pero también de los gentiles.

ROMANOS 1:16 NVI

Si confiesas con tu boca que Jesús es el Señor y crees en tu corazón que Dios lo levantó de entre los muertos, serás salvo.

ROMANOS 10:9 NVI

Ya es hora de que despierten! Ya está muy cerca el día en que Dios nos salvará; mucho más cerca que cuando empezamos a creer en Jesús.

ROMANOS 13:11B LBLA

En él también ustedes, cuando oyeron el mensaje de la verdad, el evangelio que les trajo la salvación, y lo creyeron, fueron marcados con el sello que es el Espíritu Santo prometido.

EFESIOS 1:13 NVI

La salvación no es un premio por las cosas buenas que hayamos hecho, así que ninguno de nosotros puede jactarse de ser salvo.

EFESIOS 2:9 NTV

Pues Dios escogió salvarnos por medio de nuestro Señor Jesucristo y no derramar su enojo sobre nosotros

1 TESALONICENSES 5:9 NTV

Pues Dios nos salvó y nos llamó para vivir una vida santa. No lo hizo porque lo mereciéramos, sino porque ese era su plan desde antes del comienzo del tiempo, para mostrarnos su gracia por medio de Cristo Jesús.

2 TIMOTEO 1:9 NTV

Aunque era Hijo, mediante el sufrimiento aprendió a obedecer; y, consumada su perfección, llegó a ser autor de salvación eterna para todos los que le obedecen

HEBREOS 5:8-9 NVI

Pero, como Jesús permanece para siempre, su sacerdocio es imperecedero. Por eso también puede salvar por completo a los que por medio de él se acercan a Dios, ya que vive siempre para interceder por ellos.

HEBREOS 7:24-25 NVI

Y así como está establecido que los seres humanos mueran una sola vez, y después venga el juicio, también Cristo fue ofrecido en sacrificio una sola vez para quitar los pecados de muchos; y aparecerá por segunda vez, ya no para cargar con pecado alguno, sino para traer salvación a quienes lo esperan.

HEBREOS 9:27-28 NVI

Así mismo, esposas, sométanse a sus esposos, de modo que, si algunos de ellos no creen en la palabra, puedan ser ganados más por el comportamiento de ustedes que por sus palabras, al observar su conducta íntegra y respetuosa.

1 PEDRO 3:1-2 NVI

Gritaban a gran voz:
"¡La salvación viene de nuestro Dios,
que está sentado en el trono,
y del Cordero!"

APOCALIPSIS 7:10 NVI

Y el Espíritu y la Esposa dicen: Ven. Y el que oye, diga: Ven. Y el que tiene sed, venga; y el que quiera, tome del agua de la vida gratuitamente.

APOCALIPSIS 22:17 RVR1960

Yo soy el Señor, tu Dios,
el Santo de Israel, tu Salvador;
yo he entregado a Egipto como precio por tu rescate,
a Cus y a Seba en tu lugar.

ISAÍAS 43:3 NVI

Ciertamente él cargó con nuestras enfermedades
y soportó nuestros dolores,
pero nosotros lo consideramos herido,
golpeado por Dios, y humillado.

ISAÍAS 53:4 NVI

Pero él fue traspasado por nuestras rebeliones
y aplastado por nuestros pecados.
Fue golpeado para que nosotros estuviéramos en paz;
fue azotado para que pudiéramos ser sanados.

ISAÍAS 53:5 NTV

Después de su sufrimiento,
verá la luz y quedará satisfecho;
por su conocimiento
mi siervo justo justificará a muchos,
y cargará con las iniquidades de ellos.

ISAÍAS 53:11 NVI

Por lo tanto, le daré un puesto entre los grandes,
y repartirá el botín con los fuertes,
porque derramó su vida hasta la muerte,
y fue contado entre los transgresores.
Cargó con el pecado de muchos,
e intercedió por los pecadores.

ISAÍAS 53:12 NVI

Preguntarán por el camino de Sión,
    y hacia allá se encaminarán.
Vendrán y se aferrarán al Señor
    en un pacto eterno, que ya no olvidarán.
Mi pueblo ha sido como un rebaño perdido;
    sus pastores lo han descarriado,
    lo han hecho vagar por las montañas.
Ha ido de colina en colina,
    y se ha olvidado de su redil.

JEREMÍAS 23:5-6 NVI

En aquellos días, y en aquel tiempo,
    haré que brote de David un renuevo justo,
    y él practicará la justicia y el derecho en el país.
En aquellos días Judá estará a salvo,
    y Jerusalén morará segura.
Y será llamada así:
    "El Señor es nuestra justicia".

JEREMÍAS 33:15-16 NVI

Pero tú, oh Belén Efrata,
    eres solo una pequeña aldea entre todo el pueblo de Judá.
No obstante, en mi nombre, saldrá de ti un gobernante para Israel,
    cuyos orígenes vienen desde la eternidad.

MIQUEAS 5:2 NTV

"Pero tú, Belén, en la tierra de Judá,
    de ninguna manera eres la menor entre los principales de Judá;
porque de ti saldrá un príncipe
    que será el pastor de mi pueblo Israel".

MATEO 2:6 NVI

Yo a la verdad os bautizo en agua para arrepentimiento; pero el que viene
tras mí, cuyo calzado yo no soy digno de llevar, es más poderoso que yo; él os
bautizará en Espíritu Santo y fuego.

MATEO 3:11 RVR1960

Al oír esto Jesús, les dijo: Los sanos no tienen necesidad de médico, sino los enfermos. No he venido a llamar a justos, sino a pecadores.

MARCOS 2:17 RVR1960

Pero Jesús se mantuvo callado y no contestó. Entonces el sumo sacerdote le preguntó:

—¿Eres tú el Mesías, el Hijo del Bendito?

Jesús dijo:

—Yo soy. Y ustedes verán al Hijo del Hombre sentado en el lugar de poder, a la derecha de Dios, y viniendo en las nubes del cielo.

MARCOS 14:61-62 NTV

Concebirás y darás a luz un hijo, y le pondrás por nombre Jesús. Él será muy grande y lo llamarán Hijo del Altísimo. El Señor Dios le dará el trono de su antepasado David.

LUCAS 1:31-33 NTV

El ángel les dijo: "No tengan miedo. Miren que les traigo buenas noticias que serán motivo de mucha alegría para todo el pueblo. Hoy les ha nacido en la Ciudad de David un Salvador, que es Cristo el Señor".

LUCAS 2:10-11 NVI

Cuando crucéis el Jordán y habitéis en la tierra que el Señor vuestro Dios os da en heredad, y Él os dé descanso de todos vuestros enemigos alrededor de vosotros para que habitéis seguros.

DEUTERONOMIO 12:10 LBLA

¡Vive seguro, Israel!
    ¡Habita sin enemigos, fuente de Jacob!
Tu tierra está llena de trigo y de mosto;
    tus cielos destilan rocío.

DEUTERONOMIO 33:28 NVI

Me hace andar tan seguro como un ciervo,
    para que pueda pararme en las alturas de las montañas.

SALMOS 18:33 NTV

Aunque son muchos los que me combaten,
    él me rescata, me salva la vida
    en la batalla que se libra contra mí.

SALMOS 55:18 NVI

No temas a la enfermedad que acecha en la oscuridad,
    ni a la catástrofe que estalla al mediodía.

SALMOS 91:6 NTV

Porque el Señor estará siempre a tu lado
    y te librará de caer en la trampa.

PROVERBIOS 3:26 NVI

El justo no será removido jamás;
Pero los impíos no habitarán la tierra.

PROVERBIOS 10:30 RVR1960

Estarás segura bajo un gobierno justo e imparcial;
   tus enemigos se mantendrán muy lejos.
Vivirás en paz,
   y el terror no se te acercará.
Si alguna nación viniera para atacarte,
   no será porque yo la haya enviado;
   todo el que te ataque caerá derrotado.

ISAÍAS 54:14-15 NTV

Haré que seas para este pueblo
   como invencible muro de bronce;
pelearán contra ti,
   pero no te podrán vencer,
porque yo estoy contigo
   para salvarte y librarte —afirma el Señor—.

JEREMÍAS 15:20 NVI

Sabemos que los hijos de Dios no se caracterizan por practicar el pecado,
porque el Hijo de Dios los mantiene protegidos, y el maligno no puede tocarlos.

1 JUAN 5:18 NTV

Entonces el S<small>EÑOR</small> le dijo a Moisés: "Haz la figura de una serpiente venenosa y átala a un poste. Todos los que sean mordidos vivirán tan solo con mirar la serpiente". Así que Moisés hizo una serpiente de bronce y la ató a un poste. ¡Entonces los que eran mordidos por una serpiente miraban la serpiente de bronce y sanaban!

NÚMEROS 21:8-9 NTV

El S<small>EÑOR</small> te protegerá de cualquier enfermedad. No dejará que sufras las enfermedades terribles que conociste en Egipto; en cambio, ¡se las enviará a todos tus enemigos!

DEUTERONOMIO 7:15 NTV

"Regresa y dile a Ezequías, gobernante de mi pueblo, que así dice el S<small>EÑOR</small>, Dios de su antepasado David: 'He escuchado tu oración y he visto tus lágrimas. Voy a sanarte, y en tres días podrás subir al templo del S<small>EÑOR</small>. Voy a darte quince años más de vida. Y a ti y a esta ciudad los libraré de caer en manos del rey de Asiria. Yo defenderé esta ciudad por mi causa y por consideración a David mi siervo'".

2 REYES 20:5-6 NVI

El S<small>EÑOR</small> los atiende cuando están enfermos
    y les devuelve la salud.

SALMOS 41:3 NTV

Él perdona todos tus pecados
    y sana todas tus dolencias;

SALMOS 103:3 NVI

Y cuando él venga, abrirá los ojos de los ciegos
    y destapará los oídos de los sordos.
El cojo saltará como un ciervo,
    y los que no pueden hablar ¡cantarán de alegría!

ISAÍAS 35:5-6 NTV

Sáname, Señor, y seré sanado;
   sálvame y seré salvado,
   porque tú eres mi alabanza.
      JEREMÍAS 17:14 NNVIIV

Pero yo te restauraré
   y sanaré tus heridas —afirma el Señor—
porque te han llamado la Desechada,
   la pobre Sión, la que a nadie le importa.
      JEREMÍAS 30:17 NVI

He aquí que yo les traeré sanidad y medicina; y los curaré, y les revelaré
abundancia de paz y de verdad.
      JEREMÍAS 33:6 RVR1960

Sin embargo, para ustedes que temen mi nombre, se levantará el Sol de
Justicia con sanidad en sus alas. Saldrán libres, saltando de alegría como
becerros sueltos en medio de los pastos.
      MALAQUÍAS 4:2 NTV

Luego él les preguntó: "¿Por qué tienen miedo? ¿Todavía no tienen fe?".
Los discípulos estaban completamente aterrados. "¿Quién es este hombre?
—se preguntaban unos a otros—. ¡Hasta el viento y las olas lo obedecen!".
      MARCOS 1:40-41 NTV

En otra ocasión, cuando Jesús estaba en un pueblo, se presentó un hombre
cubierto de lepra. Al ver a Jesús, cayó rostro en tierra y le suplicó:
   —Señor, si quieres, puedes limpiarme.
Jesús extendió la mano y tocó al hombre.
   —Sí, quiero —le dijo—. ¡Queda limpio!
Y al instante se le quitó la lepra.
   —No se lo digas a nadie —le ordenó Jesús—; solo ve, preséntate al sacerdote
y lleva por tu purificación lo que ordenó Moisés, para que les sirva de
testimonio.
      LUCAS 5:12-14 NVI

"Hija —le dijo Jesús—, tu fe te ha sanado. Ve en paz".

LUCAS 8:48 NTV

¿Cómo saben qué será de su vida el día de mañana? La vida de ustedes es como la neblina del amanecer: aparece un rato y luego se esfuma. Lo que deberían decir es: "Si el Señor quiere, viviremos y haremos esto o aquello".

SANTIAGO 5:14–15 NTV

Pues yo soy el Señor tu Dios. Debes consagrarte y ser santo, porque yo soy santo. Así que no te contamines al tocar cualquiera de estos animales pequeños que corren por el suelo. Pues yo, el Señor, soy quien te sacó de la tierra de Egipto para ser tu Dios; por lo tanto, sé santo porque yo soy santo.

LEVÍTICO 11:44-45 NTV

Así que consagren su vida para ser santos, porque yo soy el Señor su Dios. Guarden todos mis decretos poniéndolos en práctica, porque yo soy el Señor quien los hace santos.

LEVÍTICO 20:7-8 NTV

Sean ustedes santos, porque yo, el Señor, soy santo, y los he distinguido entre las demás naciones, para que sean míos.

LEVÍTICO 20:26 NVI

Habrá allí una calzada
    que será llamada Camino de santidad.
No viajarán por ella los impuros,
    ni transitarán por ella los necios;
    será solo para los que siguen el camino.
No habrá allí ningún león,
    ni bestia feroz que por él pase;
¡Allí no se les encontrará!
    ¡Por allí pasarán solamente los redimidos!

ISAÍAS 35:8-9 NVI

Por tanto, sean perfectos, así como su Padre celestial es perfecto.

MATEO 5:48 NVI

Pues la voluntad de Dios fue que el sacrificio del cuerpo de Jesucristo nos hiciera santos, una vez y para siempre.

HEBREOS 10:10 NTV

SATISFACCIÓN

Si obedeces cuidadosamente los mandatos que te entrego hoy y si amas al Señor tu Dios y lo sirves con todo tu corazón y con toda tu alma, él mandará las lluvias propias de cada estación —las tempranas y las tardías—, para que puedas juntar las cosechas de granos, el vino nuevo y el aceite de oliva. Te dará buenos pastizales para que se alimenten tus animales, y tendrás todo lo que quieras comer.

DEUTERONOMIO 11:13-15 NTV

Mi alma quedará satisfecha
   como de un suculento banquete,
y con labios jubilosos
   te alabará mi boca.

SALMOS 63:5 NVI

Entonces la tierra dará sus cosechas,
   y Dios, nuestro Dios, nos bendecirá en abundancia.
Así es, Dios nos bendecirá,
   y gente de todo el mundo le temerá.

SALMOS 67:6-7 NTV

Colma mi vida de cosas buenas;
   ¡mi juventud se renueva como la del águila!

SALMOS 103:5 NTV

Abres la mano y sacias con tus favores
   a todo ser viviente.

SALMOS 145:16 NVI

Él trae la paz a tus fronteras
   y te sacia con lo mejor del trigo.

SALMOS 147:14 NVI

El temor del Señor conduce a la vida;
    da un sueño tranquilo y evita los problemas.

PROVERBIOS 19:23 NVI

Traeré a Israel de regreso a su hogar, a su propia tierra,
    para comer en los campos de Carmelo y Basán,
y para quedar saciado una vez más
    en la zona montañosa de Efraín y Galaad.

JEREMÍAS 50:19 NTV

Y les respondió el Señor:
Miren, les enviaré cereales, vino nuevo y aceite,
    hasta dejarlos plenamente satisfechos;
y no volveré a entregarlos
    al oprobio entre las naciones.

JOEL 2:19 NVI

Ustedes comerán en abundancia, hasta saciarse,
    y alabarán el nombre del Señor su Dios,
que hará maravillas por ustedes.
    ¡Nunca más será avergonzado mi pueblo!

JOEL 2:26 NVI

Dios bendice a los que tienen hambre y sed de justicia,
    porque serán saciados.

MATEO 5:6 NTV

—Todo el que beba de esta agua volverá a tener sed —respondió Jesús—,
pero el que beba del agua que yo le daré no volverá a tener sed jamás, sino que
dentro de él esa agua se convertirá en un manantial del que brotará vida eterna.

JUAN 4:13-14 NVI

Jesús les respondió:
—Yo soy el pan de vida. El que viene a mí nunca volverá a tener hambre; el
que cree en mí no tendrá sed jamás.

JUAN 6:35 NTV

En el último día, el más solemne de la fiesta, Jesús se puso de pie y exclamó:
—¡Si alguno tiene sed, que venga a mí y beba! De aquel que cree en mí, como dice la Escritura, brotarán ríos de agua viva.

JUAN 7:37-38 NVI

Pongan en práctica mis estatutos y observen mis preceptos, y habitarán seguros en la tierra. La tierra dará su fruto, y comerán hasta saciarse, y allí vivirán seguros.

LEVÍTICO 25:18-19 NVI

"Que el amado del Señor repose seguro en él,
    porque lo protege todo el día
    y descansa tranquilo entre sus hombros".

DEUTERONOMIO 33:12 NVI

El eterno Dios es tu refugio,
Y acá abajo los brazos eternos;
El echó de delante de ti al enemigo,
Y dijo: Destruye.

DEUTERONOMIO 33:27 RVR1960

Gedeón le dijo a Dios: "Si has de salvar a Israel por mi conducto, como has prometido, mira, tenderé un vellón de lana en la era, sobre el suelo. Si el rocío cae solo sobre el vellón y todo el suelo alrededor queda seco, entonces sabré que salvarás a Israel por mi conducto, como prometiste".

Y así sucedió. Al día siguiente Gedeón se levantó temprano, exprimió el vellón para sacarle el rocío, y llenó una taza de agua.

JUECES 6:36-38 NVI

Estarás seguro ante la calumnia
    y no tendrás miedo cuando llegue la destrucción.

JOB 5:21 NTV

Sabrás que tu hogar está seguro;
    cuando revises tus posesiones, no te faltará nada.

JOB 5:24 NTV

En paz me acostaré, y asimismo dormiré;
Porque solo tú, Jehová, me haces vivir confiado.

SALMOS 4:8 RVR1960

El Señor es mi roca, mi amparo, mi libertador;
   es mi Dios, el peñasco en que me refugio.
Es mi escudo, el poder que me salva,
   ¡mi más alto escondite!

SALMOS 18:2 NVI

Es él quien me arma de valor
   y endereza mi camino.

SALMOS 18:32 NVI

En verdes prados me deja descansar;
   me conduce junto a arroyos tranquilos.

SALMOS 23:2 NTV

Al amparo de tu presencia los proteges
   de las intrigas humanas;
en tu morada los resguardas
   de las lenguas contenciosas.

SALMOS 31:20 NVI

Porque los impíos serán exterminados,
   pero los que esperan en el Señor heredarán la tierra.

SALMOS 37:9 NVI

Aléjate del mal y haz el bien,
   y vivirás en la tierra para siempre.
Pues el Señor ama la justicia
   y nunca abandonará a los justos.
Los mantendrá a salvo para siempre,
   pero los hijos de los perversos morirán.

SALMOS 37:27-28 NTV

Dios es nuestro amparo y nuestra fortaleza,
nuestra ayuda segura en momentos de angustia.
SALMOS 46:1 NVI

Él ha protegido nuestra vida,
ha evitado que resbalen nuestros pies.
SALMOS 66:9 NVI

Sé tú mi roca de seguridad,
donde siempre pueda esconderme.
Da la orden de salvarme,
porque tú eres mi roca y mi fortaleza.
SALMOS 71:3 NTV

Aplastarás al león y a la víbora;
¡hollarás fieras y serpientes!
SALMOS 91:13 NVI

El Señor ama a los que odian el mal;
él protege la vida de sus fieles,
y los libra de manos de los impíos.
SALMOS 97:10 NVI

Al justo no le sobrevendrá ningún daño,
pero al malvado lo cubrirá la desgracia.
PROVERBIOS 12:21 NVI

El nombre del Señor es una fortaleza firme;
los justos corren a él y quedan a salvo.
PROVERBIOS 18:10 NTV

El que es honrado se mantendrá a salvo;
el de caminos perversos caerá en la fosa.
PROVERBIOS 28:18 NVI

Mi pueblo vivirá en un lugar pacífico,
en habitaciones seguras,
en residencias tranquilas,

ISAÍAS 32:18 DHH

En Israel, ellos vivirán seguros, construirán casas y cultivarán viñedos; y cuando yo castigue a las naciones vecinas que los trataron con desprecio, ellos sabrán que yo soy el Señor su Dios.

EZEQUIEL 28:26 NTV

Ya no volverán a ser presa de las naciones, ni serán devoradas por las fieras. Vivirán seguras y nadie les infundirá temor.

EZEQUIEL 34:28 NVI

Aquel día haré en tu favor un pacto
    con los animales del campo,
con las aves de los cielos
    y con los reptiles de la tierra.
Eliminaré del país arcos, espadas y guerra,
    para que todos duerman seguros.

OSEAS 2:18 NVI

Entonces ustedes sabrán que yo, el Señor su Dios,
    habito en Sión, mi monte santo.
Jerusalén será santa para siempre
    y los ejércitos extranjeros nunca más volverán a conquistarla.

JOEL 3:17 NTV

"Yo sé bien que tú lo puedes todo,
    que no es posible frustrar ninguno de tus planes."

JOB 42:2 NVI

El Señor frustra los planes de las naciones;
    desbarata los designios de los pueblos.

SALMOS 33:10 NVI

Si el Señor no construye la casa,
    el trabajo de los constructores es una pérdida de tiempo.
Si el Señor no protege la ciudad,
    protegerla con guardias no sirve para nada.

SALMOS 127:1 NTV

Lo mismo sucede con mi palabra.
    La envío y siempre produce fruto;
logrará todo lo que yo quiero,
    y prosperará en todos los lugares donde yo la envíe.

ISAÍAS 55:11 NTV

En los días de estos reyes el Dios del cielo establecerá un reino que jamás será destruido ni entregado a otro pueblo, sino que permanecerá para siempre y hará pedazos a todos estos reinos.

DANIEL 2:44 NVI

"Los santos mensajeros han anunciado la decisión, es decir, el veredicto, para que todos los vivientes reconozcan que el Dios Altísimo es el Soberano de todos los reinos humanos, y que se los entrega a quien él quiere, y hasta pone sobre ellos al más humilde de los hombres".

DANIEL 4:17 NVI

Pasado ese tiempo yo, Nabucodonosor, elevé los ojos al cielo, y recobré el juicio. Entonces alabé al Altísimo; honré y glorifiqué al que vive para siempre:

Su dominio es eterno;
su reino permanece para siempre.
Ninguno de los pueblos de la tierra
merece ser tomado en cuenta.
Dios hace lo que quiere
con los poderes celestiales
y con los pueblos de la tierra.
No hay quien se oponga a su poder
ni quien le pida cuentas de sus actos.

DANIEL 4:34–35 NVI

El Señor hizo las Pléyades y el Orión,
convierte en aurora las densas tinieblas
y oscurece el día hasta convertirlo en noche.
Él convoca las aguas del mar
y las derrama sobre la tierra.
¡Su nombre es el Señor!

AMÓS 5:8 NVI

Pero, amados, no ignoréis esto: que para el Señor un día es como mil años, y mil años como un día.

2 PEDRO 3:8 LBLA

"No te fallará ni te abandonará".

DEUTERONOMIO 31:6B NTV

"El Señor mismo marchará al frente de ti y estará contigo; nunca te dejará ni te abandonará. No temas ni te desanimes".

DEUTERONOMIO 31:8 NVI

Padre de los huérfanos, defensor de las viudas,
    este es Dios y su morada es santa.
Dios ubica a los solitarios en familias;
    pone en libertad a los prisioneros y los llena de alegría.

SALMOS 68:5–6A NTV

Y tú, anda y reúne a los ancianos de Israel, y diles: "El Señor, el Dios de sus antepasados, el Dios de Abraham, de Isaac y de Jacob, se me apareció y me dijo: 'Yo he estado pendiente de ustedes. He visto cómo los han maltratado en Egipto. Por eso me propongo sacarlos de su opresión en Egipto y llevarlos al país de los cananeos, hititas, amorreos, ferezeos, heveos y jebuseos. ¡Es una tierra donde abundan la leche y la miel!' "

ÉXODO 3:16–17 NVI

Él enaltece a los humildes y da seguridad a los enlutados.

JOB 5:11 NTV

Mas él conoce mi camino;
Me probará, y saldré como oro.

JOB 23:10 RVR1960

Pues el vengador de los que son asesinados cuida de los indefensos;
no pasa por alto el clamor de los que sufren.

SALMOS 9:12 NTV

Pero tú ves la opresión y la violencia,
las tomas en cuenta y te harás cargo de ellas.

SALMOS 10:14A NVI

Aun si voy por valles tenebrosos,
no temo peligro alguno
porque tú estás a mi lado;
tu vara de pastor me reconforta.

SALMOS 23:4 NVI

Has permitido que sufra muchas privaciones,
pero volverás a darme vida
y me levantarás de las profundidades de la tierra.

SALMOS 71:20 NTV

Tu promesa renueva mis fuerzas;
me consuela en todas mis dificultades.
SALMOS 119:50 NTV

El sufrimiento me hizo bien,
porque me enseñó a prestar atención a tus decretos.
SALMOS 119:71 NTV

Cuando te vengan buenos tiempos, disfrútalos; pero, cuando te lleguen los malos, piensa que unos y otros son obra de Dios, y que el hombre nunca sabe con qué habrá de encontrarse después.
ECLESIASTÉS 7:14 NVI

Ustedes los cielos, ¡griten de alegría!
Tierra, ¡regocíjate!
Montañas, ¡prorrumpan en canciones!
Porque el Señor consuela a su pueblo
y tiene compasión de sus pobres.
ISAÍAS 49:13 NVI

Cuando ellos sufrían, él también sufrió,
y él personalmente los rescató.
En su amor y su misericordia los redimió;
los levantó y los tomó en brazos
a lo largo de los años.
ISAÍAS 63:9 NTV

Y no sólo esto, sino que también nos gloriamos en las tribulaciones, sabiendo que la tribulación produce paciencia; y la paciencia, carácter probado; y el carácter probado, esperanza.
ROMANOS 5:3-4 LBLA

De hecho, considero que en nada se comparan los sufrimientos actuales con la gloria que habrá de revelarse en nosotros.
ROMANOS 8:18 NVI

Él nos consuela en todas nuestras dificultades para que nosotros podamos consolar a otros. Cuando otros pasen por dificultades, podremos ofrecerles el mismo consuelo que Dios nos ha dado a nosotros. Pues, cuanto más sufrimos por Cristo, tanto más Dios nos colmará de su consuelo por medio de Cristo.

2 CORINTIOS 1:4-5 NTV

Porque esta leve tribulación momentánea produce en nosotros un cada vez más excelente y eterno peso de gloria.

2 CORINTIOS 4:17 RVR1960

Hermanos míos, considérense muy dichosos cuando tengan que enfrentarse con diversas pruebas, pues ya saben que la prueba de su fe produce constancia.

SANTIAGO 1:2-3 NVI

Esto es para ustedes motivo de gran alegría, a pesar de que hasta ahora han tenido que sufrir diversas pruebas por un tiempo. El oro, aunque perecedero, se acrisola al fuego. Así también la fe de ustedes, que vale mucho más que el oro, al ser acrisolada por las pruebas demostrará que es digna de aprobación, gloria y honor cuando Jesucristo se revele.

1 PEDRO 1:6-7 NVI

Pues ¿qué gloria es, si pecando sois abofeteados, y lo soportáis? Mas si haciendo lo bueno sufrís, y lo soportáis, esto ciertamente es aprobado delante de Dios. Pues para esto fuisteis llamados; porque también Cristo padeció por nosotros, dejándonos ejemplo, para que sigáis sus pisadas.

1 PEDRO 2:20-21 RVR1960

Si es la voluntad de Dios, es preferible sufrir por hacer el bien que por hacer el mal.

1 PEDRO 3:17 NVI

¡Estén alerta! Cuídense de su gran enemigo, el diablo, porque anda al acecho como un león rugiente, buscando a quién devorar. Manténganse firmes contra él y sean fuertes en su fe. Recuerden que su familia de creyentes en todo el mundo también está pasando por el mismo sufrimiento. En su bondad, Dios los llamó a ustedes a que participen de su gloria eterna por medio de Cristo Jesús. Entonces, después de que hayan sufrido un poco de tiempo, él los restaurará, los sostendrá, los fortalecerá y los afirmará sobre un fundamento sólido.

1 PEDRO 5:8-10 NTV

Pero el Señor le dijo a Moisés: "No le tengas miedo, porque voy a entregar en tus manos a Og con su ejército y su territorio. Harás con él lo mismo que hiciste con Sijón, el rey de los amorreos que vivía en Hesbón".

NÚMEROS 21:34 NVI

Entonces os dije: No temáis, ni tengáis miedo de ellos.

DEUTERONOMIO 1:29 RVR1960

Cuando tomamos la ruta hacia Basán, el rey Og, que gobernaba ese país, nos salió al encuentro en Edrey. Iba acompañado de todo su ejército, dispuesto a pelear. Pero el Señor me dijo: "No le tengan miedo, porque se lo he entregado a ustedes, con todo su ejército y su territorio. Hagan con él lo que hicieron con Sijón, rey de los amorreos, que reinaba en Hesbón".

DEUTERONOMIO 3:1-2 NVI

"No tengas miedo de esas naciones, porque el Señor tu Dios peleará por ustedes".

DEUTERONOMIO 3:22 NTV

Tal vez te preguntes: "¿Cómo podré expulsar a estas naciones, si son más numerosas que yo?" Pero no les temas; recuerda bien lo que el Señor tu Dios hizo contra el faraón y contra todo Egipto.

DEUTERONOMIO 7:17-18 NVI

No, no les tengas miedo a esas naciones, porque el Señor tu Dios está contigo y él es Dios grande e imponente.

DEUTERONOMIO 7:21 NTV

Cuando salgas a la batalla contra tus enemigos y veas caballos y carros, y pueblo más numeroso que tú, no tengas temor de ellos; porque el Señor tu Dios que te sacó de la tierra de Egipto está contigo.

DEUTERONOMIO 20:1 LBLA

"Ya te lo he ordenado: ¡Sé fuerte y valiente! ¡No tengas miedo ni te desanimes! Porque el Señor tu Dios te acompañará dondequiera que vayas".

JOSUÉ 1:9 NVI

Entonces el Señor dijo a Josué: No temas ni te acobardes. Toma contigo a todo el pueblo de guerra y levántate, sube a Hai; mira, he entregado en tu mano al rey de Hai, su pueblo, su ciudad y su tierra.

JOSUÉ 8:1 LBLA

Mas Jehová dijo a Josué: No tengas temor de ellos, porque mañana a esta hora yo entregaré a todos ellos muertos delante de Israel; desjarretarás sus caballos, y sus carros quemarás a fuego.

JOSUÉ 11:6 RVR1960

El le dijo: No tengas miedo, porque más son los que están con nosotros que los que están con ellos.

2 REYES 6:16 NVI

"¡Cobren ánimo y ármense de valor! No se asusten ni se acobarden ante el rey de Asiria y su numeroso ejército, porque nosotros contamos con alguien que es más poderoso. Él se apoya en la fuerza humana, mientras que nosotros contamos con el Señor nuestro Dios, quien nos brinda su ayuda y pelea nuestras batallas". Al oír las palabras de Ezequías, rey de Judá, el pueblo se tranquilizó.

2 CRÓNICAS 32:7-8 NVI

Después miré, y me levanté y dije a los nobles y a los oficiales, y al resto del pueblo: No temáis delante de ellos; acordaos del Señor, grande y temible, y pelead por vuestros hermanos, por vuestros hijos y por vuestras hijas, por vuestras mujeres y por vuestras casas.

NEHEMÍAS 4:14 RVR1960

Te reirás de la destrucción y del hambre,
    y no tendrás terror de los animales salvajes.

JOB 5:22 NTV

"Descansarás sin temer a nadie,
   y muchos querrán ganarse tu favor.
Pero los ojos de los malvados se apagarán;
   no tendrán escapatoria.
   ¡Su esperanza es exhalar el último suspiro!"
   JOB 11:19-20 NVI

Yo me acuesto,
   me duermo y vuelvo a despertar,
   porque el SEÑOR me sostiene.
No me asustan los numerosos escuadrones
   que me acosan por doquier.
   SALMOS 3:5-6 NVI

En Dios confío,
   ¿por qué habría de tener miedo?
   ¿Qué pueden hacerme unos simples mortales?
   SALMOS 56:11 NTV

No tengas miedo de los terrores de la noche
   ni de la flecha que se lanza en el día.
   SALMOS 91:5 NTV

No temerá recibir malas noticias;
   su corazón estará firme, confiado en el SEÑOR.
   SALMOS 112:7 NVI

El SEÑOR está conmigo, y no tengo miedo;
   ¿qué me puede hacer un simple mortal?
   SALMOS 118:6 NVI

No hay por qué temer la calamidad repentina
   ni la destrucción que viene sobre los perversos,
   PROVERBIOS 3:25 NTV

Decid a los de corazón tímido:
Esforzaos, no temáis.
He aquí, vuestro Dios viene con venganza;
la retribución vendrá de Dios mismo,
mas El os salvará.

ISAÍAS 35:4 LBLA

No temas, porque yo estoy contigo;
no te desalientes, porque yo soy tu Dios.

ISAÍAS 41:10A LBLA

El Señor afirma:
Israel, pueblo de Jacob,
por pequeño y débil que seas,
no tengas miedo; yo te ayudo.
Yo, el Dios Santo de Israel, soy tu redentor.

ISAÍAS 41:14 DHH

No temas, porque yo estoy contigo; del oriente traeré tu generación, y del occidente te recogeré.

ISAÍAS 43:5 RVR1960

No temas, Jacob, siervo mío,
ni tú, Jesurún, a quien he escogido.
Porque derramaré agua sobre la tierra sedienta,
y torrentes sobre la tierra seca;
derramaré mi Espíritu sobre tu posteridad,
y mi bendición sobre tus descendientes.

ISAÍAS 44:2B–3 LBLA

"No le temas a nadie, que yo estoy contigo para librarte". Lo afirma el Señor.

JEREMÍAS 1:8 NVI

Pero tú, ¡prepárate! Ve y diles todo lo que yo te ordene. No temas ante ellos, pues de lo contrario yo haré que sí les temas.

JEREMÍAS 1:17 NVI

No teman más al rey de Babilonia —dice el Señor—. Pues yo estoy con ustedes, los salvaré y los libraré de su poder. Seré misericordioso con ustedes al hacer que él sea amable para que les permita quedarse en su propia tierra.

JEREMÍAS 42:11-12 NTV

No teman, animales del campo,
    porque los pastizales de la estepa reverdecerán;
los árboles producirán su fruto,
    y la higuera y la vid darán su riqueza.

JOEL 2:22 NVI

"Pues el Señor tu Dios vive en medio de ti.
    Él es un poderoso salvador.
Se deleitará en ti con alegría.
    Con su amor calmará todos tus temores.
    Se gozará por ti con cantos de alegría".

SOFONÍAS 3:17 NTV

No teman a los que quieren matarles el cuerpo; no pueden tocar el alma. Teman solo a Dios, quien puede destruir tanto el alma como el cuerpo en el infierno.

MATEO 10:28 NTV

—No tengas miedo, María —le dijo el ángel—, ¡porque has hallado el favor de Dios!

LUCAS 1:30 NTV

No tengan miedo, mi rebaño pequeño, porque es la buena voluntad del Padre darles el reino.

LUCAS 12:32 NVI

Una noche, el Señor Jesús habló con Pablo por medio de una visión, y le dijo: "No tengas miedo de hablar de mí ante la gente; ¡nunca te calles! Yo te ayudaré en todo, y nadie te hará daño. En esta ciudad hay mucha gente que me pertenece".

HECHOS 18:9-10 TLA

Sino que el amor perfecto echa fuera el temor. El que teme espera el castigo, así que no ha sido perfeccionado en el amor.

1 JUAN 4:18 NVI

Por tanto, si tu ojo derecho te hace pecar, sácatelo y tíralo. Más te vale perder una sola parte de tu cuerpo, y no que todo él sea arrojado al infierno. Y, si tu mano derecha te hace pecar, córtatela y arrójala. Más te vale perder una sola parte de tu cuerpo, y no que todo él vaya al infierno.

MATEO 5:29-30 NVI

Pero los que viven con la ambición de hacerse ricos caen en tentación y quedan atrapados por muchos deseos necios y dañinos que los hunden en la ruina y la destrucción. Pues el amor al dinero es la raíz de toda clase de mal; y algunas personas, en su intenso deseo por el dinero, se han desviado de la fe verdadera y se han causado muchas heridas dolorosas.

1 TIMOTEO 6:9-10 NTV

Bienaventurado el varón que soporta la tentación; porque cuando haya resistido la prueba, recibirá la corona de vida, que Dios ha prometido a los que le aman.

SANTIAGO 1:12 RVR1960

Que nadie diga cuando es tentado: Soy tentado por Dios; porque Dios no puede ser tentado por el mal y El mismo no tienta a nadie.

SANTIAGO 1:13 LBLA

Así que sométanse a Dios. Resistan al diablo, y él huirá de ustedes.

SANTIAGO 4:7 NVI

Al hombre le dijo:
"Ahora por tu culpa
la tierra estará bajo maldición,
pues le hiciste caso a tu esposa
y comiste del árbol
del que te prohibí comer.
Por eso, mientras tengas vida,
te costará mucho trabajo
obtener de la tierra tu alimento.
Sólo te dará espinos que te hieran,
y la hierba del campo será tu alimento.
Muy duro tendrás que trabajar
para conseguir tus alimentos.
Así será hasta el día en que mueras,
y vuelvas al polvo de la tierra,
del cual fuiste tomado.
Tú no eres más que polvo,
¡y al polvo tendrás que volver!"

GÉNESIS 3:17-19 TLA

Ahora, pues, maldito seas tú de la tierra, que abrió su boca para recibir de tu mano la sangre de tu hermano. Cuando labres la tierra, no te volverá a dar su fuerza; errante y extranjero serás en la tierra.

GÉNESIS 4:11-12 RVR1960

No trabajarán en vano,
ni darán a luz para desgracia,
porque son la simiente de los benditos del Señor,
ellos, y sus vástagos con ellos.

ISAÍAS 65:23 LBLA

Te convertiré en una trilladora
  nueva y afilada, de doble filo.
Trillarás las montañas y las harás polvo;
  convertirás en paja las colinas.
Las aventarás y se las llevará el viento;
  ¡un vendaval las dispersará!
Pero tú te alegrarás en el SEÑOR,
  te gloriarás en el Santo de Israel.
  ISAÍAS 41:15-16 NVI

Les daré un nuevo corazón, y les infundiré un espíritu nuevo; les quitaré ese corazón de piedra que ahora tienen, y les pondré un corazón de carne.
  EZEQUIEL 36:26 NVI

Así dice el SEÑOR omnipotente: Todavía he de concederle al pueblo de Israel que me suplique aumentar el número de sus hombres, hasta que sean como un rebaño. Entonces las ciudades desoladas se llenarán de mucha gente. Serán como las ovejas que, durante las fiestas solemnes, se llevan a Jerusalén para los sacrificios. Entonces sabrán que yo soy el SEÑOR.
  EZEQUIEL 36:37-38 NVI

Lo exterior no hace a nadie judío, ni consiste la circuncisión en una señal en el cuerpo. El verdadero judío lo es interiormente; y la circuncisión es la del corazón, la que realiza el Espíritu, no el mandamiento escrito. Al que es judío así, lo alaba Dios y no la gente.
  ROMANOS 2:28-29 NVI

Porque, cuando nuestra naturaleza pecaminosa aún nos dominaba, las malas pasiones que la ley nos despertaba actuaban en los miembros de nuestro cuerpo, y dábamos fruto para muerte. Pero ahora, al morir a lo que nos tenía subyugados, hemos quedado libres de la ley, a fin de servir a Dios con el nuevo poder que nos da el Espíritu, y no por medio del antiguo mandamiento escrito.
  ROMANOS 7:5-6 NVI

No imiten las conductas ni las costumbres de este mundo, más bien dejen que Dios los transforme en personas nuevas al cambiarles la manera de pensar. Entonces aprenderán a conocer la voluntad de Dios para ustedes, la cual es buena, agradable y perfecta.

ROMANOS 12:2 NTV

"¿Quién ha conocido la mente del Señor
   para que pueda instruirlo?"
Nosotros, por nuestra parte, tenemos la mente de Cristo.

1 CORINTIOS 2:16 NVI

Al igual que ahora somos como el hombre terrenal, algún día seremos como el hombre celestial.

1 CORINTIOS 15:49 NTV

Así que, todos nosotros, a quienes nos ha sido quitado el velo, podemos ver y reflejar la gloria del Señor. El Señor, quien es el Espíritu, nos hace más y más parecidos a él a medida que somos transformados a su gloriosa imagen.

2 CORINTIOS 3:18 NTV

Por lo tanto, si alguno está en Cristo, es una nueva creación. ¡Lo viejo ha pasado, ha llegado ya lo nuevo!

2 CORINTIOS 5:17 NVI

Porque todos los que fuisteis bautizados en Cristo, de Cristo os habéis revestido.

GÁLATAS 3:27 LBLA

Pues antes ustedes estaban llenos de oscuridad, pero ahora tienen la luz que proviene del Señor. Por lo tanto, ¡vivan como gente de luz!

EFESIOS 5:8 NTV

Acerquémonos, pues, a Dios con corazón sincero y con la plena seguridad que da la fe, interiormente purificados de una conciencia culpable y exteriormente lavados con agua pura.

HEBREOS 10:22 NVI

Pues ustedes han nacido de nuevo, no de simiente perecedera, sino de simiente imperecedera, mediante la palabra de Dios que vive y permanece.

1 PEDRO 1:23 NVI

Queridos amigos, ya somos hijos de Dios, pero él todavía no nos ha mostrado lo que seremos cuando Cristo venga; pero sí sabemos que seremos como él, porque lo veremos tal como él es.

1 JUAN 3:2 NTV

Pues su ira dura solo un instante,
  ¡pero su favor perdura toda una vida!
El llanto podrá durar toda la noche,
  pero con la mañana llega la alegría.
    SALMOS 30:5 NTV

SEÑOR, Dios de mi salvación,
  día y noche clamo en presencia tuya.
    SALMOS 88:1 NVI

Alégrense; regocíjense para siempre en mi creación.
  ¡Y miren! Yo crearé una Jerusalén que será un lugar de felicidad
  y su pueblo será fuente de alegría.
Me gozaré por Jerusalén
  y me deleitaré en mi pueblo.
Y el sonido de los llantos y los lamentos
  jamás se oirá en ella.
    ISAÍAS 65:18-19 NTV

Dichosos los que lloran,
  porque serán consolados.
    MATEO 5:4 NVI

Dios los bendice a ustedes, que ahora lloran,
  porque a su debido tiempo reirán.
    LUCAS 6:21 NTV

Pues, así como cada uno de nosotros tiene un solo cuerpo con muchos miembros, y no todos estos miembros desempeñan la misma función, también nosotros, siendo muchos, formamos un solo cuerpo en Cristo, y cada miembro está unido a todos los demás.

ROMANOS 12:4-5 NVI

El cuerpo humano tiene muchas partes, pero las muchas partes forman un cuerpo entero. Lo mismo sucede con el cuerpo de Cristo. Entre nosotros hay algunos que son judíos y otros que son gentiles; algunos son esclavos, y otros son libres. Pero todos fuimos bautizados en un solo cuerpo por un mismo Espíritu, y todos compartimos el mismo Espíritu.

1 CORINTIOS 12:12-13 NTV

TYa no hay judío ni griego; no hay esclavo ni libre; no hay varón ni mujer; porque todos vosotros sois uno en Cristo Jesús.

GÁLATAS 3:28 RVR1960

Juntos constituimos su casa, la cual está edificada sobre el fundamento de los apóstoles y los profetas. Y la piedra principal es Cristo Jesús mismo. Estamos cuidadosamente unidos en él y vamos formando un templo santo para el Señor.

EFESIOS 2:20-22 NTV

Es decir, que los gentiles son, junto con Israel, beneficiarios de la misma herencia, miembros de un mismo cuerpo y participantes igualmente de la promesa en Cristo Jesús mediante el evangelio.

EFESIOS 3:6 NVI

Pues hay un solo cuerpo y un solo Espíritu, tal como ustedes fueron llamados a una misma esperanza gloriosa para el futuro.

EFESIOS 4:4 NTV

¡Miren! El Señor su Dios ha puesto esta tierra delante de ustedes. Vayan y tomen posesión de ella como les dijo en su promesa el Señor, Dios de sus antepasados. ¡No tengan miedo ni se desanimen!

DEUTERONOMIO 1:21 NTV

Llamó entonces Moisés a Josué, y en presencia de todo Israel le dijo: "Sé fuerte y valiente, porque tú entrarás con este pueblo al territorio que el Señor juró darles a sus antepasados. Tú harás que ellos tomen posesión de su herencia".

DEUTERONOMIO 31:7 NVI

Sé fuerte y valiente, porque tú darás a este pueblo posesión de la tierra que juré a sus padres que les daría.

JOSUÉ 1:6 LBLA

Entonces David dijo a su hijo Salomón: Esfuérzate, sé valiente y haz *la obra*; no temas ni te acobardes, porque el Señor Dios, mi Dios, está contigo. El no te fallará ni te abandonará, hasta que toda la obra del servicio de la casa del Señor sea acabada.

1 CRÓNICAS 28:20 LBLA

Así dice el Señor: "No tengan miedo ni se acobarden cuando vean ese gran ejército, porque la batalla no es de ustedes, sino mía".

2 CRÓNICAS 20:15 NVI

Porque esta noche ha estado conmigo el ángel del Dios de quien soy y a quien sirvo, diciendo: Pablo, no temas; es necesario que comparezcas ante César; y he aquí, Dios te ha concedido todos los que navegan contigo. Por tanto, oh varones, tened buen ánimo; porque yo confío en Dios que será así como se me ha dicho.

HECHOS 27:23-25 RVR1960

Así que no pierdan la confianza, porque esta será grandemente recompensada.

HEBREOS 10:35 NVI

VERDAD

La suma de tus palabras es la verdad;
tus rectos juicios permanecen para siempre.

SALMOS 119:160 NVI

Toda palabra de Dios demuestra ser verdadera.

PROVERBIOS 30:5A NTV

VERGÜENZA

Radiantes están los que a él acuden;
   jamás su rostro se cubre de vergüenza.
   SALMOS 34:5 NVI

No tengas miedo,
pues no te insultarán
ni pasarás vergüenza.
Cuando eras joven
pasaste la vergüenza
de no tener hijos.
Después te quedaste sola
como una viuda.
Pero no volverás a acordarte
de tu vergüenza,
   ISAÍAS 54:4 TLA

En vez de su vergüenza,
   mi pueblo recibirá doble porción;
en vez de deshonra,
   se regocijará en su herencia;
y así en su tierra recibirá doble herencia,
   y su alegría será eterna.
   ISAÍAS 61:7 NVI

En ese día ya no hará falta que sean avergonzados,
   porque dejarán de rebelarse contra mí.
Quitaré al orgulloso y al arrogante de entre ustedes;
   no habrá más altivez en mi monte santo.
   SOFONÍAS 3:11 NTV

Lo veo a él, pero no aquí ni ahora.
  Lo percibo, pero lejos, en un futuro distante.
Una estrella se levantará de Jacob;
  un cetro surgirá de Israel.
Aplastará la cabeza del pueblo de Moab,
  y partirá el cráneo de la gente de Set.
Tomará posesión de Edom
  y a Seir, su enemigo, lo conquistará,
  mientras Israel marcha adelante en triunfo.
Un gobernante se levantará en Jacob
  que destruirá a los sobrevivientes de Ar.

    NÚMEROS 24:17-19 NTV

Si ustedes obedecen todos estos mandamientos que les doy, y aman al Señor
su Dios, y siguen por todos sus caminos y le son fieles. Nadie podrá hacerles
frente. Por dondequiera que vayan, el Señor su Dios hará que todo el mundo
sienta miedo y terror ante ustedes, como se lo ha prometido.

    DEUTERONOMIO 11:22, 25 NVI

"¡Qué bendito eres, oh Israel!
  ¿Quién es como tú, un pueblo rescatado por el Señor?
¡Él es tu escudo protector
  y tu espada triunfante!
Tus enemigos se arrastrarán ante ti,
  y tú los pisotearás con fuerza sobre la espalda".

    DEUTERONOMIO 33:29 NTV

Después de la muerte de Josué, los israelitas le preguntaron al Señor:
—¿Cuál de las tribus debe ser la primera en atacar a los cananeos?
El Señor contestó:
—Judá, porque yo le he dado la victoria sobre la tierra.

    JUECES 1:1-2 NTV

Un día Débora mandó a buscar a Barac, hijo de Abinoam, quien vivía en Cedes, en el territorio de Neftalí y le dijo:

—El Señor, Dios de Israel, te ordena: reúne en el monte Tabor a diez mil guerreros de las tribus de Neftalí y de Zabulón. Y yo haré que Sísara, el comandante del ejército de Jabín, vaya al río Cisón junto con sus carros de guerra y sus guerreros. Allí te daré la victoria sobre él.

JUECES 4:6-7 NTV

Entonces el Señor le dijo a Gedeón: "Con estos trescientos hombres, rescataré a Israel y te daré la victoria sobre los madianitas. Envía a todos los demás a su casa".

JUECES 7:7 NTV

Esa noche el Señor le dijo: "¡Levántate! ¡Desciende al campamento madianita, porque te he dado la victoria sobre ellos!"

JUECES 7:9 NTV

—¿Debo atacar a los filisteos? ¿Los entregarás en mi poder?
—Atácalos —le respondió el Señor—, pues yo los entregaré en tus manos.

1 CRÓNICAS 14:10 NVI

Pero ustedes no tendrán que intervenir en esta batalla. Simplemente, quédense quietos en sus puestos, para que vean la salvación que el Señor les dará. ¡Habitantes de Judá y de Jerusalén, no tengan miedo ni se acobarden! Salgan mañana contra ellos, porque yo, el Señor, estaré con ustedes.

2 CRÓNICAS 20:17 NVI

Ahora sé que el Señor salvará a su ungido,
    que le responderá desde su santo cielo
    y con su poder le dará grandes victorias.

SALMOS 20:6 NVI

Yo no confío en mi arco,
    ni puede mi espada darme la victoria;
tú nos das la victoria sobre nuestros enemigos,
    y dejas en vergüenza a nuestros adversarios.

SALMOS 44:6-7 NVI

Por favor, ayúdanos contra nuestros enemigos,
　　porque toda la ayuda humana es inútil.
Con la ayuda de Dios, haremos cosas poderosas,
　　pues él pisoteará a nuestros enemigos.

SALMOS 60:11-12 NTV

Espero en silencio delante de Dios,
　　porque de él proviene mi victoria.

SALMOS 62:1 NTV

Porque el Señor se deleita en su pueblo;
　　él corona al humilde con victoria.

SALMOS 149:4 NTV

Miren, Dios ha venido a salvarme.
　　Confiaré en él y no tendré temor.
El Señor Dios es mi fuerza y mi canción;
　　él me ha dado la victoria.

ISAÍAS 12:2 NTV

Levantarás la mano contra tus enemigos,
　　y acabarás con todos tus agresores.

MIQUEAS 5:9 NVI

¿Qué diremos frente a esto? Si Dios está de nuestra parte, ¿quién puede estar en contra nuestra?

ROMANOS 8:31 NVI

El aguijón de la muerte es el pecado, y el poder del pecado es la ley. ¡Pero gracias a Dios, que nos da la victoria por medio de nuestro Señor Jesucristo!

1 CORINTIOS 15:56-57 NVI

Si sufrimos, también reinaremos con él;
Si le negáremos, él también nos negará.

2 TIMOTEO 2:12 RVR1960

Les escribo a ustedes, los que son maduros en la fe,
  porque conocen a Cristo, quien existe desde el principio.
Les escribo a ustedes, los que son jóvenes en la fe,
  porque han ganado la batalla contra el maligno.

1 JUAN 2:13 NTV

Hijitos, ustedes son de Dios y han vencido a esos mentirosos, porque el que está en ustedes es más poderoso que el que está en el mundo.

1 JUAN 4:4 DHH

Pues todo hijo de Dios vence a este mundo de maldad, y logramos esa victoria por medio de nuestra fe. ¿Y quién puede ganar esta batalla contra el mundo? Únicamente los que creen que Jesús es el Hijo de Dios.

1 JUAN 5:4-5 NTV

Y me dijo: Hecho está. Yo soy el Alfa y la Omega, el principio y el fin. Al que tuviere sed, yo le daré gratuitamente de la fuente del agua de la vida. El que venciere heredará todas las cosas, y yo seré su Dios, y él será mi hijo.

APOCALIPSIS 21:6-7 NVI

—Les aseguro —respondió Jesús— que todo el que por causa del reino de Dios haya dejado casa, esposa, hermanos, padres o hijos recibirá mucho más en este tiempo; y en la edad venidera, la vida eterna.

LUCAS 18:29-30 NVI

Luego dijo:

—Jesús, acuérdate de mí cuando vengas en tu reino.

Jesús respondió:

—Te aseguro que hoy estarás conmigo en el paraíso.

LUCAS 23:42-43 NTV

Porque tanto amó Dios al mundo que dio a su Hijo unigénito, para que todo el que cree en él no se pierda, sino que tenga vida eterna.

JUAN 3:16 NVI

"El que cree en el Hijo tiene vida eterna; pero el que rechaza al Hijo no sabrá lo que es esa vida, sino que permanecerá bajo el castigo de Dios".

JUAN 3:36 NVI

Porque la voluntad de mi Padre es que todo el que reconozca al Hijo y crea en él tenga vida eterna, y yo lo resucitaré en el día final.

JUAN 6:40 NVI

Les doy vida eterna, y nunca perecerán. Nadie puede quitármelas, porque mi Padre me las ha dado, y él es más poderoso que todos. Nadie puede quitarlas de la mano del Padre.

JUAN 10:28-29 NTV

Ciertamente les aseguro que, si el grano de trigo no cae en tierra y muere, se queda solo. Pero, si muere, produce mucho fruto. El que se apega a su vida la pierde; en cambio, el que aborrece su vida en este mundo la conserva para la vida eterna.

JUAN 12:24-25 NVI

Cuando todo esté listo, volveré para llevarlos, para que siempre estén conmigo donde yo estoy. Y ustedes conocen el camino que lleva adonde voy.

JUAN 14:3-4 NTV

Porque Dios "pagará a cada uno según lo que merezcan sus obras". Él dará vida eterna a los que, perseverando en las buenas obras, buscan gloria, honor e inmortalidad

ROMANOS 2:6-7 NVI

Pero ahora que han sido liberados del pecado y se han puesto al servicio de Dios, cosechan la santidad que conduce a la vida eterna. Porque la paga del pecado es muerte, mientras que la dádiva de Dios es vida eterna en Cristo Jesús, nuestro Señor.

ROMANOS 6:22-23 NVI

¿No se dan cuenta de que en una carrera todos corren, pero solo una persona se lleva el premio? ¡Así que corran para ganar! Todos los atletas se entrenan con disciplina. Lo hacen para ganar un premio que se desvanecerá, pero nosotros lo hacemos por un premio eterno.

1 CORINTIOS 9:24-25 NTV

Luego, junto con ellos, nosotros, los que aún sigamos vivos sobre la tierra, seremos arrebatados en las nubes para encontrarnos con el Señor en el aire. Entonces estaremos con el Señor para siempre.

1 TESALONICENSES 4:17 NTV

Él murió por nosotros para que, en la vida o en la muerte, vivamos junto con él.

1 TESALONICENSES 5:10 NVI

Que nuestro Señor Jesucristo mismo y Dios nuestro Padre, que nos amó y por su gracia nos dio consuelo eterno y una buena esperanza, los anime y les fortalezca el corazón, para que tanto en palabra como en obra hagan todo lo que sea bueno.

2 TESALONICENSES 2:16-17 NVI

Mándales que hagan el bien, que sean ricos en buenas obras, y generosos, dispuestos a compartir lo que tienen. De este modo atesorarán para sí un seguro caudal para el futuro y obtendrán la vida verdadera.

1 TIMOTEO 6:18-19 NVI

Por consiguiente, queda todavía un reposo especial para el pueblo de Dios; porque el que entra en el reposo de Dios descansa también de sus obras, así como Dios descansó de las suyas. Esforcémonos, pues, por entrar en ese reposo, para que nadie caiga al seguir aquel ejemplo de desobediencia.

HEBREOS 4:9-11 NVI

Permanezca en ustedes lo que han oído desde el principio, y así ustedes permanecerán también en el Hijo y en el Padre. Esta es la promesa que él nos dio: la vida eterna.

1 JUAN 2:24-25 NVI

Y este es el testimonio: que Dios nos ha dado vida eterna; y esta vida está en su Hijo. El que tiene al Hijo, tiene la vida; el que no tiene al Hijo de Dios no tiene la vida.

1 JUAN 5:11-12 RVR1960

Pero ustedes, queridos amigos, deben edificarse unos a otros en su más santísima fe, orar en el poder del Espíritu Santo y esperar la misericordia de nuestro Señor Jesucristo, quien les dará vida eterna. De esta manera, se mantendrán seguros en el amor de Dios.

JUDAS 20-21 NTV

Honra a tu padre y a tu madre tal como el Señor tu Dios te lo ordenó. Entonces tendrás una vida larga y plena en la tierra que el Señor tu Dios te da.

DEUTERONOMIO 5:16 NTV

¡Ojalá su corazón esté siempre dispuesto a temerme y a cumplir todos mis mandamientos, para que a ellos y a sus hijos siempre les vaya bien!

DEUTERONOMIO 5:29 NVI

Esos son los mandatos, los decretos y las ordenanzas que el Señor tu Dios me encargó que te enseñara. Obedécelos cuando llegues a la tierra donde estás a punto de entrar y que vas a poseer. Tú, tus hijos y tus nietos teman al Señor su Dios durante toda la vida. Si obedeces todos los decretos y los mandatos del Señor, disfrutarás de una larga vida.

DEUTERONOMIO 6:1-2 NTV

Haz lo que es recto y bueno a los ojos del Señor, para que te vaya bien y tomes posesión de la buena tierra que el Señor les juró a tus antepasados. El Señor arrojará a todos los enemigos que encuentres en tu camino, tal como te lo prometió.

DEUTERONOMIO 6:18-19 NVI

No solo de pan vive el hombre, sino de todo lo que sale de la boca del Señor.

DEUTERONOMIO 8:3 NVI

No le tendrás lástima, porque así evitarás que Israel sea culpable de que se derrame sangre inocente, y a ti te irá bien.

DEUTERONOMIO 19:13 NVI

No tendrás en tu bolsa dos pesas diferentes, una más pesada que la otra. Tampoco tendrás en tu casa dos medidas diferentes, una más grande que la otra. Más bien, tendrás pesas y medidas precisas y justas, para que vivas mucho tiempo en la tierra que te da el Señor tu Dios, porque él aborrece a quien comete tales actos de injusticia.

DEUTERONOMIO 25:13-16 NVI

"Hoy pongo al cielo y a la tierra por testigos contra ti, de que te he dado a elegir entre la vida y la muerte, entre la bendición y la maldición. Elige, pues, la vida, para que vivan tú y tus descendientes. Ama al Señor tu Dios, obedécelo y sé fiel a él, porque de él depende tu vida, y por él vivirás mucho tiempo en el territorio que juró dar a tus antepasados Abraham, Isaac y Jacob".

DEUTERONOMIO 30:19–20 NVI

"Mediten bien en todo lo que les he declarado solemnemente este día, y díganles a sus hijos que obedezcan fielmente todas las palabras de esta ley. Porque no son palabras vanas para ustedes, sino que de ellas depende su vida; por ellas vivirán mucho tiempo en el territorio que van a poseer al otro lado del Jordán".

DEUTERONOMIO 32:46–47 NVI

El Señor da tanto la muerte como la vida;
    a unos baja a la tumba y a otros levanta.

1 SAMUEL 2:6 NTV

Si andas por mis sendas y obedeces mis decretos y mandamientos, como lo hizo tu padre David, te daré una larga vida.

1 REYES 3:14 NVI

Pues Dios observa cómo vive la gente;
    ve todo lo que ellos hacen.

JOB 34:21 NTV

Pero yo, Señor, en ti confío,
    y digo: "Tú eres mi Dios".

SALMOS 31:14 NVI

Porque contigo está el manantial de la vida;
En tu luz veremos la luz.

SALMOS 36:9 RVR1960

Encomienda al Señor tu camino,
confía en El, que El actuará.

SALMOS 37:5 NTV

Porque mejor es un día en tus atrios que mil *fuera de ellos*.
Prefiero estar en el umbral de la casa de mi Dios
que morar en las tiendas de impiedad.

SALMOS 84:10 NTV

Aun en la vejez darán fruto;
estarán vigorosos y muy verdes,
para anunciar cuán recto es el Señor,
mi roca, y que no hay injusticia en El.

SALMOS 92:14–15 NTV

Pues solo los justos vivirán en la tierra
y los íntegros permanecerán en ella.

PROVERBIOS 2:21 NTV

La senda de los justos se asemeja
a los primeros albores de la aurora:
su esplendor va en aumento
hasta que el día alcanza su plenitud.

PROVERBIOS 4:18 NVI

¡Obedece mis mandatos y vive!
Guarda mis instrucciones tal como cuidas tus ojos.

PROVERBIOS 7:2 NTV

La sabiduría multiplicará tus días
y dará más años a tu vida.

PROVERBIOS 9:11 NTV

El temor del Señor prolonga la vida,
pero los años del malvado se acortan.

PROVERBIOS 10:27 NVI

En el camino de la justicia se halla la vida;
por ese camino se evita la muerte.

PROVERBIOS 12:28 NVI

El que guarda su boca, preserva su vida;
el que mucho abre sus labios, termina en ruina.
PROVERBIOS 13:3 LBLA

El temor del Señor es fuente de vida,
y aleja al hombre de las redes de la muerte.
PROVERBIOS 14:27 NVI

Nada hay mejor para el hombre que comer y beber y decirse que su trabajo
es bueno. Esto también yo he visto que es de la mano de Dios. Porque ¿quién
comerá y quién se alegrará sin El?
ECLESIASTÉS 2:24-25 LBLA

Dios hizo todo hermoso en su momento.
ECLESIASTÉS 3:11A NVI

Aunque el pecador haga mal cien veces, y prolongue sus días, con todo yo
también sé que les irá bien a los que a Dios temen, los que temen ante su presencia.
ECLESIASTÉS 8:12 RVR1960

Así que, ¡adelante! Come tus alimentos con alegría y bebe tu vino con un
corazón contento, ¡porque Dios lo aprueba!
ECLESIASTÉS 9:7 NTV

No edificarán para que otro habite, ni plantarán para que otro coma; porque
según los días de los árboles serán los días de mi pueblo, y mis escogidos
disfrutarán la obra de sus manos.
ISAÍAS 65:22 RVR1960

Si el malvado se arrepiente de todos los pecados que ha cometido, y obedece
todos mis decretos y practica el derecho y la justicia, no morirá; vivirá por practicar
la justicia, y Dios se olvidará de todos los pecados que ese malvado haya cometido.
EZEQUIEL 18:21-22 NVI

¡Mira a los orgullosos!
Confían en sí mismos y sus vidas están torcidas.
Pero el justo vivirá por su fidelidad a Dios.
HABACUC 2:4 NTV

Si tratas de aferrarte a la vida, la perderás, pero si entregas tu vida por mi causa, la salvarás.

MATEO 16:25 NTV

Porque el que quiera salvar su vida la perderá; pero el que pierda su vida por mi causa la salvará.

LUCAS 9:24 NVI

El ladrón no viene más que a robar, matar y destruir; yo he venido para que tengan vida, y la tengan en abundancia.

JUAN 10:10 NVI

Porque nuestra lucha no es contra seres humanos, sino contra poderes, contra autoridades, contra potestades que dominan este mundo de tinieblas, contra fuerzas espirituales malignas en las regiones celestiales.

EFESIOS 6:12 NVI

Pues ustedes han muerto a esta vida, y su verdadera vida está escondida con Cristo en Dios.

COLOSENSES 3:3 NTV

Y se nos instruye a que nos apartemos de la vida mundana y de los placeres pecaminosos. En este mundo maligno, debemos vivir con sabiduría, justicia y devoción a Dios, mientras anhelamos con esperanza ese día maravilloso en que se revele la gloria de nuestro gran Dios y Salvador Jesucristo.

TITO 2:12-13 NTV

Pues las Escrituras dicen:

Si quieres disfrutar de la vida
    y ver muchos días felices,
refrena tu lengua de hablar el mal
    y tus labios de decir mentiras.
Apártate del mal y haz el bien.
    Busca la paz y esfuérzate por mantenerla.

1 PEDRO 3:10-11 NTV

Porque la voluntad de mi Padre es que todo el que reconozca al Hijo y crea en él tenga vida eterna, y yo lo resucitaré en el día final.

JUAN 6:40 NVI

No se amolden al mundo actual, sino sean transformados mediante la renovación de su mente. Así podrán comprobar cuál es la voluntad de Dios, buena, agradable y perfecta.

ROMANOS 12:2 NVI

Gracia a vosotros y paz de parte de Dios nuestro Padre y del Señor Jesucristo, que se dio a sí mismo por nuestros pecados para librarnos de este presente siglo malo, conforme a la voluntad de nuestro Dios y Padre, a quien sea la gloria por los siglos de los siglos. Amén.

GÁLATAS 1:3-5 LBLA

Ahora Dios nos ha dado a conocer su misterioso plan acerca de Cristo, un plan ideado para cumplir el buen propósito de Dios. Y el plan es el siguiente: a su debido tiempo, Dios reunirá todas las cosas y las pondrá bajo la autoridad de Cristo, todas las cosas que están en el cielo y también las que están en la tierra.

EFESIOS 1:9-10 NTV

En Cristo también fuimos hechos herederos, pues fuimos predestinados según el plan de aquel que hace todas las cosas conforme al designio de su voluntad, a fin de que nosotros, que ya hemos puesto nuestra esperanza en Cristo, seamos para alabanza de su gloria.

EFESIOS 1:11-12 NVI

La voluntad de Dios es que sean santificados; que se aparten de la inmoralidad sexual; que cada uno aprenda a controlar su propio cuerpo de una manera santa y honrosa.

1 TESALONICENSES 4:3-4 NVI

Más bien, debieran decir: «Si el Señor quiere, viviremos y haremos esto o aquello».

SANTIAGO 4:15 NVI

Porque esta es la voluntad de Dios: que, practicando el bien, hagan callar la ignorancia de los insensatos.

1 PEDRO 2:15 NVI

El mundo se acaba con sus malos deseos, pero el que hace la voluntad de Dios permanece para siempre.

1 JUAN 2:17 NVI